普惠金融
与乡村振兴解读

PUHUI JINRONG
YU XIANGCUN ZHENXING JIEDU

▶ 王华峰 ／ 编著

四川大学出版社
SICHUAN UNIVERSITY PRESS

项目策划：张　晶　王　玮
责任编辑：张　晶　王　玮
责任校对：于　俊
封面设计：墨创文化
责任印制：王　炜

图书在版编目（CIP）数据

普惠金融与乡村振兴解读 / 王华峰编著．— 成都：
四川大学出版社，2021.12
　ISBN 978-7-5690-5255-8

　Ⅰ．①普… Ⅱ．①王… Ⅲ．①农村金融—研究—中国
Ⅳ．① F832.35

中国版本图书馆 CIP 数据核字（2021）第 263134 号

书　名	普惠金融与乡村振兴解读
编　著	王华峰
出　版	四川大学出版社
地　址	成都市一环路南一段 24 号（610065）
发　行	四川大学出版社
书　号	ISBN 978-7-5690-5255-8
印前制作	四川胜翔数码印务设计有限公司
印　刷	郫县犀浦印刷厂
成品尺寸	185 mm×260 mm
印　张	12.5
字　数	282 千字
版　次	2022 年 1 月第 1 版
印　次	2022 年 1 月第 1 次印刷
定　价	49.00 元

版权所有 ◆ 侵权必究

四川大学出版社
微信公众号

序
乡村要振兴需要普惠的金融

2018 年是乡村振兴战略的开局之年。从年初的《中共中央国务院关于实施乡村振兴战略的意见》为实施战略制定相关法规，到年中的《乡村振兴战略规划（2018—2020 年）》，"普惠金融重点要放在乡村"这句话，点明了普惠金融是今后很长一段时期的工作重点和方向。要实现乡村振兴的战略目标，就需要对乡村的产业、环境、人文等各方面综合试策，而普惠金融就是把诸方面要素组织起来的关键。

全面实施乡村振兴，离不开资金的投入，而现阶段又不可能完全依靠政府的财政投入，因此建立确保社会资本进入农业农村的普惠金融体系的战略意义就特别重大。可以说，普惠金融体系是确保乡村振兴可持续性发展的根本保证。在全面落实"融资畅通工程"，打通民营小微企业融资"最后一公里"的政策过程中，积极构建社区银行、中小银行体系，是助力脱贫攻坚和乡村振兴的制胜法宝。

虽然普惠金融已经在国内运行多年，取得了一定的经验，但是，由于普惠金融商业性成本较高，在实际操作过程中仍然面临不少困难和问题。例如，农村的社会主体条件与市场需求和城市明显不同，如何在服务农村经济的同时保证金融资本的利润，做到经济效益和社会效益的统一；扶助弱势群体时，商业贷款与扶贫贷款的结构比例如何界定；投资社会产业时，发挥传统特色产业优势与扶持新产业建立新业态，二者的分寸如何把握……这些困难和问题使得农村金融服务机构在支持乡村振兴中的积极性受到不同程度的影响。

工华峰同志编著的《普惠金融与乡村振兴解读》一书，从乡村振兴、普惠金融的概念入手，深入浅出地阐释了二者之间互为支撑的关系。同时，全书通过聚焦近年来出现的新产业、新业态、经济发展新模式，分析新发展格局对农村经济的影响。编著者结合 2020 年新冠肺炎疫情对经济工作造成的冲击，对普惠金融在乡村振兴中如何更好地发挥作用提出了建议。这些建议具有前瞻性和实践性，既有宏观层面对国家政策走向的建言，又有微观层面对提高金融消费主体素质的规划，更有中观层面利用云技术高科技、数字经济破解普惠金融高服务成本、高风险难题的谋略。提高正规金融市场参与度并降低金融风险，对于普惠金融的发展有着积极的影响。无论是从乡村振兴角度，还是从普惠金融角度来看，本书都值得推荐。

对于当今世界，习近平总书记作出了"正处于百年未有之大变局"的战略判断，并要求"我们要站在世界历史的高度审视当今世界发展趋势和面临的重大问题"。新冠肺炎疫情对全球经济的冲击史无前例，疫情对内需、外需，对产业链、供应链、价值链的直接冲击和间接影响初步显现。我们要学会化危为机，勇敢面对挑战。此次疫情是一次重大危机，是无法逃避的挑战，更是发展的重大机遇。

全面实施乡村振兴战略，其深度、广度、难度都不亚于脱贫攻坚。在全面建设社会主义现代化国家的新征程中，各行各业都要大力弘扬脱贫攻坚精神，将巩固拓展脱贫攻坚成果同乡村振兴有效衔接，借助普惠金融全面实施乡村振兴战略，努力绘就一幅我国农业高质高效、乡村宜居宜业、农民富裕富足的壮美画卷。

"雄关漫道真如铁，而今迈步从头越。"在国内国际双循环新发展格局中，普惠金融实现高质量发展还有很长的路要走，普惠金融助力乡村振兴、共同富裕的实践方兴未艾。相信本书能引发更多仁人志士在这一领域内进行探索和创新，结出更多硕果。

王来金

于中国人民大学宜园

2021 年 8 月 16 日

（王来金，中国人民大学博士生导师、教授）

C目录 ONTENTS

第一章　乡村振兴战略的概念

　　乡村振兴战略是习近平总书记在党的十九大报告中提出的战略。在十四五规划和2035年远景目标纲要中，"优先发展农业农村，全面推进乡村振兴"是一个重要组成部分，也是社会各界关注的重点话题。这也意味着"三农"工作的重心将全面转向乡村振兴。

　　习近平总书记强调，要着力夯实农业农村基础，加大粮食生产政策支持力度，坚决守住耕地红线，深入推进农业供给侧结构性改革，加强农业农村基础设施建设。要做好剩余贫困人口脱贫工作，做好易地扶贫搬迁后续扶持，强化返贫监测预警和动态帮扶，推动脱贫攻坚和乡村振兴有机衔接。

　　习近平总书记进一步强调，要加强易地搬迁后续扶持，因地制宜发展乡村产业，精心选择产业项目，确保成功率和可持续发展。要把群众受益摆在突出位置，从产业扶持、金融信贷、农业保险等方面出台政策，为农村经济发展提供有力支持。

　　习总书记的这些论述释放的政策信号是：脱贫攻坚工作一结束，全国的重点和中心工作将转移到乡村振兴上。

　　2020年7月22日至24日，习近平同志在吉林省考察时对乡村振兴工作再次提出要求：要抓住实施乡村振兴战略的重大机遇，坚持农业农村优先发展，夯实农业基础地位，深化农村改革。要加快高标准农田建设，强化农业科技和装备支撑，深化农业供给侧结构性改革，加快发展绿色农业，推进农村三产融合。要坚持农业现代化和农村现代化一体设计、一体推进，推进公共服务向乡村延伸。要突出抓好家庭农场和农民合作社两类农业经营主体发展，推进适度规模经营，深化农村集体产权制度改革，发展壮大新型集体经济。要巩固脱贫攻坚成果，防止返贫和产生新的贫困。要牢固树立"绿水青山就是金山银山"的理念，实施好重大生态工程。

　　2021年2月21日，中央一号文件正式发布，文件提出：全面推进乡村振兴，加快农业农村现代化。这是21世纪以来第18个指导"三农"工作的中央一号文件，凸显了新发展阶段党中央对农业农村工作的高度重视。

第一节 乡村振兴战略的核心

2017年12月29日，新华社在对中央农村工作会议进行报道时说，"围绕党的十九大报告提出的实施乡村振兴战略"，"首次提出走中国特色社会主义乡村振兴道路，让农业成为有奔头的产业，让农民成为有吸引力的职业，让农村成为安居乐业的美丽家园"。

1. 实施时间

按照党的十九大提出的决胜全面建成小康社会、分两个阶段实现第二个百年奋斗目标的战略安排，中央农村工作会议明确了实施乡村振兴战略的目标任务：

（1）到2020年，乡村振兴取得重要进展，制度框架和政策体系基本形成；

（2）到2035年，乡村振兴取得决定性进展，农业农村现代化基本实现；

（3）到2050年，乡村全面振兴，农业强、农村美、农民富全面实现。

2018年9月21日，中共中央政治局就实施乡村振兴战略进行第八次集体学习。中共中央总书记习近平在主持学习时强调，乡村振兴战略是党的十九大提出的一项重大战略，是关系全面建设社会主义现代化国家的全局性、历史性任务，是新时代"三农"工作总抓手。

2. 实施路径

中国特色社会主义乡村振兴道路怎么走？会议提出了七条"之路"：

（1）必须重塑城乡关系，走城乡融合发展之路；

（2）必须巩固和完善农村基本经营制度，走共同富裕之路；

（3）必须深化农业供给侧结构性改革，走质量兴农之路；

（4）必须坚持人与自然和谐共生，走乡村绿色发展之路；

（5）必须传承发展提升农耕文明，走乡村文化兴盛之路；

（6）必须创新乡村治理体系，走乡村善治之路；

（7）必须打好精准脱贫攻坚战，走中国特色减贫之路。

3. 实施目的

坚持农业农村优先发展，按照"产业兴旺、生态宜居、乡风文明、治理有效、生活富裕"的总要求，建立健全城乡融合发展体制机制和政策体系，统筹推进农村经济建设、政治建设、文化建设、社会建设、生态文明建设和党的建设，加快推进乡村治理体系和治理能力现代化，加快推进农业农村现代化，走中国特色社会主义乡村振兴道路，让农业成为有奔头的产业，让农民成为有吸引力的职业，让农村成为安居乐业的美丽家园。

第二节 乡村振兴战略的内涵

乡村是具有自然、社会、经济特征的地域综合体，兼具生产、生活、生态、文化等多重功能，与城镇互促互进、共生共存，共同构成人类活动的主要空间。当前，我国城乡差距依然较大，人民日益增长的美好生活需要和不平衡不充分的发展之间的矛盾在乡村最为突出。在乡村发展过程中着力提高生产力、优化生产关系、创新生产方式，让农业成为有奔头的产业，让农民成为有吸引力的职业，让农村成为安居乐业的美丽家园，是解决我国社会主要矛盾的必然要求。农村是全面建成社会主义现代化强国的重要基础。没有农业农村的现代化，就没有整个国家的现代化。统筹谋划农村经济建设、政治建设、文化建设、社会建设、生态文明建设和党的建设，推动乡村产业、人才、文化、生态、组织的全面振兴，是全面建设社会主义现代化国家的必然要求。

习近平总书记在党的十九大上首次提出实施乡村振兴战略以来，就乡村振兴战略、"三农"发展等发表一系列重要论述。这些重要论述是习近平新时代中国特色社会主义思想的重要组成部分，为新时代坚持农业农村优先发展、做好"三农"工作提供了思想指导和行动指南。2019年2月28日，《人民日报》刊登了中国社会科学院习近平新时代中国特色社会主义思想研究中心特约研究员魏后凯的文章《把握乡村振兴战略的丰富内涵》，这篇文章从多个方面较全面地对乡村振兴进行了解读。

1. 对乡村振兴规律认识的深化

在党的十九大报告中，习近平同志根据当前我国发展阶段和社会主要矛盾变化，提出并深入阐释了实施乡村振兴战略的重大决策部署。

在2017年底召开的中央农村工作会议上，习近平总书记从农业农村农民三个维度，强调要举全党全国全社会之力，"推动农业全面升级、农村全面进步、农民全面发展，谱写新时代乡村全面振兴新篇章"。

2018年1月30日，习近平总书记在主持中共中央政治局第三次集体学习时强调，"乡村振兴是一盘大棋，要把这盘大棋走好"。同年3月8日，在参加第十三届全国人大一次会议山东代表团审议时，习近平总书记从推动乡村产业振兴、人才振兴、文化振兴、生态振兴、组织振兴五个方面，系统阐述了乡村振兴的目标任务和实现路径。

2018年9月21日，在主持中共中央政治局第八次集体学习时，习近平总书记进一步系统阐述了实施乡村振兴战略的总目标、总方针、总要求和制度保障：农业农村现代化是实施乡村振兴战略的总目标，坚持农业农村优先发展是总方针，产业兴旺、生态宜居、乡风文明、治理有效、生活富裕是总要求，建立健全城乡融合发展体制机制和政策体系是制度保障。

从"三个全面"到"五个振兴"再到"三总一保障"，这些新理念新思想新部署

体现了我们党对乡村振兴规律认识的深化。

2. 坚持农业农村优先发展总方针

习近平总书记强调，农业农村农民问题是关系国计民生的根本性问题，必须始终把解决好"三农"问题作为全党工作重中之重。党的十九大报告指出，要坚持农业农村优先发展。

2019 年的中央一号文件强调，要牢固树立农业农村优先发展政策导向，把落实"四个优先"的要求作为做好"三农"工作的头等大事，优先考虑"三农"干部配备，优先满足"三农"发展要素配置，优先保障"三农"资金投入，优先安排农村公共服务。

坚持农业农村优先发展，是党中央为加快补齐农业农村短板作出的重大部署，是决胜全面建成小康社会和全面建设社会主义现代化强国的必然要求，也是推进新时代中国特色社会主义建设必须坚持的一项重要战略原则和政策导向。在干部配备、要素配置、资金投入、公共服务等方面把农业农村发展放在优先位置，是一个重大理论和政策创新。

3. 构建新型工农城乡关系

走中国特色社会主义乡村振兴道路，必须重塑城乡关系，走城乡融合发展之路。党的十九大报告指出，建立健全城乡融合发展体制机制和政策体系，加快推进农业农村现代化。

2017 年底召开的中央农村工作会议指出，逐步建立健全全民覆盖、普惠共享、城乡一体的基本公共服务体系，让符合条件的农业转移人口在城市落户定居，推动新型工业化、信息化、城镇化、农业现代化同步发展，加快形成工农互促、城乡互补、全面融合、共同繁荣的新型工农城乡关系。

这些重要论述的核心是把城市和农村看成一个有机整体或者说发展共同体，通过城乡要素、产业、居民、社会和生态等的全面融合，构建新型工农城乡关系，实现工农城乡共建共享，进一步丰富了马克思主义城乡关系理论，为推进城乡融合发展指明了方向和路径。

4. 补齐农业现代化短板

推进我国社会主义现代化建设，必须尽快补齐农业现代化这块短板，加强农村现代化这个薄弱环节。

因此，习近平总书记在党的十九大报告中提出"加快推进农业农村现代化"，把过去单纯的农业现代化概念拓展为农业农村现代化，使其内涵更加丰富、科学，更加符合新时代要求。

党中央对如何推进农业农村现代化作出总体安排和部署，明确提出到 2035 年农业农村现代化基本实现，到 2050 年乡村全面振兴，农业强、农村美、农民富全面实现。全面实现农业强、农村美、农民富，是全面实现农业农村现代化的重要标志，也是实现乡村全面振兴的根本目标。

正如习近平总书记在参加十三届全国人大一次会议山东代表团审议时所指出的，农业强不强、农村美不美、农民富不富，决定着全面小康社会的成色和社会主义现代化的质量。

5. 坚持质量兴农、绿色兴农

近年来，我国农产品供应日益丰富，总体上解决了农产品供给总量不足的问题，但农产品质量和安全问题仍然突出，优质、绿色、安全的农产品还远不能满足城乡居民需要。

实现农业高质量发展，关键是把质量兴农、绿色兴农作为核心任务，提高农业供给体系质量和效率。

党的十九大以来，习近平总书记多次强调"坚持质量兴农、绿色兴农"，并强调要以农业供给侧结构性改革为主线，加快构建现代农业产业体系、生产体系、经营体系，提高农业创新力、竞争力和全要素生产率，加快实现由农业大国向农业强国转变。

这些重要论述丰富了现代农业发展理论，对于促进农业高质量发展、建设现代化农业强国具有重要意义。

6. 实现小农户和现代农业发展有机衔接

我国人多地少，小规模家庭经营是我国农业生产经营的主要组织形式。新时代如何充分发挥小农生产的作用，处理好小农生产与新型农业经营主体的关系，把小农生产引入现代农业发展轨道，是亟待破解的难题。

习近平总书记在党的十九大报告中明确提出了"实现小农户和现代农业发展有机衔接"的重要部署。2021年的中央一号文件进一步指出，促进小农户和现代农业发展有机衔接，健全新型农业经营主体与小农户的利益联结机制。促进小农户和现代农业发展有机衔接是巩固完善农村基本经营制度的重大举措，是推进中国特色农业现代化的必然选择，是实施乡村振兴战略的客观要求，是巩固党的执政基础的现实需要。

7. 推进乡村治理现代化

魏后凯认为："乡村治理是国家治理的基石，治理有效是乡村振兴的基础。习近平同志多次强调，要加快推进乡村治理体系和治理能力现代化。我国农村地域辽阔，村庄类型多样，乡村治理必须立足国情农情，走中国特色乡村善治之路。所谓'善治'，就是良好有效的治理。为此，要健全自治、法治、德治相结合的乡村治理体系；建立健全党委领导、政府负责、社会协同、公众参与、法治保障的现代乡村社会治理体制；健全和创新村党组织领导的充满活力的村民自治机制。自治、法治、德治相结合的乡村治理体系，是符合中国国情特点的更加完善有效、多元共治的新型乡村治理体系。其中，自治是基础，法治是根本，德治是先导。自治、法治、德治有机结合，构成乡村治理的完整体系，是乡村社会充满活力、和谐有序的重要保证。"

8. 乡村振兴要追求乡村美

2020年5月15日，《人民日报》印发了该报记者江南的报道《乡村振兴路 美育不缺席》，就乡村振兴中浙江省评选美育村进行了介绍。

报道称："［2019 年年底］，浙江省文化和旅游厅公布了美丽乡村美育村（社区）的首批试点名单，全省共 94 个村（社区）入选。一段时间以来，这些入选的美育村受到关注，一幅幅美丽画卷正在铺展。

"浙江在全国率先实施'千村示范、万村整治'工程，持续发力推动美丽乡村建设。建设美丽乡村美育村（社区）的创新举措，正是旨在深入挖掘乡村文化内涵，提升乡风文明和乡村文化品位，助力文化浙江建设和乡村全面振兴。在全面建成小康社会、推进乡村振兴的路上，浙江突出了'美'这个关键词。

"'中国要美，农村必须美。'千百年来，乡村生活、乡土情怀是中国人的'集体记忆'，蕴含着最深沉的乡愁。'绿树村边合，青山郭外斜'的乡村风貌，'西塞山前白鹭飞，桃花流水鳜鱼肥'的绿水青山，都是刻写在大地、刻画于人心的优美图景。可以说，乡村振兴离不开生态宜居、乡风文明，离不开生活环境整洁优美、生态系统稳定健康、人与自然和谐共生的美丽乡村建设。

"也要看到，一些乡村在追求美、营造美、建设美的过程中，曾走了些弯路、遇到了些问题。比如，农民整体搬迁、连片建设新居，往往因为规划不到位，'只见新房，不见新村'；一些历史文化古村落，在保护和开发中随意拼凑建筑符号，导致'千村一面'、文化品位不高；村民盖房缺规划设计、缺专业指点，瓷砖墙、琉璃瓦、塔尖顶等元素和风格杂糅。这些都提示我们，乡村振兴，离不开生活环境、文化品位、乡风民俗等各方面的美育建设。

"现实中，浙江农村居民人均可支配收入已连续多年位居全国各省区第一位，在全国率先消除家庭年人均收入 4600 元以下绝对贫困现象。农民群众有对美好生活的向往，对美的感受力和需求日益增长，迫切希望建设有乡土味道、有乡愁记忆、有文化灵魂、有地域特色的美丽乡村。近年来，浙江加快推进乡村振兴。《浙江省乡村振兴战略规划（2018—2022 年）》提出，到 2022 年全省基本建成新时代美丽乡村。

"在建设美丽乡村的过程中，不少地方也深切感受到，乡村要美，需要专业化的指导和帮扶。此次浙江开展美丽乡村美育村（社区）建设，将对试点村（社区）实施一系列有针对性、可操作性的培育措施，包括集中培训一支乡村美育导师队伍、策划举办特色化的本土美育活动、组建文创专家团队指导乡村旅游产品开发，等等。这些措施，既有助于农户增收、产业增效，以'美丽经济'助力产业兴旺，也有助于高标准、高品位地建好生态宜居的美丽家园。同时，也能通过激发'美'的感染力、文化的感召力，保护传承农村优秀传统文化，培育文明乡风、良好家风、淳朴民风，不断改善农民精神风貌，提升乡村社会文明程度。从美丽生态，到美丽经济，再到美丽生活，'三美融合'，才能构筑城乡全域美丽新格局。

"在颁发'地球卫士奖'时，联合国环境规划署如此评价浙江'千村示范、万村整治'工程：这一极度成功的生态恢复项目表明，让环境保护与经济发展同行，将产生变革性力量。在'美'上再升级，让美育成为柔性的变革力量，必能绘就农村发展新画卷，不断增强广大农民的获得感。"

第三节　乡村振兴战略提出的背景

2017 年 10 月，党的十九大报告首次提出实施乡村振兴战略；2017 年年底召开的中央农村工作会议进一步深刻阐述了什么是中国特色社会主义乡村振兴道路，怎样走好中国特色社会主义乡村振兴道路，为实施乡村振兴战略、加快农业农村现代化指明了方向；2018 年、2019 年、2020 年连续三年的中央一号文件都对乡村振兴作出了重大部署。

（一）中央提出实施乡村振兴战略的背景是什么？为何反复强调坚持把解决好"三农"问题作为全党工作重中之重？

2018 年 7 月，第十三届全国人民代表大会农业与农村委员会主任委员陈锡文在接受媒体采访时，对中央提出这一战略进行了分析。陈锡文说："提出乡村振兴战略，是从中国的基本国情和经济社会发展的阶段性特征考虑的。"

1. 基本国情使然

陈锡文指出："中国的经济发展正处在一个重要的时期：到 2020 年，要全面建成小康社会；到 2035 年，基本实现社会主义现代化；到本世纪中叶，建成富强民主文明和谐美丽的社会主义现代化强国。中国有自己的特殊国情，我们是世界上人口第一大国，从国情和自身的发展规律来看，农村人口的大规模减少将是一个长期的过程。1949 年我国有 4.84 亿人口在农村，2016 年我国农村常住人口仍有 5.9 亿，这还不包括外出务工经商的流动人口。新中国成立以来的 69 年里，农村人口不降反增。而且，即使以后我国人口城镇化率达到 70%，仍将有 4 亿多人生活在农村，这个人口的规模仍然是很大的，当今世界上超过 4 亿人口的国家仅有两个。这么庞大规模的人口在农村生产生活，他们如何与城里人一起实现共同富裕，是未来几十年里中国要解决的最大问题，也是中国的现代化能够稳步地、有根基地向前推进的必然要求。"

2. 社会主要矛盾使然

陈锡文提出："党的十九大报告作出新时代我国社会主要矛盾已经转化为人民日益增长的美好生活需要和不平衡不充分的发展之间的矛盾的重要判断，城乡发展不平衡、农村和农业发展不充分，是发展不平衡不充分的重要表现。今年［2018 年］的中央一号文件也指出，当前，我国发展不平衡不充分问题在乡村最为突出。因此，中央提出实施乡村振兴战略，明确仍然把解决好'三农'问题作为全党工作重中之重，实际上是在提醒我们：由于中国的特殊国情和未来二三十年发展的阶段性特征，在我国的现代化进程中绝不能忽视农业、忽视农村、忽视农民。在实现现代化强国的目标过程中，必须下更大的气力解决好'三农'问题，必须通过实施乡村振兴战略这样的重大战略

来推动农业全面升级、农村全面进步、农民全面发展。"

3. 城乡二元化发展的现状使然

2018年7月，华东理工大学社会与公共管理学院教授、博士生导师曹锦清对媒体记者说："工业化、城镇化、信息化以及我国市场化改革的不断深入、经济全球化的不断发展，这些都构成了讨论中国当代问题包括'三农'问题的现实大背景。此前，我国社会主要矛盾是人民日益增长的物质文化需要同落后的社会生产之间的矛盾，针对这一主要矛盾，'三农'发展一直更加强调农业的发展，农业的发展则更加强调农产品数量的供给。进入新时代，我国社会的主要矛盾已经转化为人民日益增长的美好生活需要和不平衡不充分的发展之间的矛盾，其中较为突出的是城乡发展不平衡、农村发展不充分。所以，实施乡村振兴战略，是解决人民日益增长的美好生活需要和不平衡不充分的发展之间矛盾的必然要求，也是实现'两个一百年'奋斗目标、实现全体人民共同富裕的必然要求。随着生产力的进步，'三农'问题与从前相比也有了一些新的变化。比如农村发展的不充分问题从量转向了质，已经主要不是数量问题了，更多是农产品供给的结构问题、城乡发展的不平衡问题等。只有解决好'三农'领域发展的不平衡不充分问题，才能够解决好整体发展的不平衡不充分问题。客观地说，农业人口多，基础薄弱，农村的情况千差万别，解决好'三农'问题还面临诸多困难和挑战，但中央的决心是明确的，所以反复强调坚持把解决好'三农'问题作为全党工作重中之重。"

4. 我国"三农"现状使然

2018年7月，湖南省社科院中国乡村振兴研究院研究员，《中国乡村发现》主编陈文胜接受媒体采访时分析："党的十九大提出实施乡村振兴战略，是以习近平同志为核心的党中央着眼党和国家事业全局、顺应亿万农民对美好生活的向往，对'三农'工作作出的重大决策部署，是决胜全面建成小康社会、全面建设社会主义现代化国家的重大历史任务，是新时代做好'三农'工作的总抓手。十九大报告提出'坚持农业农村优先发展'，这是党中央第一次明确提出坚持农业农村优先发展，是在观念上、认识上、工作部署上的重大创新。强调农业农村优先发展有它特定的含义。去年年底[2017年]召开的中央农村工作会议提出：如期实现第一个百年奋斗目标并向第二个百年奋斗目标迈进，最艰巨最繁重的任务在农村，最广泛最深厚的基础在农村，最大的潜力和后劲也在农村。最艰巨最繁重的任务在农村，是因为我国发展不平衡不充分的问题在农村最为突出；最广泛最深厚的基础在农村，是因为我国农业人口多，而近年来农业农村发展取得的重大成就就已经为实施乡村振兴战略奠定了良好基础；最大的潜力和后劲也在农村，是因为我国农村有着广阔的市场和诸多待挖掘的资源，虽然农业在GDP中的占比在不断下降，但是农村还有很多其他的产业，正在不断形成新产业，不断创造更多的产值和就业机会。正因为农村如此重要，又到了必须振兴的时候，农业农村发展就必然要摆在优先的位置，才能真正体现其作为重中之重的地位。显然，乡村振兴战略抓住了解决新时代社会主要矛盾的'牛鼻子'，也体现了党中央从根本上仅是景观意义上的乡村，重点是农民实实在在地受益。农村人口城镇化是大的趋势，鼓励农民进城要和乡村振兴结合起来，不能顾此失彼。[2017年]年底召开的中央农村工作会议明确指出，实施乡村振兴战略是一项长期的历史性任务，要科学规划、注重质量、从容建设，不追求速度，更不能刮风搞运动。我们实施乡村振兴战略，党中央总揽全局、统筹谋划，中央文件提出了明确的目标任务和一系列的具体举措，也明确了规划引领、法治保障、人才支撑等内容，对于一些探索中的改革既有鼓励，也画出了红线，形成了一个系统工程。因此，乡村振兴绝不是一阵风、做表面文章，而是一项整体推进、环环相扣、实实在在的战略。按照中央的部署稳步推进，乡村振兴就一定能够实现。"

2. 乡村振兴要注意城乡融合发展

2018年7月，陈文胜说："乡村振兴作为全新的战略构想，不仅是重大的政治决策，更是对国家未来发展战略的顶层设计，必须深刻吸取过去在农村工作中出现的形式主义、短期行为等各种教训，特别要警惕基层工作中可能会产生的官僚主义和形式主义的不良倾向。在农村基层工作中，行政化难以避免，久而久之就可能使乡村振兴工作表现出农民的依赖性越来越强、越来越丧失自主能力和创造能力的现象，这样就难以实现乡村的自主发展，就有可能使乡村振兴工作走向形式主义。因此，基层在推进乡村振兴工作的时候，要特别注重调动农民个体和村集体的积极性，切实保护农民的相关权益。同时，不能用城市化的理念来发展乡村。过去，很多地方在新农村建设中出现了乡不乡、城不城的问题。新时代的乡村振兴是要实现城乡融合发展，要乡中有城，城中有乡，各司其职，共荣共生。"

（四）"乡村振兴"为什么不叫"农村振兴"？

2017年12月底，中央农村经济工作会议首次提出走特色社会主义乡村振兴道路，并提纲挈领地提出了乡村振兴"七条路径"，制定了乡村振兴"总路线图"，以及"三步走"时间表。国家提出实施乡村振兴战略，全面推进乡村复兴。

"乡村振兴"为什么不叫"农村振兴"？"农村"是指从事农业的地方，是农民生产生活的地方，"乡村"则突出地域性，乡村不能只搞农业，而且乡村今后也不光是农民生产生活居住的地方。在欧洲，法国的乡村中居住的非农民占三成，称为逆城镇化，我们的逆城镇化时代也会到来。

1. 乡村振兴不能只喊口号

乡村振兴，既要塑形，也要铸魂，要形成文明乡风、良好家风、淳朴民风，焕发乡风文明新气象。推动农村全面进步、农民全面发展，必须物质文明和精神文明一起抓，提升农民精神风貌，不断提高乡村社会文明程度。

在快速新型工业化、新型城镇化大潮下，农村人口流动性显著增强，乡土社会的血缘性和地缘性逐渐减弱，农村由熟人社会加速向"半熟人社会"演化。一些地方乡村文化特色逐步丧失，传统重义轻利的乡村道德观念被侵蚀淡化，人际关系日益功利

化，人情社会商品化，维系农村社会秩序的乡村精神逐渐解体，一定程度上造成了乡村社会秩序的失范。

乡村是否振兴，要看农民的精气神旺不旺，看乡风好不好，看人心齐不齐。必须以社会主义核心价值观为引领，坚持教育引导、实践养成、制度保障三管齐下，采取符合农村特点的有效方式，加强农村思想道德建设，加强农村公共文化建设，开展移风易俗行动，弘扬乡村文明。传承发展农村优秀传统文化，是乡村振兴的重要课题。要加强传统村落保护，深入挖掘农村特色文化，加强对非物质文化遗产的整理、展示和宣传。

2. 乡村要靠谁振兴

中国农村正面临前所未有的巨变。其中最重要的变化是人口的变化。

人口流失，乡村怎么振兴？以前的乡村是一个共同体，是农民共同生产、共同生活的基础，农民生活在一个熟人社会，谁都知道自己的邻居是谁，传统的道德、伦理、习俗大家都是承认的。但是现在乡村共同体正在解体，很多人回去都不认识自己的邻居了，也认不全村里的人了。

乡村振兴离不开稳定和谐的社会环境。要加强和创新乡村治理，建立健全党委领导、政府负责、社会协同、公众参与、法治保障的现代乡村社会治理体制，健全自治、法治、德治相结合的乡村治理体系，让农村社会既充满活力又和谐有序。

当前，农村经济社会结构正在经历深刻转型。一是农民持续流动。2017 年，全国乡村人口比 2010 年减少了 0.9 亿人，比 2000 年减少了 3.1 亿人。大量人口向城镇迁移，村庄空心化、农民老龄化程度加剧。青壮年劳动力外出务工，出现家庭分离，村庄空心化、"三留守"问题严重。二是农民出现分化。原来同质化的农民群体产生了明显的职业分化、收入分化、利益分化，农民意愿诉求呈现出多元化和行为方式的多样化。2016 年全国第一产业从业人员为 2.1 亿人，比 2000 年和 2010 年分别减少 1.5 亿人和 0.6 亿人。处于不同阶层和群体的农民有着各自不同的利益诉求，也往往采取不同的利益表达方式，给农村社会发展和乡村治理带来新的挑战。三是农民"原子化"。市场经济发展激发了农户个体发展经济、改善生活的积极性，同时瓦解了一些传统的经济和社会合作机制，强化了农民个体意识，弱化了农民对村庄生产生活共同体的意识。

面对农村这些正在发生的变化，要借鉴浙江等地经验，培育富有地方特色和时代精神的新乡贤文化，发挥其在乡村治理中的积极作用。

3. 如何整治"脏乱差"农村环境

以绿色发展引领乡村振兴是一场深刻革命，必须牢固树立和践行"绿水青山就是金山银山"的理念，落实节约优先、保护优先、自然恢复为主的方针，统筹山水林田湖草系统治理，严守生态保护红线，以绿色发展引领乡村振兴。

近年来，我国乡村绿色发展有了新进展。农业面源污染趋势减缓，以垃圾处理、污水治理为重点的农村人居环境整治全面提速，全国 73.9% 的行政村对生活垃圾进行处理；但是乡村环境和生态问题仍很突出。资源硬约束日益加剧。人多、地少、水缺是我国基本国情，耕地质量下降，黑土层变薄、土壤酸化、耕作层变浅等问题凸显，农田灌溉水有效利用系数比发达国家平均水平低 0.2，华北地下水超采严重。环境污染问题突出。工业"三废"和城市生活等外源污染向农业农村扩散，上亿亩耕地不同程度受到重金属污染。农村垃圾、污水处理水平较低。生态系统退化明显。全国水土流失面积仍然有 290 多万平方公里，草原超载过牧问题依然突出，湖泊、湿地面积萎缩，生物多样性受到严重威胁，濒危物种增多。

以绿色发展引领乡村振兴，要抓好治理农业生态突出问题、加大农村生态保护和修复力度、建立健全生态效益补偿机制、以更大力度推动农村人居环境整治和美丽宜居乡村建设等四个重点，力争到 2020 年全面建成小康社会时，农村脏乱差的面貌得到根本改变，给农民一个干净整洁的生活环境。

4. 第二轮土地承包到期后为什么要再延长 30 年

《人民日报》2018 年 2 月 26 日，中国社会科学院习近平新时代中国特色社会主义思想研究中心特约研究员谢增毅认为，第二轮土地承包到期后再延长 30 年，是推动乡村振兴的重要举措。

谢增毅说："农业农村农民问题是关系国计民生的根本性问题。党的十九大报告对我国'三农'问题作出一系列新的重大部署，其中，为给予农民稳定的土地承包经营预期，作出了'第二轮土地承包到期后再延长 30 年'的重大安排。这是保障农民财产权益的关键举措，对于促进农业农村发展、实现乡村振兴具有重大意义。

"实施乡村振兴战略的重要推力。党的十九大报告提出实施乡村振兴战略，要求巩固和完善农村基本经营制度，深化农村土地制度改革。在'三农'工作中，农村土地问题是核心和关键，是农民最关心最直接最现实的利益问题。习近平同志指出，新形势下深化农村改革，主线仍然是处理好农民与土地的关系。党的十九大报告明确提出保持土地承包关系稳定并长久不变，第二轮土地承包到期后再延长 30 年，给广大农民吃上长效'定心丸'。土地承包期再延长 30 年，保持了'三农'政策的稳定性和连续性，时间节点与第二个百年奋斗目标相契合，彰显了党中央坚定保护农民土地权益的决心，激发了广大农民的生产积极性，为顺利实施乡村振兴战略提供了坚实基础。

"保护农民财产权益的关键举措。党的十九大报告提出，深化农村集体产权制度改革，保障农民财产权益，壮大集体经济。坚持农村土地集体所有，坚持家庭经营基础性地位，坚持土地承包关系稳定，核心是维护农民土地权益。农民土地承包经营权是农民的基本权利，延长土地承包期使农民对土地的收益有了长期稳定的预期，使农民土地承包经营权的各项权益得到长期保障。这不仅有利于提高农民的生产积极性，也为农民流转土地承包经营权提供了前提和基础。保持土地承包关系稳定并长久不变，因承包地流转而设立的土地经营权才可能长期稳定。在此基础上探索'三权分置'多种实现形式，才能真正让农户的承包权稳下去、经营权活起来。

"推进农业现代化的必要之举。随着大批农村富余劳动力转移到城镇就业，各类合作社、农业产业化龙头企业等新型经营主体大量涌现，土地流转面积不断扩大，规模

化、集约化经营水平不断提升，家庭承包、多元经营的格局更加明显。农业产业化、水利化、机械化及科技进步等，也对完善农村生产关系提出新的要求。延长农村土地承包期，有利于通过土地流转促进规模化、专业化长期经营，提高农村土地使用效能，释放出更多的劳动力和资源红利，为构建现代农业产业体系、生产体系、经营体系创造有利条件，加快推进农业现代化。

"当前，保障农民财产权益，应进一步完善相关法律，把有些政策及时上升为法律。一是修改完善农村土地承包法，在法律条文中明确规定第二轮土地承包到期后再延长30年，使农民土地承包经营权展期得到法律确认和保障，将我们党提出的实施乡村振兴战略的重大部署贯彻到法律中。二是以立法完善'三权分置'制度，明确土地承包经营权分为土地承包权和土地经营权，承包土地的经营权流转后，承包方与发包方的承包关系不变，承包方的土地承包权不变。这不仅有利于实现农业规模经营，而且有利于提高农民土地收益、实现土地价值。三是进一步明确土地承包经营权的各项法律权能，强化土地承包权的物权属性，赋予农民对承包地占有、使用、收益、流转及承包经营权抵押、担保权能。"

第四节　正确看待全面推进乡村振兴

中国的改革发端于农村。我们党立足国情农情，尊重基层实践创造，领导亿万农民谱写了农村改革发展的壮丽篇章。特别是党的十八大以来，农村改革全面深化，促进农业农村发展取得了历史性成就，发生了历史性变革。

如果说1978年在农村实行联产承包责任制，是一次重大改革，那么目前在乡村实行振兴，不啻是对我国乡村的又一次重大变革。这次改革更全面、更彻底，前途更光明。

（一）领会全面振兴的内涵

乡村振兴既是一场攻坚战，更是一场持久战，必须坚定信心、咬定目标，苦干实干、久久为功。

2018年9月22日，在中共中央政治局第八次集体学习时，习近平总书记站在全面建设社会主义现代化国家的战略高度，对实施乡村振兴战略作出重点部署、提出明确要求，为我们做好新时代"三农"工作，谱写新时代乡村全面振兴新篇章指明了前进方向、注入了精神动力。

实施乡村振兴战略，首先要按规律办事。正如习近平总书记所强调的，在我们这样一个拥有13亿多人口的大国，实现乡村振兴是前无古人、后无来者的伟大创举，没有现成的、可照抄照搬的经验。这就要求我们必须坚持遵循乡村发展规律，按照国家要求做好各项重点工作：突出抓好农民合作社和家庭农场两类农业经营主体发展，赋予双层经营体制新的内涵；在实行自治和法治的同时，注重发挥好德治的作用，礼仪之邦、优秀传统文化和法治社会建设相辅相成；走城乡融合发展之路，向改革要动力，加快建立健全城乡融合发展体制机制和政策体系；建立健全城乡基本公共服务均等化的体制机制，推动公共服务向农村延伸、社会事业向农村覆盖。

同时还要看到，实施乡村振兴战略，打好脱贫攻坚战是优先任务。对于贫困村和所在县乡来说，当前的工作重点就是脱贫攻坚，必须保持目标不变、靶心不散、频道不换。

实施乡村振兴战略，就要注意处理好"四大关系"，即长期目标和短期目标的关系、顶层设计和基层探索的关系、充分发挥市场决定性作用和更好发挥政府作用的关系、增强群众获得感和适应发展阶段的关系。处理好这"四大关系"，就要坚持科学规划、注重质量、从容建设，一件事情接着一件事情办，一年接着一年干，切忌贪大求快、刮风搞运动，防止走弯路、"翻烧饼"。党中央已经明确了乡村振兴的顶层设计，各地要制定符合自身实际的实施方案，科学把握乡村的差异性，因村制宜，发挥亿万农民的主体作用和首创精神，善于总结基层的实践创造。

要进一步解放思想，推进新一轮农村改革，发挥政府在规划引导、政策支持、市场监管、法治保障等方面的积极作用。要围绕农民群众最关心最直接最现实的利益问题，加快补齐农村发展和民生短板，让亿万农民有更多实实在在的获得感、幸福感、安全感，同时要形成可持续发展的长效机制，坚持尽力而为、量力而行，不能提脱离实际的目标，更不能搞形式主义和"形象工程"。

办好农村的事情，实现乡村振兴，关键在党。乡村振兴是包括产业振兴、人才振兴、文化振兴、生态振兴、组织振兴的全面振兴，是"五位一体"总体布局、"四个全面"战略布局在"三农"工作中的体现。实施乡村振兴战略，各级党委和党组织必须加强领导，汇聚起全党上下、社会各方的强大力量。这就要求我们，必须把好乡村振兴战略的政治方向，坚持农村土地集体所有制性质，发展新型集体经济，走共同富裕道路；充分发挥好乡村党组织的作用，把乡村党组织建设好，把领导班子建设强；创新乡村人才工作体制机制，充分激发乡村现有人才活力，把更多城市人才引向乡村创新创业。只有不断加强和改善党对"三农"工作的领导，提高新时代党领导农村工作的能力和水平，才能扎扎实实把乡村振兴战略向前推进。

农业强不强、农村美不美、农民富不富，决定着我国全面小康社会的成色和社会主义现代化的质量。全面实施乡村振兴战略、打赢脱贫攻坚战、加快推进农业农村现代化，我们就一定能不断谱写新时代乡村全面振兴新篇章。

（二）返乡入乡创业盘活资源带动乡村振兴

就业是最大的民生。做好"六稳"工作、落实"六保"任务，摆在第一位的都是就业。习近平总书记2020年4月21日在陕西考察时强调，今年是脱贫攻坚决战决胜之

年，解决好贫困群众就业问题非常重要。2020年1月8日，人力资源和社会保障部、财政部、农业农村部联合出台《关于进一步做好返乡入乡创业工作的意见》，推动返乡入乡创业，以创新带动创业，以创业带动就业。河北省等地借势发力，通过出台财税政策扶持、金融服务创新、创业用地保障等一系列富有含金量的举措，多策发力，鼓励各方能人、资本返乡入乡，从而让产业在乡村落地，让农民在家门口实现就业。

多渠道促进就业创业，至关重要，刻不容缓。一方面，要帮助农民外出返岗就业，稳住就业存量；另一方面，也要挖掘本地潜力，通过创业来开发就业增量，方便农民就近上岗，这正是鼓励返乡入乡创业的着眼点。在乡村振兴的大背景下，农村的天地更加广阔，就业创业的关键在于盘活资源，激发活力。

乡村的投资空间相对较大，目前的投资力度相对较小，还有比较充裕、灵活的劳动力，乡村的"富矿"有待开掘。守家就业，不再候鸟式迁徙，也是许多农民的心愿。挖掘发展潜力、实现农民心愿，就要把有效投资与扶贫项目相结合，带动更多农民就近就地上班，在家门口实现脱贫增收。

回乡创业，选好项目很关键。鼓励能人、技术和资金下乡，首先要选对选准产业。上项目不能随意决定，不能盲目复制外地经验。扶持一个好项目，就像栽下一棵"摇钱树"。以当地资源为基础，以市场为导向，产销对路，乡村创业之树才能"根深叶茂"。

扶持创业，政策要不折不扣落实，同时要打造良好的营商环境。各类企业说到底要面向市场，在竞争中求生存、谋发展，最需要的是良好的营商环境。就此而言，打造公平、高效、透明、开放的营商环境，是返乡入乡创业最有力的保障。在这一过程中，要坚持新发展理念，助推乡村高质量发展。鼓励能人、资本下乡，不能捡到篮里都是菜，门槛不可降、标准不能低，项目不能凑合，水平不能将就。要列出负面清单，严把准入关口，尤其警惕落后过剩产能乘虚而入。

（三）全面推进乡村振兴

党的十九届五中全会指出，坚持把解决好"三农"问题作为全党工作重中之重，走中国特色社会主义乡村振兴道路，全面实施乡村振兴战略，强化以工补农、以城带乡，推动形成工农互促、城乡互补、协调发展、共同繁荣的新型工农城乡关系，加快农业农村现代化。在2020年底召开的中央农村工作会议上，习近平总书记指出，脱贫攻坚取得胜利后，要全面推进乡村振兴，这是"三农"工作重心的历史性转移。做好新时代的"三农"工作，全面推进乡村振兴，必须贯彻落实党中央决策部署，把握新形势、明确新任务、展现新作为。

2021年1月7日，《人民日报》第9版刊发了清华大学张红宇的文章《全面推进乡村振兴》，该文从三个方面对乡村振兴进行了探讨。

1. 乡村振兴开局良好、成效显著

张红宇认为，乡村振兴战略实施以来，在全党全社会共同努力下，农业农村工作稳中有进，乡村振兴开局良好。重要农产品产量保持稳定，粮食产量连续6年站稳1.3

万亿斤台阶，2020 年全国粮食总产量为 13390 亿斤，确保了国家粮食安全和农产品有效供给。农业供给侧结构性改革进展顺利，产业、产品结构不断优化，多元化农产品供给充足，农业产业类型和产品品种丰富，一二三产业融合发展、质量不断提升。新产业、新业态不断涌现，观光休闲农业、"互联网＋"、农产品加工业、农业生产性服务业等乡村产业发展在促进农民就业增收方面发挥了重要作用。

绿色发展理念深入人心，统筹山水林田湖草系统治理，实现投入品减量增效，开展农业废弃物资源化利用，保护农业生态环境，为农业可持续发展提供了重要机遇。脱贫攻坚成果举世瞩目，现行标准下农村贫困人口全部脱贫，贫困县全部摘帽，消除了绝对贫困和区域性整体贫困。

农民收入持续增长，2019 年农村居民人均可支配收入超过 1.6 万元，农民收入提前一年实现比 2010 年翻一番。城乡居民收入差距不断缩小，为扎实推动共同富裕夯实了基础。土地制度不断创新，新型农业经营主体蓬勃发展，促进了小农户与现代农业有机衔接。建立健全农村人居环境治理工作机制，村容村貌不断得到改善。农村基础设施建设成效明显，农民饮水安全得到改善，乡村道路建设继续加强，农村新型能源进一步发展，农村信息化持续推进。农村社会保障事业不断发展，公共服务水平不断提升，乡村治理得到加强改进。

2. 全面实施乡村振兴战略

张红宇在文章中提出，"十四五"时期全面实施乡村振兴战略，需要抓住以下重点再创佳绩。

一是提高农业质量效益和竞争力。以保障国家粮食安全为底线，健全农业支持保护制度。落实最严格的耕地保护制度，深入实施藏粮于地、藏粮于技战略，加大农业水利设施建设力度，实施高标准农田建设工程，强化农业科技和装备支撑，提高农业良种化水平，健全动物防疫和农作物病虫害防治体系，建设智慧农业。强化绿色导向、标准引领和质量安全监管，建设农业现代化示范区。推进农业供给侧结构性改革，优化农业生产结构和区域布局，加强粮食生产功能区、重要农产品生产保护区和特色农产品优势区建设，推进优质粮食工程。完善粮食主产区利益补偿机制，保障重要农产品供给安全，提升收储调控能力。

二是加快发展乡村产业。发展县域经济，推动农村一二三产业融合发展，丰富乡村经济业态，拓展农民增收空间。落实更加积极的就业政策，继续转移农业富余劳动力，促进农民充分就业、持续增收。

三是实施乡村建设行动。强化县城综合服务能力，把乡镇建成服务农民的区域中心。统筹县域城镇和村庄规划建设，保护传统村落和乡村风貌。完善乡村基础设施，提升农房建设质量，因地制宜改善农村人居环境。提高农民科技文化素质，推动乡村人才振兴。

四是实现巩固拓展脱贫攻坚成果同乡村振兴有效衔接。保持帮扶政策总体稳定，健全防止返贫监测帮扶机制，持续发展壮大扶贫产业，做好脱贫人口稳岗就业，强化

易地搬迁后续扶持，加强资金资产项目管理，兜住民生底线。

3. 坚持优先发展农业农村

坚定贯彻新发展理念，确保各项政策措施落地生根、取得实效，推动形成工农互促、城乡互补、协调发展、共同繁荣的新型工农城乡关系，努力实现更高质量、更有效率、更加公平、更可持续、更为安全的发展。优先保障"三农"投入：一方面，加大中央和地方财政"三农"投入力度，引导社会资本投入农业；另一方面，充分发挥金融、保险、期货、再保险等政策工具在服务主体、发展产业、防范风险等方面的重要作用，巩固"三农"发展的资金保障体系。进一步深化农村改革，健全城乡融合发展机制，推动城乡要素平等交换、双向流动，增强农业农村发展活力。落实第二轮土地承包到期后再延长30年政策，加快培育农民合作社、家庭农场等新型农业经营主体，健全农业专业化社会化服务体系，发展多种形式适度规模经营。深化农村集体产权制度改革，发展新型农村集体经济。

第五节　2021年中央一号文件对乡村振兴的总体部署

2021年2月25日，习近平总书记在全国脱贫攻坚总结表彰大会上庄严宣告："经过全党全国各族人民共同努力，在迎来中国共产党成立一百周年的重要时刻，我国脱贫攻坚战取得了全面胜利，现行标准下9899万农村贫困人口全部脱贫，832个贫困县全部摘帽，12.8万个贫困村全部出列，区域性整体贫困得到解决，完成了消除绝对贫困的艰巨任务。"

《中共中央　国务院关于全面推进乡村振兴加快农业农村现代化的意见》（以下简称"2021年中央一号文件"）指出，"十四五"时期，是乘势而上开启全面建设社会主义现代化国家新征程、向第二个百年奋斗目标进军的第一个五年。民族要复兴，乡村必振兴。全面建设社会主义现代化国家，实现中华民族伟大复兴，最艰巨最繁重的任务依然在农村，最广泛最深厚的基础依然在农村。解决好发展不平衡不充分问题，重点难点在"三农"，迫切需要补齐农业农村短板弱项，推动城乡协调发展；构建新发展格局，潜力后劲在"三农"，迫切需要扩大农村需求，畅通城乡经济循环；应对国内外各种风险挑战，基础支撑在"三农"，迫切需要稳住农业基本盘，守好"三农"基础。新发展阶段"三农"工作依然极端重要，须臾不可放松，务必抓紧抓实。要坚持把解决好"三农"问题作为全党工作重中之重，把全面推进乡村振兴作为实现中华民族伟大复兴的一项重大任务，举全党全社会之力加快农业农村现代化，让广大农民过上更加美好的生活。

（一）2021 年中央一号文件对乡村振兴有哪些总体要求

1. 指导思想

以习近平新时代中国特色社会主义思想为指导，全面贯彻党的十九大和十九届二中、三中、四中、五中全会精神，贯彻落实中央经济工作会议精神，统筹推进"五位一体"总体布局，协调推进"四个全面"战略布局，坚定不移贯彻新发展理念，坚持稳中求进工作总基调，坚持加强党对"三农"工作的全面领导，坚持农业农村优先发展，坚持农业现代化与农村现代化一体设计、一并推进，坚持创新驱动发展，以推动高质量发展为主题，统筹发展和安全，落实加快构建新发展格局要求，巩固和完善农村基本经营制度，深入推进农业供给侧结构性改革，把乡村建设摆在社会主义现代化建设的重要位置，全面推进乡村产业、人才、文化、生态、组织振兴，充分发挥农业产品供给、生态屏障、文化传承等功能，走中国特色社会主义乡村振兴道路，加快农业农村现代化，加快形成工农互促、城乡互补、协调发展、共同繁荣的新型工农城乡关系，促进农业高质高效、乡村宜居宜业、农民富裕富足，为全面建设社会主义现代化国家开好局、起好步提供有力支撑。

2. 目标任务

2021 年，农业供给侧结构性改革深入推进，粮食播种面积保持稳定、产量达到 1.3 万亿斤以上，生猪产业平稳发展，农产品质量和食品安全水平进一步提高，农民收入增长继续快于城镇居民，脱贫攻坚成果持续巩固。农业农村现代化规划启动实施，脱贫攻坚政策体系和工作机制同乡村振兴有效衔接、平稳过渡，乡村建设行动全面启动，农村人居环境整治提升，农村改革重点任务深入推进，农村社会保持和谐稳定。

到 2025 年，农业农村现代化取得重要进展，农业基础设施现代化迈上新台阶，农村生活设施便利化初步实现，城乡基本公共服务均等化水平明显提高。农业基础更加稳固，粮食和重要农产品供应保障更加有力，农业生产结构和区域布局明显优化，农业质量效益和竞争力明显提升，现代乡村产业体系基本形成，有条件的地区率先基本实现农业现代化。脱贫攻坚成果巩固拓展，城乡居民收入差距持续缩小。农村生产生活方式绿色转型取得积极进展，化肥农药使用量持续减少，农村生态环境得到明显改善。乡村建设行动取得明显成效，乡村面貌发生显著变化，乡村发展活力充分激发，乡村文明程度得到新提升，农村发展安全保障更加有力，农民获得感、幸福感、安全感明显提高。

（二）如何实现巩固拓展脱贫攻坚成果同乡村振兴有效衔接

1. 设立衔接过渡期

脱贫攻坚目标任务完成后，对摆脱贫困的县，从脱贫之日起设立五年过渡期，做到"扶上马、送一程"。过渡期内保持现有主要帮扶政策总体稳定，并逐项分类优化调整，合理把握节奏、力度和时限，逐步实现由集中资源支持脱贫攻坚向全面推进乡村

振兴平稳过渡，推动"三农"工作重心历史性转移。抓紧出台各项政策完善优化的具体实施办法，确保工作不留空当、政策不留空白。

2. 持续巩固拓展脱贫攻坚成果

健全防止返贫动态监测和帮扶机制，对易返贫致贫人口及时发现、及时帮扶，守住防止规模性返贫底线。以大中型集中安置区为重点，扎实做好易地搬迁后续帮扶工作，持续加大就业和产业扶持力度，继续完善安置区配套基础设施、产业园区配套设施、公共服务设施，切实提升社区治理能力。加强扶贫项目资产管理和监督。

3. 接续推进脱贫地区乡村振兴

实施脱贫地区特色种养业提升行动，广泛开展农产品产销对接活动，深化拓展消费帮扶。持续做好有组织劳务输出工作。统筹用好公益岗位，对符合条件的就业困难人员进行就业援助。在农业农村基础设施建设领域推广以工代赈方式，吸纳更多脱贫人口和低收入人口就地就近就业。在脱贫地区重点建设一批区域性和跨区域重大基础设施工程。加大对脱贫县乡村振兴支持力度。在西部地区脱贫县中确定一批国家乡村振兴重点帮扶县集中支持。支持各地自主选择部分脱贫县作为乡村振兴重点帮扶县。坚持和完善东西部协作和对口支援、社会力量参与帮扶等机制。

4. 加强农村低收入人口常态化帮扶

开展农村低收入人口动态监测，实行分层分类帮扶。对有劳动能力的农村低收入人口，坚持开发式帮扶，帮助其提高内生发展能力，发展产业、参与就业，依靠双手勤劳致富。对脱贫人口中丧失劳动能力且无法通过产业就业获得稳定收入的人口，以现有社会保障体系为基础，按规定纳入农村低保或特困人员救助供养范围，并按困难类型及时给予专项救助、临时救助。

（三）怎样加快推进农业现代化

1. 提升粮食和重要农产品供给保障能力

地方各级党委和政府要切实扛起粮食安全政治责任，实行粮食安全党政同责。深入实施重要农产品保障战略，完善粮食安全省长责任制和"菜篮子"市长负责制，确保粮、棉、油、糖、肉等供给安全。"十四五"时期各省（自治区、直辖市）要稳定粮食播种面积、提高单产水平。加强粮食生产功能区和重要农产品生产保护区建设。建设国家粮食安全产业带。稳定种粮农民补贴，让种粮有合理收益。坚持并完善稻谷、小麦最低收购价政策，完善玉米、大豆生产者补贴政策。深入推进农业结构调整，推动品种培优、品质提升、品牌打造和标准化生产。鼓励发展青贮玉米等优质饲草饲料，稳定大豆生产，多措并举发展油菜、花生等油料作物。健全产粮大县支持政策体系。扩大稻谷、小麦、玉米三大粮食作物完全成本保险和收入保险试点范围，支持有条件的省份降低产粮大县三大粮食作物农业保险保费县级补贴比例。深入推进优质粮食工程。加快构建现代养殖体系，保护生猪基础产能，健全生猪产业平稳有序发展长效机制，积极发展牛羊产业，继续实施奶业振兴行动，推进水产绿色健康养殖。推进渔港建设和管理改革。促进木本粮油和林下经济发展。优化农产品贸易布局，实施农产品进口多元化战略，支持企业融入全球农产品供应链。保持打击重点农产品走私高压态势。加强口岸检疫和外来入侵物种防控。开展粮食节约行动，减少生产、流通、加工、存储、消费环节粮食损耗浪费。

2. 打好种业翻身仗

农业现代化，种子是基础。加强农业种质资源保护开发利用，加快第三次农作物种质资源、畜禽种质资源调查收集，加强国家作物、畜禽和海洋渔业生物种质资源库建设。对育种基础性研究以及重点育种项目给予长期稳定支持。加快实施农业生物育种重大科技项目。深入实施农作物和畜禽良种联合攻关。实施新一轮畜禽遗传改良计划和现代种业提升工程。尊重科学、严格监管，有序推进生物育种产业化应用。加强育种领域知识产权保护。支持种业龙头企业建立健全商业化育种体系，加快建设南繁硅谷，加强制种基地和良种繁育体系建设，研究重大品种研发与推广后补助政策，促进育繁推一体化发展。

3. 坚决守住 18 亿亩耕地红线

统筹布局生态、农业、城镇等功能空间，科学划定各类空间管控边界，严格实行土地用途管制。采取"长牙齿"的措施，落实最严格的耕地保护制度。严禁违规占用耕地和违背自然规律绿化造林、挖湖造景，严格控制非农建设占用耕地，深入推进农村乱占耕地建房专项整治行动，坚决遏制耕地"非农化"、防止"非粮化"。明确耕地利用优先序，永久基本农田重点用于粮食特别是口粮生产，一般耕地主要用于粮食和棉、油、糖、蔬菜等农产品及饲草饲料生产。明确耕地和永久基本农田不同的管制目标和管制强度，严格控制耕地转为林地、园地等其他类型农用地，强化土地流转用途监管，确保耕地数量不减少、质量有提高。实施新一轮高标准农田建设规划，提高建设标准和质量，健全管护机制，多渠道筹集建设资金，中央和地方共同加大粮食主产区高标准农田建设投入，2021 年建设 1 亿亩旱涝保收、高产稳产高标准农田。在高标准农田建设中增加的耕地作为占补平衡补充耕地指标在省域内调剂，所得收益用于高标准农田建设。加强和改进建设占用耕地占补平衡管理，严格新增耕地核实认定和监管。健全耕地数量和质量监测监管机制，加强耕地保护督察和执法监督，开展"十三五"时期省级政府耕地保护责任目标考核。

4. 强化现代农业科技和物质装备支撑

实施大中型灌区续建配套和现代化改造。到 2025 年全部完成现有病险水库的除险加固。坚持农业科技自立自强，完善农业科技领域基础研究稳定支持机制，深化体制改革，布局建设一批创新基地平台。深入开展乡村振兴科技支撑行动。支持高校为乡村振兴提供智力服务。加强农业科技社会化服务体系建设，深入推行科技特派员制度。打造国家热带农业科学中心。提高农机装备自主研制能力，支持高端智能、丘陵山区农机装备研发制造，加大购置补贴力度，开展农机作业补贴。强化动物防疫和农作物病虫害防治体系建设，提升防控能力。

5．构建现代乡村产业体系

依托乡村特色优势资源，打造农业全产业链，把产业链主体留在县城，让农民更多分享产业增值收益。加快健全现代农业全产业链标准体系，推动新型农业经营主体按标生产，培育农业龙头企业标准"领跑者"。立足县域布局特色农产品产地初加工和精深加工，建设现代农业产业园、农业产业强镇、优势特色产业集群。推进公益性农产品市场和农产品流通骨干网络建设。开发休闲农业和乡村旅游精品线路，完善配套设施。推进农村一二三产业融合发展示范园和科技示范园区建设。把农业现代化示范区作为推进农业现代化的重要抓手，围绕提高农业产业体系、生产体系、经营体系现代化水平，建立指标体系，加强资源整合、政策集成，以县（市、区）为单位开展创建，到2025年创建500个左右示范区，形成梯次推进农业现代化的格局。创建现代林业产业示范区。组织开展"万企兴万村"行动。稳步推进反映全产业链价值的农业及相关产业统计核算。

6．推进农业绿色发展

实施国家黑土地保护工程，推广保护性耕作模式。健全耕地休耕轮作制度。持续推进化肥农药减量增效，推广农作物病虫害绿色防控产品和技术。加强畜禽粪污资源化利用。全面实施秸秆综合利用和农膜、农药包装物回收行动，加强可降解农膜研发推广。在长江经济带、黄河流域建设一批农业面源污染综合治理示范县。支持国家农业绿色发展先行区建设。加强农产品质量和食品安全监管，发展绿色农产品、有机农产品和地理标志农产品，试行食用农产品达标合格证制度，推进国家农产品质量安全县创建。加强水生生物资源养护，推进以长江为重点的渔政执法能力建设，确保十年禁渔令有效落实，做好退捕渔民安置保障工作。发展节水农业和旱作农业。推进荒漠化、石漠化、坡耕地水土流失综合治理和土壤污染防治、重点区域地下水保护与超采治理。实施水系连通及农村水系综合整治，强化河湖长制。巩固退耕还林还草成果，完善政策、有序推进。实行林长制。科学开展大规模国土绿化行动。完善草原生态保护补助奖励政策，全面推进草原禁牧轮牧休牧，加强草原鼠害防治，稳步恢复草原生态环境。

7．推进现代农业经营体系建设

突出抓好家庭农场和农民合作社两类经营主体，鼓励发展多种形式适度规模经营。实施家庭农场培育计划，把农业规模经营户培育成有活力的家庭农场。推进农民合作社质量提升，加大对运行规范的农民合作社扶持力度。发展壮大农业专业化社会化服务组织，将先进适用的品种、投入品、技术、装备导入小农户。支持市场主体建设区域性农业全产业链综合服务中心。支持农业产业化龙头企业创新发展、做大做强。深化供销合作社综合改革，开展生产、供销、信用"三位一体"综合合作试点，健全服务农民生产生活综合平台。培育高素质农民，组织参加技能评价、学历教育，开展专门面向农民的技能大赛。吸引城市各方面人才到农村创业创新，参与乡村振兴和现代农业建设。

（四）如何大力实施乡村建设行动

1. 加快推进村庄规划工作

2021 年基本完成县级国土空间规划编制，明确村庄布局分类。积极有序推进"多规合一"实用性村庄规划编制，对有条件、有需求的村庄尽快实现村庄规划全覆盖。对暂时没有编制规划的村庄，严格按照县乡两级国土空间规划中确定的用途管制和建设管理要求进行建设。编制村庄规划要立足现有基础，保留乡村特色风貌，不搞大拆大建。按照规划有序开展各项建设，严肃查处违规乱建行为。健全农房建设质量安全法律法规和监管体制，3 年内完成安全隐患排查整治。完善建设标准和规范，提高农房设计水平和建设质量。继续实施农村危房改造和地震高烈度设防地区农房抗震改造。加强村庄风貌引导，保护传统村落、传统民居和历史文化名村名镇。加大农村地区文化遗产遗迹保护力度。乡村建设是为农民而建，要因地制宜、稳扎稳打，不刮风搞运动。严格规范村庄撤并，不得违背农民意愿、强迫农民上楼，把好事办好、把实事办实。

2. 加强乡村公共基础设施建设

继续把公共基础设施建设的重点放在农村，着力推进往村覆盖、往户延伸。实施农村道路畅通工程。有序实施较大人口规模自然村（组）通硬化路。加强农村资源路、产业路、旅游路和村内主干道建设。推进农村公路建设项目更多向进村入户倾斜。继续通过中央车购税补助地方资金、成品油税费改革转移支付、地方政府债券等渠道，按规定支持农村道路发展。继续开展"四好农村路"示范创建。全面实施路长制。开展城乡交通一体化示范创建工作。加强农村道路桥梁安全隐患排查，落实管养主体责任。强化农村道路交通安全监管。实施农村供水保障工程。加强中小型水库等稳定水源工程建设和水源保护，实施规模化供水工程建设和小型工程标准化改造，有条件的地区推进城乡供水一体化，到 2025 年农村自来水普及率达到 88%。完善农村水价水费形成机制和工程长效运营机制。实施乡村清洁能源建设工程。加大农村电网建设力度，全面巩固提升农村电力保障水平。推进燃气下乡，支持建设安全可靠的乡村储气罐站和微管网供气系统。发展农村生物质能源。加强煤炭清洁化利用。实施数字乡村建设发展工程。推动农村千兆光网、第五代移动通信（5G）、移动物联网与城市同步规划建设。完善电信普遍服务补偿机制，支持农村及偏远地区信息通信基础设施建设。加快建设农业农村遥感卫星等天基设施。发展智慧农业，建立农业农村大数据体系，推动新一代信息技术与农业生产经营深度融合。完善农业气象综合监测网络，提升农业气象灾害防范能力。加强乡村公共服务、社会治理等数字化智能化建设。实施村级综合服务设施提升工程。加强村级客运站点、文化体育、公共照明等服务设施建设。

3. 实施农村人居环境整治提升五年行动

分类有序推进农村厕所革命，加快研发干旱、寒冷地区卫生厕所适用技术和产品，加强中西部地区农村户用厕所改造。统筹农村改厕和污水、黑臭水体治理，因地制宜建设污水处理设施。健全农村生活垃圾收运处置体系，推进源头分类减量、资源化处

理利用，建设一批有机废弃物综合处置利用设施。健全农村人居环境设施管护机制。有条件的地区推广城乡环卫一体化第三方治理。深入推进村庄清洁和绿化行动。开展美丽宜居村庄和美丽庭院示范创建活动。

4. 提升农村基本公共服务水平

建立城乡公共资源均衡配置机制，强化农村基本公共服务供给县乡村统筹，逐步实现标准统一、制度并轨。提高农村教育质量，多渠道增加农村普惠性学前教育资源供给，继续改善乡镇寄宿制学校办学条件，保留并办好必要的乡村小规模学校，在县城和中心镇新建改扩建一批高中和中等职业学校。完善农村特殊教育保障机制。推进县域内义务教育学校校长教师交流轮岗，支持建设城乡学校共同体。面向农民就业创业需求，发展职业技术教育与技能培训，建设一批产教融合基地。开展耕读教育。加快发展面向乡村的网络教育。加大涉农高校、涉农职业院校、涉农学科专业建设力度。全面推进健康乡村建设，提升村卫生室标准化建设和健康管理水平，推动乡村医生向执业（助理）医师转变，采取派驻、巡诊等方式提高基层卫生服务水平。提升乡镇卫生院医疗服务能力，选建一批中心卫生院。加强县级医院建设，持续提升县级疾控机构应对重大疫情及突发公共卫生事件能力。加强县域紧密型医共体建设，实行医保总额预算管理。加强妇幼、老年人、残疾人等重点人群健康服务。健全统筹城乡的就业政策和服务体系，推动公共就业服务机构向乡村延伸。深入实施新生代农民工职业技能提升计划。完善统一的城乡居民基本医疗保险制度，合理提高政府补助标准和个人缴费标准，健全重大疾病医疗保险和救助制度。落实城乡居民基本养老保险待遇确定和正常调整机制。推进城乡低保制度统筹发展，逐步提高特困人员供养服务质量。加强对农村留守儿童和妇女、老年人以及困境儿童的关爱服务。健全县乡村衔接的三级养老服务网络，推动村级幸福院、日间照料中心等养老服务设施建设，发展农村普惠型养老服务和互助性养老。推进农村公益性殡葬设施建设。推进城乡公共文化服务体系一体建设，创新实施文化惠民工程。

5. 全面促进农村消费

加快完善县乡村三级农村物流体系，改造提升农村寄递物流基础设施，深入推进电子商务进农村和农产品出村进城，推动城乡生产与消费有效对接。促进农村居民耐用消费品更新换代。加快实施农产品仓储保鲜冷链物流设施建设工程，推进田头小型仓储保鲜冷链设施、产地低温直销配送中心、国家骨干冷链物流基地建设。完善农村生活性服务业支持政策，发展线上线下相结合的服务网点，推动便利化、精细化、品质化发展，满足农村居民消费升级需要，吸引城市居民下乡消费。

6. 加快县域内城乡融合发展

推进以人为核心的新型城镇化，促进大中小城市和小城镇协调发展。把县域作为城乡融合发展的重要切入点，强化统筹谋划和顶层设计，破除城乡分割的体制弊端，加快打通城乡要素平等交换、双向流动的制度性通道。统筹县域产业、基础设施、公共服务、基本农田、生态保护、城镇开发、村落分布等空间布局，强化县城综合服务能力，把乡镇建设成为服务农民的区域中心，实现县乡村功能衔接互补。壮大县域经济，承接适宜产业转移，培育支柱产业。加快小城镇发展，完善基础设施和公共服务，发挥小城镇连接城市、服务乡村作用。推进以县城为重要载体的城镇化建设，有条件的地区按照小城市标准建设县城。积极推进扩权强镇，规划建设一批重点镇。开展乡村全域土地综合整治试点。推动在县域就业的农民工就地市民化，增加适应进城农民刚性需求的住房供给。鼓励地方建设返乡入乡创业园和孵化实训基地。

7. 强化农业农村优先发展投入保障

继续把农业农村作为一般公共预算优先保障领域。中央预算内投资进一步向农业农村倾斜。制定落实提高土地出让收益用于农业农村比例考核办法，确保按规定提高用于农业农村的比例。各地区各部门要进一步完善涉农资金统筹整合长效机制。支持地方政府发行一般债券和专项债券用于现代农业设施建设和乡村建设行动，制定出台操作指引，做好高质量项目储备工作。发挥财政投入引领作用，支持以市场化方式设立乡村振兴基金，撬动金融资本、社会力量参与，重点支持乡村产业发展。坚持为农服务宗旨，持续深化农村金融改革。运用支农支小再贷款、再贴现等政策工具，实施最优惠的存款准备金率，加大对机构法人在县域、业务在县域的金融机构的支持力度，推动农村金融机构回归本源。鼓励银行业金融机构建立服务乡村振兴的内设机构。明确地方政府监管和风险处置责任，稳妥规范开展农民合作社内部信用合作试点。保持农村信用合作社等县域农村金融机构法人地位和数量总体稳定，做好监督管理、风险化解、深化改革工作。完善涉农金融机构治理结构和内控机制，强化金融监管部门的监管责任。支持市县构建域内共享的涉农信用信息数据库，用3年时间基本建成比较完善的新型农业经营主体信用体系。发展农村数字普惠金融。大力开展农户小额信用贷款、保单质押贷款、农机具和大棚设施抵押贷款业务。鼓励开发专属金融产品支持新型农业经营主体和农村新产业新业态，增加首贷、信用贷。加大对农业农村基础设施投融资的中长期信贷支持。加强对农业信贷担保放大倍数的量化考核，提高农业信贷担保规模。将地方优势特色农产品保险以奖代补做法逐步扩大到全国。健全农业再保险制度。发挥"保险＋期货"在服务乡村产业发展中的作用。

8. 深入推进农村改革

完善农村产权制度和要素市场化配置机制，充分激发农村发展内生动力。坚持农村土地农民集体所有制不动摇，坚持家庭承包经营基础性地位不动摇，有序开展第二轮土地承包到期后再延长30年试点，保持农村土地承包关系稳定并长久不变，健全土地经营权流转服务体系。积极探索实施农村集体经营性建设用地入市制度。完善盘活农村存量建设用地政策，实行负面清单管理，优先保障乡村产业发展、乡村建设用地。根据乡村休闲观光等产业分散布局的实际需要，探索灵活多样的供地新方式。加强宅基地管理，稳慎推进农村宅基地制度改革试点，探索宅基地所有权、资格权、使用权分置有效实现形式。规范开展房地一体宅基地日常登记颁证工作。规范开展城乡建设用地增减挂钩，完善审批实施程序、节余指标调剂及收益分配机制。2021年基本完成农村集体产权制度

改革阶段性任务，发展壮大新型农村集体经济。保障进城落户农民土地承包权、宅基地使用权、集体收益分配权，研究制定依法自愿有偿转让的具体办法。加强农村产权流转交易和管理信息网络平台建设，提供综合性交易服务。加快农业综合行政执法信息化建设。深入推进农业水价综合改革。继续深化农村集体林权制度改革。

2021年2月21日，中央一号文件《中共中央　国务院关于全面推进乡村振兴加快农业农村现代化的意见》发布。2021年3月22日，《中共中央　国务院关于实现巩固拓展脱贫攻坚成果同乡村振兴有效衔接的意见》发布。这是两份有关乡村振兴的重要指导性文件。

《中共中央　国务院关于实现巩固拓展脱贫攻坚成果同乡村振兴有效衔接的意见》指出，打赢脱贫攻坚战、全面建成小康社会后，要进一步巩固拓展脱贫攻坚成果，接续推动脱贫地区发展和乡村全面振兴。脱贫摘帽不是终点，而是新生活、新奋斗的起点。打赢脱贫攻坚战、全面建成小康社会后，要在巩固拓展脱贫攻坚成果的基础上，做好乡村振兴这篇大文章，接续推进脱贫地区发展和群众生活改善。做好巩固拓展脱贫攻坚成果同乡村振兴有效衔接，关系到构建以国内大循环为主体、国内国际双循环相互促进的新发展格局，关系到全面建设社会主义现代化国家全局和实现第二个百年奋斗目标。

对财政金融支持乡村振兴也提出了具体要求：一是做好财政投入政策衔接。"过渡期内在保持财政支持政策总体稳定的前提下，根据巩固拓展脱贫攻坚成果同乡村振兴有效衔接的需要和财力状况，合理安排财政投入规模，优化支出结构，调整支持重点。保留并调整优化原财政专项扶贫资金，聚焦支持脱贫地区巩固拓展脱贫攻坚成果和乡村振兴，适当向国家乡村振兴重点帮扶县倾斜，并逐步提高用于产业发展的比例。各地要用好城乡建设用地增减挂钩政策，统筹地方可支配财力，支持'十三五'易地扶贫搬迁融资资金偿还。对农村低收入人口的救助帮扶，通过现有资金支出渠道支持。过渡期前3年脱贫县继续实行涉农资金统筹整合试点政策，此后调整至国家乡村振兴重点帮扶县实施，其他地区探索建立涉农资金整合长效机制。确保以工代赈中央预算内投资落实到项目，及时足额发放劳务报酬。现有财政相关转移支付继续倾斜支持脱贫地区。对支持脱贫地区产业发展效果明显的贷款贴息、政府采购等政策，在调整优化基础上继续实施。过渡期内延续脱贫攻坚相关税收优惠政策。"

二是做好金融服务政策衔接。"继续发挥再贷款作用，现有再贷款帮扶政策在展期期间保持不变。进一步完善针对脱贫人口的小额信贷政策。对有较大贷款资金需求、符合贷款条件的对象，鼓励其申请创业担保贷款政策支持。加大对脱贫地区优势特色产业信贷和保险支持力度。鼓励各地因地制宜开发优势特色农产品保险。对脱贫地区继续实施企业上市'绿色通道'政策。探索农产品期货期权和农业保险联动。"

第六节 乡村振兴局的成立

(一) 国家乡村振兴局成立

2021 年 1 月，国家乡村振兴局成立，为全面推进乡村振兴提供了组织保障。2 月 25 日 16 时，国家乡村振兴局正式挂牌，"国务院扶贫开发领导小组办公室"的牌子此前已经摘下。国家乡村振兴局由"国务院扶贫开发领导小组办公室"整体改组而来，为国务院直属机构。新机构的人员编制、内设机构及行政关系，与国务院扶贫办基本一致。国家乡村振兴局将成为农业农村部代管的国家局。

国家乡村振兴局的主要任务如下。一是防止返贫的长效机制，对处于贫困边缘的弱势群体和弱质地区，通过长效方式保障不返贫。二是长效稳固的提升机制，保证脱贫成效持续稳定发展。其中也包括防止"新入贫"的情况，即防止前期非贫困户在面对自然灾害、突发疾病等意外情况时落入贫困陷阱。

加强农村低收入人口常态化帮扶，对有劳动能力的，坚持开发式帮扶方针；对没有劳动能力的，及时纳入现有社会保障体系。继续重点强化产业和就业帮扶。做好易地搬迁后续帮扶。在西部地区的脱贫县中确定一批国家乡村振兴重点帮扶县。

有序推进政策优化调整，推动工作体系平稳转型。脱贫攻坚过程中，中央有关部门出台了 200 多个政策文件和实施方案。接下来要在保持主要帮扶政策总体稳定基础上，逐项推进政策分类优化调整，做好同乡村振兴的有效衔接，逐步实现平稳过渡。

(二) 全国各地乡村振兴局陆续挂牌

2021 年 5 月以来，29 省份省级乡村振兴局相继挂牌。

以河南省为例。2021 年 5 月 29 日，《河南日报》报道，5 月 28 日，河南省乡村振兴局挂牌成立。5 月 27 日，河南省脱贫攻坚总结表彰大会隆重举行。挂牌日既标志着 8 年脱贫攻坚战取得巨大胜利，也意味着河南将从集中资源支持脱贫攻坚向全面推进乡村振兴转移。

省级层面组建乡村振兴局，河南省并非先例。自 2 月 25 日国家乡村振兴局挂牌成立以来，已经有广东、江西、山西等多个省份乡村振兴局挂牌。5 月 28 日，安徽省和四川省乡村振兴局也挂牌成立。

河南省乡村振兴局挂牌传递了新信息：时间无缝衔接，工作压茬推进。目的就是要做到此前中央明确的，坚决守住脱贫攻坚成果，做好巩固拓展脱贫攻坚成果同乡村振兴有效衔接，工作不留空当，政策不留空白。

"我们将切实把巩固拓展脱贫攻坚成果作为乡村振兴的头等大事，坚决守住来之不易的脱贫攻坚成果。"河南省乡村振兴局相关负责人表示。具体怎么干？首要任务是抓好"两类人群"监测帮扶。"我们要对符合监测条件的'两类人群'及时识别认定、快速预警响应、到户精准施策，早发现、早干预、早帮扶，坚决守住不发生规模性返贫的底线。"该负责人说。与此同时，要持续巩固"两不愁三保障"成果，着力促进脱贫人口稳定增收，持续做好易地扶贫搬迁后续扶持，持续加强扶贫资产管理监督。这次挂牌也标志着乡村振兴这件大事有了专门机构来主抓，已经走向全面落地见效。

"省乡村振兴局的成立，是脱贫攻坚任务全面完成、'三农'工作重心发生历史性转移的必然要求。"河南省社科院农村发展研究所副所长陈明星表示，全面实施乡村振兴战略，深度、广度、难度丝毫不亚于脱贫攻坚。从扶贫办到乡村振兴局，本身就是加强顶层设计、完善领导体制、政策体系、工作体系、制度体系的具体体现，对于巩固拓展脱贫攻坚成果同乡村振兴有效衔接，增强脱贫的稳定性和可持续性至关重要。

专家认为，在衔接实践中，要将巩固拓展脱贫攻坚成果放在突出位置，从解决建档立卡贫困人口"两不愁三保障"为重点转向实现乡村产业兴旺、生态宜居、乡风文明、治理有效、生活富裕，从集中资源支持脱贫攻坚转向巩固拓展脱贫攻坚成果同乡村振兴有效衔接，全面推进乡村振兴。在群体上，健全防止返贫监测和帮扶机制；在区域上，推动脱贫地区乡村特色产业发展壮大，持续提升脱贫地区基础设施和公共服务水平，增强其巩固脱贫成果及内生发展能力。

40多年前，农村拉开了改革开放的大幕。40多年后的今天，乡村振兴将开新"局"，值得期待。

（三）乡村振兴开局良好

2021年8月22日，《人民日报》刊发记者顾仲阳、常钦、郁静娴的文章《铺展乡村振兴壮美画卷》，文中介绍了全国各地促进农业高质高效、乡村宜居宜业、农民富裕富足的做法，以及取得的成效。

民族要复兴，乡村必振兴。习近平总书记强调："全面实施乡村振兴战略的深度、广度、难度都不亚于脱贫攻坚，要完善政策体系、工作体系、制度体系，以更有力的举措、汇聚更强大的力量，加快农业农村现代化步伐，促进农业高质高效、乡村宜居宜业、农民富裕富足。"

文章梳理了近期出台的有关乡村振兴的文件。2021年是"十四五"开局之年，"从中央到地方，全面推进乡村振兴步履铿锵。中央一号文件明确提出'全面推进乡村振兴，加快农业农村现代化'，《关于加快推进乡村人才振兴的意见》印发，《中共中央 国务院关于实现巩固拓展脱贫攻坚成果同乡村振兴有效衔接的意见》公布，《中华人民共和国乡村振兴促进法》6月1日起施行，乡村振兴的政策支撑体系不断完善。中央财政将原专项扶贫资金调整为衔接推进乡村振兴补助资金，规模扩大到1561亿元。各地纷纷挂牌设立乡村振兴局，出台实施方案和配套政策，以更有力的举措全面推进乡村振兴"。

乡村要振兴，产业振兴是关键。2021年，中央财政安排110亿元资金投入现代农业产业园、优势特色产业集群等农业产业融合发展项目。搭平台、强机制，乡村产业高质量发展步伐加快。目前，151个国家现代农业产业园平均产值达75亿元，近70%的农户与各类新型经营主体建立利益联结机制。2021年第一季度，全国第一产业增加值同比增长8.1%，农副食品加工业增加值同比增长15.2%，农村网络零售额同比增长35.3%。

各地各部门围绕农民增收持续发力，2021年上半年全国农村居民人均可支配收入9248元，实际增长14.1%，高于城镇居民人均可支配收入增速3.4个百分点，生活水平再上新台阶。截至目前，全国纳入名录系统管理的家庭农场已超过300万家，全国农民合作社超过240万家，带动1亿普通农户，不断拓展家庭经营收入空间。

创业创新成为农民收入新增长点。做给农民看，带着农民干，帮着农民赚。2020年，全国返乡入乡创新创业人员达1010万人，平均每个返乡创业创新项目吸纳6.3人稳定就业、17.3人灵活就业。今年以来，各地加快建设农村创新创业园区和孵化实训基地，农村创业创新支持力度不断加大，成效良好。

2021年8月24日，习近平总书记在河北省承德市考察时强调："民族要复兴，乡村必振兴。即使未来我国城镇化达到很高水平，也还有几亿人在农村就业生活。我们全面建设社会主义现代化国家，既要建设繁华的城市，也要建设繁荣的农村，推动形成工农互促、城乡互补、协调发展、共同繁荣的新型工农城乡关系。这只有在中国共产党领导和我国社会主义制度下才能实现。我们要通过实施乡村建设行动，深入开展农村人居环境整治，因地制宜、实事求是，一件接着一件办，一年接着一年干，把社会主义新农村建设得更加美丽宜居。"

第二章　了解普惠金融

第一节　普惠金融的发展现状

普惠经济是一种集约型经济、绿色经济、共享经济，它能高效对接供需资源，提升闲置资源的利用率，实现节能环保。例如，"互联网＋"在拼车、房屋互换、二手交易、家政服务等领域创新迭出，这为优化利用社会闲置资源、实现绿色环保，解决现代城市难题带来了新的思路。而普惠金融是与公众关系最密切的普惠经济之一。

普惠金融以市场化运作为基础，综合运用业务奖励、费用补贴、贷款贴息、以奖代补等方式，重点服务农民、小微企业、城镇低收入人群、贫困人群和残疾人、老年人等群体。在过去十几年里，中国在推动普惠金融发展方面取得了显著成功。

一、普惠金融的概念

普惠金融是指立足机会平等要求和商业可持续原则，通过加大政策引导扶持、加强金融体系建设、健全金融基础设施，以可负担的成本为有金融服务需求的社会各阶层和群体提供适当的、有效的金融服务，并确定农民、小微企业、城镇低收入人群和残疾人、老年人等其他特殊群体为普惠金融服务对象。

普惠金融的核心是金融的"普"和"惠"。所谓"普"，是指金融及金融服务的外延要扩展，要重点向小微经济、欠发达地区和社会低收入人群延伸。所谓"惠"，是指以合理的价格或可接受的成本向客户尤其是弱质产业提供有效率的金融服务。

所谓普惠金融，笔者认为："普"字意在普通、普遍、普及，意即普通群体能平等地获得优质的金融服务；"惠"字意在惠及、惠顾、惠允，意在降低信贷门槛，降低融资成本，使弱势群体融资可负担。但其核心要义还是金融，既然是金融，仍然具备金融属性，具有金融本质，回归金融本源，尊重金融规律。现在很多小微企业从小贷公司甚至个别金融机构获得的贷款，信贷门槛很高，融资成本增加，那不是真正意义上的普惠金融。

党的十八届三中全会提出"发展普惠金融，鼓励金融创新，丰富金融市场层次和产品"的战略决策，为我国加快推进金融改革创新，让普惠金融之活水浇灌小微经济之树指明了方向。

二、普惠金融的特性

普惠金融的概念是联合国于 2005 年"国际小额信贷年"提出的，对支持实体经济发展、扶持中小微企业和弱势群体、提升社会福祉具有重要作用。通过完善金融基础设施，以可负担的成本将金融服务扩展到社会所有阶层和群体，向他们提供价格合理、方便快捷的金融服务，不断提高金融服务的可获得性。亚洲地区贫困人口较多，第一产业和小微经济占比较大，对普惠金融需求旺盛，各国进行了适合本国国情的有益实践。

从普惠金融的构成要素来看，它具有包容性、可持续性和创新性等显著特征。

包容性发展以商业可持续为前提，改革创新则为服务的普惠和金融的发展提供不竭动力。包容性是普惠金融的根本目标。

可持续性是普惠金融的基本前提。普惠金融归根结底是金融，是一个在商业上能赢利、可持续的产业，这是普惠金融区别于财政转移支付和扶贫慈善公益组织的重要特征。只有确保提供普惠金融服务的金融机构在商业上可持续，才有可能实现全方位为社会所有阶层和群体长期提供金融服务的包容性。

创新性是普惠金融的内在要求。普惠金融主要面向小微企业和分散农户，不仅要满足服务对象"短、小、频、急"的融资要求，还要应对行业弱质风险和抵质押物缺失等的挑战。供需不对称、信息不对称和成本收益不对称等发展难题必须通过金融机构创新、产品创新、制度创新和技术创新来破解。

2020 年 11 月 12 日，有关研究机构发布的《中国普惠金融创新报告（2020）》认为，当前我国普惠金融发展呈现 4 个特点：一是银行保险机构是普惠金融发展的主力军，二是数字普惠金融已经成为当前普惠金融发展的主流，三是非银行金融机构积极践行普惠金融战略，四是在发展普惠金融过程中越来越重视金融消费者权益保护。

资料显示，截至 2019 年 6 月末，我国乡镇银行业金融机构覆盖率为 95.65%，行政村基础金融服务覆盖率达到 99.2%，全国乡镇保险服务覆盖率为 95.4%。这些数字显示近些年普惠金融发展的成绩非常显著。

三、我国普惠金融的发展概况

党的十八大以来，党中央高度重视发展普惠金融，出台了一系列支持政策，实施了推进普惠金融发展的五年专项规划，普惠金融事业取得了显著的成绩。

尤其在农村地区，建立起了商业性、政策性和合作性金融机构等多元化、多层次的农村金融服务体系。财政大力支持的全国性农业信贷担保体系已初步建成，国有控

股大型商业银行和中型商业银行成立了普惠金融事业部，金融科技异军突起，金融精准扶贫力度不断加大。但是，普惠金融发展的难点和重点仍然在广大农村地区。

一些金融机构仍试图以"城市金融"的思维来发展"农村金融"市场，面对"短、小、频、急"的农村金融市场创新动力不足。

此外，农村信用体系不完善，信息基础设施滞后，金融生态环境亟待优化。这些因素都阻碍了农村普惠金融的发展。

同时，农村产业新业态、新模式正加快发展，除农户外，各类新型农业经营主体快速发展，对金融需求越来越强烈，亟待补齐乡村金融供给不足的短板，满足农村地区日益增长的金融需求。

金融科技的创新实践为打破农村金融困局、发展农村数字普惠金融提供了有效路径。得益于电商的快速发展、对金融创新宽松监管的环境和金融抑制下对长尾市场的发掘，金融科技以迅猛之势发展。

四、普惠金融的出路

（一）新业态下的普惠金融

普惠金融的核心理念是规模微小化、服务内容广泛化。在经济发展新业态下，在大众创业、万众创新的浪潮中，发展普惠金融的意义更加凸显。同时，随着互联网信息技术融入金融创新，一个更加开放、便利的普惠金融体系渐具雏形。为了使金融更好地服务小微企业和低收入群体，2013年11月12日党的十八届三中全会通过的《中共中央关于全面深化改革若干重大问题的决定》正式提出"发展普惠金融"。在中央精神指导下，在技术创新推动下，我国普惠金融顺应形势、发展迅速，但在覆盖范围、可获得性、安全性和便捷性等方面还有很大提升空间。当前，我国经济正处于深度调整中，普惠金融面对的环境发生深刻变化，对金融机构的能力建设提出了更高要求。

新业态对金融机构创新能力提出了更高要求。互联网技术的普及和渗透，使社会生产组织形式出现小型化、专业化、智能化趋势，新兴小微企业迅速成长，对普惠金融的需求更加迫切。但由于成长型小微企业具有轻资产、重技术特征，与金融机构主要以有形资产抵押为基础的信贷模式不相容，加剧了小微企业"融资难、融资贵、融资慢"问题。改变这种资金供给与需求不相匹配的问题，金融机构必须创新服务模式和金融产品，形成与轻资产、重技术的小微企业特征相适应的新型信贷管理模式。

新业态对金融机构信息化能力提出了更高要求。普惠金融的服务对象主要是小微企业和低收入群体，其资金需求具有"短、小、频、急"特征，因而单笔金融服务成本较高。随着企业小型化发展，小微企业的地位更加重要，金融机构信贷业务成本趋于提高。时下方兴未艾的大数据技术为降低金融业务成本提供了可能，即通过互联网金融精细化、批量化、专业化的金融服务模式降低成本。这要求金融机构抓住信息化机遇，大力加强信息化和移动金融服务能力。

新业态对金融机构风险控制能力提出了更高要求。风险问题是发展普惠金融面临的共性问题。在新业态下，随着经济增长动力转换，相当一部分产能过剩产业的企业将被市场淘汰，金融机构的隐性风险将逐渐显性化。同时，我国经济正在向形态更高级、分工更复杂、结构更合理的阶段演化，经济主体、商业模式、新兴产业都处于成长期，各方面的不完善导致信贷风险较高，发展普惠金融面临的风险考验将更加严峻。

应当看到，发展普惠金融对于金融业既是挑战也是机遇。金融机构积极发展普惠金融，不仅仅是业务拓展，而且是推进金融创新的重要抓手，是适应经济新业态的重要举措。

创新服务模式，匹配资金供求。针对新型小微企业金融需求特点，对客户准入、授权授信、业务流程、担保形式等环节进行再造，实现客户"进得来""贷得到"。例如，针对成长型的科技小微企业，加快发展以知识产权抵押、质押为基础的信贷服务模式，并加强与创投基金和私募股权投资资金的合作，以投贷结合的方式提供金融服务。

创新金融业态，降低融资成本。借助大数据、云计算等信息化技术，对金融产品实行标准化、批量化和专业化运作，利用规模效应降低单笔业务的成本。比如，可利用互联网为"三农"提供金融服务，建立"三农直销银行"，发展涉农电商服务；利用智能手机普及的机遇，发展移动银行服务，低成本、高效率开拓服务空间。

创新管理模式，防控金融风险。金融机构应建立针对小微企业特点的风险识别和控制机制，着重解决信息不对称问题。同时，针对农村信用体系薄弱问题，构建区别于城市金融的"三农"金融业务风险管理体系。

（二）普惠金融的发展战略

2014 年 5 月，中国人民银行金融消费权益保护局局长焦瑾璞在《金融时报》上撰文指出，促进普惠金融可持续发展，要制定普惠金融发展战略，要解决五个方面的问题。

第一是标准问题。即衡量普惠金融体系的指标体系是什么？我们该怎么办？目前我们没有。国际上现有三种衡量指标体系，第一种是国际货币基金组织指标，主要从政府为金融服务的可获得性、实用性等角度设计普惠金融指标，然后对各国普惠金融情况进行研究。第二种就是世界银行指标，这个是最普遍的，它开发的全球普惠金融核心指标包括储蓄、借款、支付、保险和账户的使用情况五个方面。如果按世界银行的标准，我国处于中高发展阶段。第三种就是二十国集团（G20）下面的一个全球普惠金融合作伙伴，2013 年在全球峰会时制定了一个更为全面的普惠金融指标体系，它认为普惠金融应从三个方面衡量，金融服务的获取、使用以及金融产品和服务的质量，下面还有一系列的指标。这些确实是国内没有的。

第二是载体问题。载体欠缺已成为制约我国普惠金融发展的主要瓶颈。一要加强

金融服务渠道的建设。这个渠道有很多，比如支付方面的渠道，互联网方面的渠道，销售方面的渠道，都应当有一些更详细的计划。二要促进普惠金融产品和服务更加多样，要降低客户的门槛和服务的成本。三要进一步完善金融基础设施更有力地支撑普惠金融发展。比如，如果这个村既不通水也不通电，那不可能有什么金融需求，也不可能有什么金融服务。

第三是路径问题。在普惠金融体系建设的路径选择上，我们既要积极发挥政府的引导性作用，也要充分发挥市场在资源配置方面的决定性作用。如果从改进普惠金融服务的供给看，至少有这样三点：一是要继续推进金融信息化建设，提升金融生产效率。二是鼓励金融创新，促进金融生态环境多样化。三是配套相关政策措施，提高金融机构参与普惠金融业务的积极性。从需要方面来讲，首先要发挥政府的主导作用，有效开展信用创新活动，增强市场主体的信用意识，在全社会营造诚信氛围和环境。其次要创新完善风险分担机制。

第四是监管问题。普惠金融体系建设就是要改善金融发展中的包容性，这意味着要改变和创新监管方式。首先，必须降低参与普惠金融业务的准入门槛，鼓励更多的非正规金融的合规化、合法化和正规化，改善金融监管在金融创新和金融风险中的包容度。其次，要提高对金融服务和金融产品创新试错的包容度。第三要建立健全金融消费者权益保护机制，加强对金融消费者的保护。第四要注意防范监管套利，要严厉打击借普惠金融创新名义逃避监管的行为。

第五政策问题。确实这几年为了支持普惠金融的发展和农村金融的发展，并且为了调动金融机构参与普惠金融的积极性，中央出台了不少的支持政策。但是仍然缺乏国家层面的普惠金融发展战略。焦瑾璞建议能够制定国家层面的普惠金融发展战略，测量我国的普惠金融发展水平，制定具体的科学有效的指标衡量体系，明确发展路径和模式，加强行为监管和金融消费的保护，建立健全普惠金融运行机制，促进普惠金融健康可持续发展。

五、推动普惠金融和小微经济融合发展

支持小微经济发展，支持乡村振兴发展，既是金融服务实体经济的本质要求，也是金融业自身创新发展的内在要求。

一是推动小微经济金融服务创新。作为"经济末梢"，小微经济点多面广、千差万别。要针对不同类型、不同发展阶段小微企业的特点，鼓励引导金融机构开发特色产品，为小微经济提供量身定制的金融服务。全面提供开户、结算、理财、咨询等基础性金融服务；大力发展产业链融资、商业圈融资和企业群融资，以批量化处理实现规模经济；积极开展知识产权质押、应收账款质押、动产质押、订单质押、仓单质押、保单质押等抵质押贷款业务；推动开办商业保理、金融租赁和定向信托等融资服务；充分利用互联网等新思维、新技术、新工具，不断创新小微经济网络金融服务模式。

二是强化小微经济信息服务和征信服务。小微经济融资难，表面上看是缺钱，实质上是缺信息、缺信用。要系统改造中小企业信用信息系统，可以将财务类"硬信息"和企业经营及业主个人情况等"软信息"相结合，创新人品、产品、押品"三品"，以及电表、水表、海关报表"三表"等信用评审模式，加快建成集融资筛选、培育、管理以及数据分析、监测、考核为一体的小微企业综合信息管理系统，能较好地解决小微金融信息不对称的问题。进一步健全再担保体系，推动银行机构与担保机构、保险机构建立风险共担机制，引导行业内小微企业合作互助，动员多方力量，完善征信机制。

三是构建小微经济金融服务机构体系。与小微企业"门当户对"的小型金融机构，在支小助微上比大型金融机构更具信息、成本、管理等优势。要立足各地实际，鼓励符合条件的民间资本依法发起设立功能明确、自担风险的民营银行、金融租赁公司和消费金融公司等民营金融机构，丰富小微经济金融服务机构种类，增加小微经济金融服务有效供给。引导城市商业银行等中小金融机构立足当地、延伸网点，把小微经济金融服务做深、做实。加快大型银行小微企业专营机构建设，提高其服务小微企业的批量化、规模化、标准化水平。

四是拓展小微经济直接融资渠道。处于初创或成长期的小微企业最缺的是资本和长期投资。补齐小微经济直接融资比重过低、渠道过窄的短板，要引导私募股权投资基金、风险投资基金将业务重心放到最需要支持的科技型、初创型小微企业上，帮助其孵化裂变、加快成长。鼓励小微企业发行中小企业私募债券、集合债券和集合票据，支持有条件的地区发行小微企业扶持债券，探索发行小微企业集合信托。依托小微企业融资产品交易中心，创新发展小微企业私募债。支持小额贷款公司开展资产证券化业务，促进小微经济与社会资本有效对接。

五是降低小微经济融资成本。积极开展小微企业转贷方式创新试点，允许列入试点银行"名单制"管理的小微企业部分转贷，降低续贷成本。鼓励各地规范设立小微企业周转资金池，为符合续贷要求、资金链紧张的小微企业提供优惠利率周转资金。清理和规范银行业金融机构以及担保公司、资产评估公司等中介机构的收费定价行为，并通过财政补贴和风险补偿等方式合理降低综合融资成本，促进小微经济轻装起步，低负成长。

六是营造良好的小微金融发展环境。落实融资性担保公司、小额贷款公司、典当行等机构的监管责任和风险处置责任，加大对非法集资等非法金融活动的打击力度，减少对金融机构正常经营活动的干预，帮助维护银行债权，打击逃废银行债务行为，化解金融风险，维护市场秩序。引导小微企业提高自身素质，改善经营管理，健全财务制度，增强信用意识，最大限度地避免道德风险，实现普惠金融和小微经济发展的"双加强""双促进"。

六、二十国集团（G20）发展普惠金融的政策框架

2008年爆发的国际金融危机促使二十国集团（G20）、金融稳定委员会（FSB）和其他标准制定机构对全球金融体系进行了重新评估，从而认识到针对个人和企业的普惠金融是全球增长与发展的主要支柱之一。G20形成了由以下三个方面构成的普惠金融政策框架，为推动G20普惠金融向更高水平发展奠定了坚实基础。

（一）确立G20创新性普惠金融原则

为建立一个有利的创新性普惠金融政策和监管环境，以安全良好的新方法改进穷人的金融服务可获得性，G20在吸收世界各国政策制定者（特别是发展中国家领导人）的经验与教训的基础上，提出了G20创新性普惠金融原则，并在2010年5月召开的多伦多峰会上获得批准。该原则包括9个方面的内容。

一是增强领导力，即培育一个致力普惠金融的、基础广泛的政府，帮助解决贫困；

二是发展多样性，即实施促进竞争的政策办法，提供以市场为基础的激励，既推动服务供应商的多样化，又推进可持续金融的可获得性，以及使用广泛实惠的服务（储蓄、信贷、支付、转移和保险）；

三是促进创新性，即将促进技术和制度创新（包括解决基础设施的薄弱问题）作为扩展金融系统可获得性的方式；

四是加强保护，即鼓励采用一个综合性的办法来保护消费者权益，承认政府、服务供应商和消费者所扮演的角色；

五是实施赋权，即开展金融扫盲和金融能力建设；

六是加强合作，即在政府内部建立一个责任明确、分工协作的制度环境，鼓励在政府、企业和其他相关机构之间建立合作关系和直接协作；

七是改进方法，即使用改进后的数据制定以证据为基础的政策，并衡量进展，考虑采用一个监管机构和服务供应商都接受的增量测试和学习方法；

八是引入权衡概念，即在理解现行监管差距和障碍的基础上，建立一个与创新性产品和服务的风险与收益相对称的政策及监管框架；

九是完善框架，即从国际标准、国家状况和支持竞争等角度考虑，建立一个适当的、有弹性的、以风险为基础的反洗钱和打击恐怖融资制度，能够明确反映电子存储值的监管制度；采用以市场为基础的激励，以实现广泛的互动操作和相互联系的长期目标。

上述9个内容强调将普惠金融、金融教育和金融消费者保护统一起来，以加快弥补被排斥在外群体的金融可获得性缺口的速度。

（二）建立全球普惠金融合作伙伴组织（GPFI）

GPFI是G20组建的一个金融包容性合作伙伴组织，其目的是促进个人和企业的金融可获得性。它有四项使命：致力推进 G20 普惠金融工作；促进高效的协调，支持各项普惠金融；定期监测普惠金融进展；确保全球普惠金融协商的连续性。

七、普惠金融的几种模式

由于经济制度不同，普惠金融在不同国家的运作模式也不同。在国外，有比较著名的孟加拉国乡村银行模式、美国社区银行模式和印度官方银行模式。而我国推行普惠金融以后，最著名的普惠金融模式是兰考模式、卢氏模式等。

（一）普惠金融的国外模式

普惠金融更重要的目标是通过金融服务的普及最终实现包容性社会，实现联合国 2030 年可持续发展目标。在普惠金融体系搭建方面，各国普遍采取政策性金融、开发性金融与商业性金融相结合的支持方式。目前，全世界专门为落后地区设立的金融机构已近千家，其中 40% 在拉丁美洲，而非洲几乎每个国家都成立了专门扶持区域开发的银行。而这些从事小微金融业务的银行，也逐渐形成了三大类风格与模式。

1. 孟加拉国乡村银行模式

1983 年诞生于孟加拉国的格莱珉银行是世界上第一个专门服务穷人的银行，为本国消除贫困和乡村发展作出了卓越贡献。目前，这一银行模式已推广至全球 41 个国家。

这一全世界最早的乡村银行模式是非政府组织向穷人发放小额贷款以帮助其脱贫的金融模式。其资金起初来源于联合国发展金融组织、福特基金和孟加拉国政府，后来逐渐允许会员持有股份，政府则逐步退出，实行从依赖成本资金逐渐向从商业资源中获得可贷资金的转变。

在具体运作中，该模式实行小组联保贷款制度及分期还款制度，对借款上限进行控制，并建立相应的风险防范机制和风险转移机制。由于坚持对农户及贫穷妇女发放低利率贷款，乡村银行目前仍需依靠一些政府补贴和捐助来维持运营，尚未实现完全的自我可持续发展。

2. 美国社区银行模式

美国的社区银行主要以贫穷社区居民和中小企业为主要客户群体，按照市场化原则自主创立，在城乡一定的人群居住范围内运作，并为当地居民或中小企业提供方便且成本较低的金融服务。

美国社区银行的主要特点有：一是资产规模较小，组织层级相对简单，经营机制较为灵活；二是以社区为主体，对社区居民及中小企业较为熟悉，降低了因信息不对称而产生的风险；三是经营资本呈现多元化特点，主要来源于社区中居民和中小企业存款，其中资本金来源有法人投资也有自然人投资，有国有资本投资也有民营资本投资。

3．印度官方银行模式

印度模式的典型案例是印度工业信贷投资银行，主要为印度农村地区提供综合金融服务。它是印度第二大银行，也是最大的私营银行，规模仅次于印度国家银行。

为了缓解居民在地理上的金融排斥性，印度工业信贷投资银行力求将居民到其营业网点的距离控制在 5 千米～10 千米之内。印度模式的主要特点有：一是官方高度重视，自上而下全面推广，设立金融普惠基金和金融普惠技术基金，并对商业银行金融覆盖提出指导性要求；二是在已有金融系统中，设立有利于向社会弱势群体提供金融服务的机构和部门，来实现金融的普惠性发展。

（二）中国的普惠金融模式

1．普惠金融的兰考模式

兰考县，焦裕禄精神的发源地，第二批党的群众路线教育实践活动习近平总书记的联系点。"在县域改革发展中走出一条好路子。"2014 年 3 月，习近平总书记参加兰考县委常委扩大会议时的殷殷嘱托，至今仍回响在这片希望的田野上。

"三年脱贫，七年小康。"这是兰考县委当年向习近平总书记作出的庄严承诺。2017 年 2 月，兰考成为全国首批、河南首个脱贫摘帽的贫困县。如今，兰考正阔步走在推进乡村振兴战略、奋力决胜全面建成小康社会的大道上。

金融活，经济活。县域改革发展，支点在金融，发力点在金融。2016 年 12 月，经国务院同意，人民银行、银监会联合有关部门和河南省人民政府颁布《河南省兰考县普惠金融改革试验区总体方案》（以下简称《总体方案》），兰考成为全国首个国家级普惠金融改革试验区。经过 4 年努力建设，普惠金融兰考模式初步形成，初步实现了《总体方案》提出的经过 3 至 5 年的时间，为贫困县域探索出一条可持续、可复制推广的普惠金融发展之路的预期目标。

经过两年的奋斗，兰考试验区交出了一份让党和人民群众满意的答卷。人民银行副行长陈雨露表示，试验区严格对照国务院批复同意的方案，探索建立"一平台四体系"，不断优化金融生态环境，取得积极成效，形成了重要的可复制可推广的经验。河南省人民政府有关负责人认为，普惠金融改革试验区落地兰考，有力推动了全省普惠金融改革发展步入"快车道"。

"普惠金融是新时期脱贫攻坚、乡村振兴、社会治理的重要抓手。"时任中共兰考县委书记的蔡松涛评价说。

2020 年 12 月 24 日，《金融时报》刊发对时任河南省兰考县普惠金融改革试验区工作领导小组办公室主任徐诺金的专访《普惠金融实践中的兰考探索》，就兰考县普惠金融改革试验区的成就作了介绍。

徐诺金认为，试验区从"个人、农户、村庄"三个维度，确定数字金融服务人人全覆盖、普惠授信户户全覆盖、普惠金融服务站村村全覆盖的近期工作目标；注重实现"五个结合"：普惠金融与金融扶贫、便民政务改革、信用体系建设、乡村振兴产业发展、激励引导政策有机结合，找寻破解普惠金融"最后一公里"的有效途径。到2018年，初步形成"以数字金融平台为核心，以金融服务体系、普惠授信体系、信用建设体系、风险防控体系"为基本内容的"一平台四体系"模式。兰考模式的特点和创新突破包括以下几个方面。

一是围绕破解县域基本金融服务落地难，运用金融科技，搭建数字普惠金融综合服务平台。顺应金融科技发展趋势，探索建设市场化运营的数字普惠金融综合服务平台（"普惠通"App）。平台的定位是为公共金融服务，以普惠、便民、利民为导向，致力构建"线上金融超市"，对接各类金融服务资源，加载金融机构的合法金融产品，提供信贷、保险、理财、便民缴费、金融消费者权益保护等功能。目前，试验区正积极推动平台运营方引进战略投资者，进一步提升平台科技研发和服务能力。

二是围绕破解农民贷款难，创新推出普惠授信。普惠授信从群众基本经济权益出发，针对大部分农户贷款困难的情况，通过"两无一有"（无不良征信记录、无不良嗜好、有正当的生产经营项目）和"先信贷后信用"的制度安排，普遍赋予农户3万元至8万元（目前已调整为5万元至10万元）的生产性小额信贷的权利。只要农户符合条件，即可无抵押无担保地使用普惠授信贷款，且一次授信、三年有效、随借随还、周转使用。普惠授信打破了传统小额信贷门槛，促进了生产性小额信贷的"应贷尽贷"。截至2020年11月末，兰考县已发放普惠授信贷款2.58万笔11.03亿元，累计新增1.07万笔、5.27亿元，农户融资"难、贵、慢"的问题得到大幅缓解，有力地促进了农民稳定增收，受到群众的欢迎。

三是围绕破解农民信用缺失，先通过普惠授信把农民与现代金融联系起来，再积累信用记录、培养信用意识，实施"信用信贷相长行动计划"。为了解决传统"信用+信贷"模式下，农民信息收集难、成本高、农民不愿配合等难题，我们结合普惠授信先让农民有授信，再在农民启用授信时收集农户信息，一方面，解决了前期信息收集难、农民不配合的问题，也使信息收集更具针对性，降低了信息收集成本；另一方面，通过授信把农民与银行联系起来之后，农民开始积累自己的信用记录，培养自己的信用习惯，银行再根据农民积累起来的信用情况，进行信用评级，根据信用评级，再提升授信额度或调低信用成本，从而实现信用与信贷的相互促进。截至2020年11月末，兰考县采录农户信用信息16万户，中小企业信用信息1.79万户，评定信用户14万户、信用村318个、信用乡镇15个。

四是围绕补齐县域银行网点服务辐射面小的短板，探索将线下金融服务纳入政府公共服务体系，在党群服务中心建设"4＋X"功能的普惠金融服务站，织密农村金融服务网。结合兰考村委党群服务中心提质改造，不另设场所、不额外增加人员，将普惠金融服务站内嵌于村党群服务中心，为农民提供足不出村的"4＋X"金融服务（"4"即基础金融服务、信用信息采集更新、贷款推荐和贷后协助管理、金融消费权益保护，"X"为银行保险机构特色服务）。同时，在乡便民服务大厅、县政务服务中心设立普惠金融窗口，建立县乡村三级普惠金融服务体系，实现县乡村三级的层层管理和业务衔接，确保服务站运行合规、风险可控。目前，兰考县已建成服务站 454 个，实现了服务站村村全覆盖。服务站既方便了群众，又通过协助金融机构开展贷前审核和贷后管理，发挥了"监控探头"作用，推动风险管理关口前移，有效防控了普惠授信风险。

五是围绕破解金融机构因风险大不愿贷款的问题，创新建立分段分担风险防控体系，突破传统信贷风控难题。为解决金融机构开展普惠授信的后顾之忧，我们运用市场化思维，创新建立了多方参与、分段分担的机制。即把风险分为 2% 以下、2% 至 5%、5% 至 10%、10% 以上四段。不良率小于或等于 2% 时，损失由主办银行全额承担；超过 2% 时，由银行、政府成立的风险补偿金、保险公司、担保公司四方分别承担，政府风险补偿金随着不良率上升而递增，银行分担比例随着不良率上升而递减且最高风险敞口锁定，既压实了地方政府优化信用环境的责任，也解除了银行开展普惠授信的后顾之忧。同时，创新实施信贷隔离机制，有效防止风险扩散。为缓释普惠金融风险，兰考县设立了风险补偿金 7575 万元、还款周转金 3000 万元。自普惠授信推出以来，仅出现 3 笔逾期，涉及金额 21 万元，逾期率远低于 2%，没有触发 2% 以上的风险补偿机制。

兰考模式在河南省的复制推广工作可谓步步为营。2018 年 3 月，人民银行郑州中心支行先期选取 22 个试点地区稳步推广"一平台四体系"兰考模式，2020 年在河南省进行复制推广。具体来看，一是"一平台"在河南省初步得到推广应用。截至 2020 年 11 月末，平台已上架 2080 种普惠类产品，平台全省累计下载量超过 790 万人次。二是各地因地制宜建设普惠金融服务站。截至当年 11 月末，河南省已建成普惠金融服务站 3.6 万个，占行政村总量的 82.13%，累计办理基础金融业务 6216 万笔，协助银行入户调查等业务 247 万笔。三是推进整村授信，有效扩大了普惠授信覆盖面。围绕"普惠授信户户全覆盖"目标，各地积极推进整村授信。截至当年 11 月末，河南省已发放普惠授信贷款 156.04 万笔，余额 667.52 亿元，有效破除了农民的基本信贷门槛。四是各地积极推进信用体系建设，促进信用信贷互促相长。各地探索以"三信"评定为支撑，发挥信用信息体系惠民便企作用。截至当年 11 月末，河南省采集录入农户信用信息 1607.96 万户，农户信息采集率达 86.41%，评定信用户 1278.48 万户、信用村 1.3 万个。五是各地基本确立了风险管理和分担补偿机制，引导加大普惠金融贷款投放。截至当年 11 月末，河南省已到位风险补偿金 76.6 亿元，部分地区借鉴兰考做法，建立了多方参与、分段分担的新型风险防控机制。

兰考模式的普适性和有效性均得到了较好检验，河南省金融服务的"普"和"惠"得以长足发展。截至 2020 年 9 月末，河南省农户信用贷款 868.41 亿元，同比增长 52.51%，高于各项贷款增速 39.15 个百分点；普惠小微贷款同比增长 21%，高于各项贷款增速 7.6 个百分点；普惠小微授信户数达到 138.5 万户，较年初增加 18 万户。

本节有关普惠金融的兰考模式的数据来自 2020 年 12 月 24 日《金融时报》。

2. 普惠金融的卢氏模式

河南省卢氏县推出的普惠金融卢氏模式，与普惠金融的兰考模式有较大区别，操作方式截然不同。

2020年9月16日，河南省人民政府举行金融扶贫专场新闻发布会。金融扶贫激活了卢氏县脱贫攻坚的一池碧水，呈现出强劲的撬动、放大、外溢与聚合效应。从2017年开始，卢氏县开始积极创建金融扶贫试验区，构建了"金融服务、信用评价、风险防控、产业支撑"四大体系，探索形成了可复制、可推广的"政银联动、风险共担、多方参与、合作共赢"的金融扶贫卢氏模式，有效破解了中央扶贫小额信贷政策落地难题，为打赢打好脱贫攻坚战贡献了卢氏智慧。截至2020年8月底，全县累计投放金融扶贫贷款1.95万笔，总计20.4亿元，其中，9748户贫困户贷款1.9万笔，总计9.24亿元，户贷率42.47%。

国务院扶贫办和中共河南省委、河南省人民政府分别在卢氏县召开金融扶贫现场会，卢氏模式在全国推广、在河南全省复制，受到了中央领导的批示肯定，写入了河南省委和省政府的纲领性文件。

卢氏县先后在省级以上20余次会议上作了典型发言和交流，金融扶贫卢氏模式荣获"全球减贫案例有奖征集活动"最佳减贫案例，在国务院第五次大督查中，作为全国唯一的金融扶贫典型案例受到国务院办公厅通报表扬。

2020年以来，卢氏县积极围绕放大卢氏模式工作成效抓创新，着力推动普惠金融发展，加快金融扶贫与乡村振兴战略的有机融合。

不断扩大金融支持服务面。将贫困户扶贫小额信贷政策支持范围扩大到边缘户，相关贴息政策延续到2023年12月底；扩大对一般农户、中小微企业、个体工商户和农业经营主体等群体的贷款覆盖面。

大力推广精准扶贫企业贷。按照全产业链贷款的要求，持续加大对带贫企业的贷款支持，通过降低带贫企业融资成本，更好发挥企业带贫作用，共办理精准扶贫企业贷33笔，总计1.376亿元。

着力发展普惠金融。推出"香菇贷""产业e贷""惠农贷""抗疫贷""小微易贷""纳税贷""云电贷"等一系列新型普惠信贷产品，全力支持群众稳业增收和企业稳产达效。2020年1~9月共办理惠农普惠贷款7620笔，共计6.70亿元，其中"香菇贷"680笔，约0.55亿元；其他惠农产业贷6940笔，约6.15亿元。共支持中小微企业、合作社等农业经营主体182家，发放贷款17.29亿元。全县贷款余额93.66亿元，同比增长14.8%，信贷投放实现了疫情期间逆势上扬。卢氏县将持续深化提升金融扶贫卢氏模式，积极发挥信用评价体系优势，进一步创新更多线上产品，加快推进特惠金融向普惠金融转变，打造普惠金融和乡村振兴样板，永葆卢氏模式旺盛的生命力。

3. 普惠金融的嵩县实践

金融作为现代经济的核心，在支持脱贫攻坚和服务乡村振兴方面具有不可替代的重要作用，笔者曾联系嵩县农业农村局农艺师吴丹枫，结合嵩县实际，围绕该县针对

金融扶贫领域的做法，对进入乡村振兴阶段后的做法进行调研。

（1）建体系，促进卢氏模式生根开花。

一是三级金融扶贫服务体系解决有人服务问题。嵩县设立三级金融扶贫服务体系，即县级金融扶贫服务中心、乡级金融扶贫服务站、村级金融扶贫服务部，负责政策宣传、信用信息采集、贷款受理和初步审核、担保受理等工作，向银行批量提供信息，解决金融服务供需不衔接的问题。构建了"三级联动、政银融合"的服务体系，按照"村部受理初审—乡站审核把关—县中心推荐核保—合作银行接单放款"的贷款优化流程，前移金融监管关口，形成"牵头推进有机构、办理服务有人员、贷款发放有流程"的工作格局，有效解决金融扶贫"谁来扶""干什么"的问题。

二是贫困户信用评价体系解决贫困户贷得到问题。由人民银行负责建立农村信用信息系统，建立覆盖全县的农户信用信息大数据库，给每个农户建立信用档案，根据不同分值将信用评定结果分为4个等级，依级别不同给予5万元以下相应信用额度。使贫困户变成"有信户"，获得了金融机构的授信，实现了农村信用体系与金融扶贫工作的精准对接，解决了"扶持谁"的问题。16个乡镇对2.4万户建档立卡贫困户有信率占比89%。

三是县乡村三级金融服务体系全覆盖，场地、人员、制度三到位，成立了一个县金融服务中心，16个乡级金融服务站，310个村级服务部，为贫困户小额信贷提供服务。

四是风险防控体系解决金融机构敢贷问题。县财政计投入4000万元作为风险保证金，建立风险补偿资金池。对贫困户、带贫企业贷款违约产生的损失，按比例给予补偿。推动建立了卢氏县政府、合作银行、省农信担保公司、省再担保集团"四位一体"风险共担机制，围绕风险管控关口前移，强化三级服务体系贷前、贷后管理职责，解决了金融机构"不敢贷"的问题。

五是产业支撑促进增收，解决贫困户用得好可持续问题。依托各乡镇资源特色、自然条件和产业基础，以林、药、牧、烟、菌、旅游等十大扶贫产业为重点，引导贫困户和带贫企业大力发展现代产业体系的特色产业，对符合特色产业发展方向的项目，优先提供贷款支持；降低了贫困户的经营风险，提高了生产收益，解决了贫困户缺技术、缺项目"不愿贷"的难题。

（2）抓投放，愿报尽报应贷尽贷。

一是乡镇村结合"九个一"大走访活动，全面筛查贫困户发展产业脱贫致富对扶贫小额信贷资金的需求，做到应报尽报，愿报尽报；二是责任银行应贷尽贷，应贷快贷；三是打通边缘户享受扶贫小额信贷政策通道。

（3）防风险，维护金融生态环境。

一是为更好地发挥政府投入的调控引导作用，吸引、撬动更多金融资本投入嵩县农业供给侧结构性改革领域，破解嵩县农业经营主体融资难、融资贵难题，出台《嵩县县级财政支持农业经营主体融资担保风险补偿基金管理办法》，规范农业担保风险补偿基金管理。二是加强贷款管理。从贷前调查、贷款管理、贷款收回等环节，对贫困户和产业项目进行"双调查"；定期对贫困户和带贫企业进行跟踪监测，对可能影响贷款安全的及时采取措施。三是做好贷款回收。设立"扶贫小额信贷临时周转金100万元"，对确因资金困难的贷款户给予周转支持，目前已经为13户贫困户提供了13笔总计57.84万元的临时还贷周转服务。四是建立县乡村联动催收机制。实行到期还款"双提醒"机制。五是落实疫情期间扶贫小额信贷各项政策，确保疫情期间金融扶贫正常开展。六是及时启动风险补偿。对超过70天缓冲期仍不能还款的，及时启动风险补偿，全县启动风险补偿9笔总计30多万元。

（4）促提升，巩固脱贫攻坚成效。

落实国家"四不摘"要求，一是出台巩固提升金融扶贫工作成效文件，确保脱贫攻坚成效持续巩固；二是及时将上级扶贫小额信贷延期执行至2023年底政策，通过微信、广播等形式宣传至所有贫困户；三是对未脱贫的5个贫困村实施金融资源倾斜，充分挖掘扶贫小额信贷需求，最大限度地满足贫困户对扶贫小额信贷的需求，扶贫部门积极筛查边缘户信贷需求，落实扶贫小额信贷政策提质扩面。

（5）抓宣传，做到金融扶贫政策家喻户晓。

建立扶贫宣传长效机制，持续不断地宣传政策，确保把扶贫政策稳步传达到位。以宣传单形式发放至每家贫困户和涉农企业，印制金融扶贫明白卡，由乡镇发放到贫困户手中；制作金融扶贫宣传画板，分发到各乡镇、村张贴在宣传栏内，确保金融扶贫政策户户知晓。定期进行扶贫政策宣传，一是针对扶贫政策涉及面宽、不易熟记的特点，因人而异、因地制宜，有针对性地选择宣传要点，做到宣传一次，就真正能使贫困户掌握和了解一项扶贫政策。二是全媒体宣传。三是利用银行调查时间宣传，针对重点群体，进行金融基础知识及金融扶贫业务宣传，采取设立宣传点，设置咨询台、摆放宣传材料、布置宣传展板、安排现场咨询等形式。同时，在下乡进行贷款入户调查时也进行宣传活动，通过向贫困户讲解国家扶贫政策和惠民金融政策，传播金融知识，让广大贫困户详细了解扶贫贷款银行让利、政府贴息的特征，通过宣传扶贫贷款政策、流程等，帮助贫困户提升自我发展能力。四是建立常态化宣传机制。随着脱贫攻坚工作的结束、乡村振兴战略的全面深入实施，农村改革带动相应的农业农村经济结构和社会治理都将发生深刻变革，普惠金融给金融机构、农村集体经济组织和农户带来的机遇与挑战均等。

第二节　普惠金融的实践

数字技术的发展，给予了普惠金融实践的空间和飞速发展的支撑。实践过程中，一种是传统的银行业金融机构利用数字技术开展数字普惠金融。大型银行，如工行、

建行、农行、中行等和互联网企业结合，利用自身的数据和企业的数据建立了线上信用贷款。还有一些有互联网背景的企业兴办的银行，比如网商银行、微众银行实际上就是互联网银行。

普惠金融还有一种实践模式，互联网企业与传统银行高度融合，形成直销银行的子公司模式，包括现在批准的由中信银行和百度联合发起的百信银行。

普惠金融的第三种实践模式，是互联网企业、科技公司从事的金融业务。目前，比较有代表性的就是网络借贷，通过利用数据技术为出借人和借款人进行服务。这个属于民间金融的范畴，在实践中不像正规金融机构开展的普惠金融那样值得推广。

一、村镇银行

（一）概念

村镇银行是指经中国银行业监督管理委员会依据有关法律、法规批准，由境内外金融机构、境内非金融机构企业法人、境内自然人出资，在农村地区设立的主要为当地农民、农业和农村经济发展提供金融服务的银行业金融机构。村镇银行不同于银行的分支机构，属一级法人机构。

（二）发展情况

2006年12月20日，中国银监会出台了《关于调整放宽农村地区银行业金融机构准入政策，更好支持社会主义新农村建设的若干意见》，提出在湖北、四川、吉林等6个省（自治区）的农村地区设立村镇银行试点，全国的村镇银行试点工作从此启动。

村镇银行从2006年成立，规范起步的两年是2007年和2008年。

2007年3月，首批村镇银行在国内6个首批试点省（自治区）诞生。10月，银监会宣布试点从6个省扩大到31个地区。12月，首家外资村镇银行在汇丰村镇银行开设。12月，国家开发银行作为主发起人组建的村镇银行挂牌。2007年，新设立村镇银行19家。

2008年8月，中国农业银行发起在湖北、内蒙古同时成立村镇银行；9月，中国民生银行发起的村镇银行在四川省彭州市开业；10月，全国开设的村镇银行已经达到20多家。2008年末，共建立村镇银行91家，比2007年增加72家。

2009年，村镇银行开设的速度虽然减慢，但是数量一直在增加，当年共开设57家，总数达到148家。

至2011年5月，全国共组建村镇银行536家。

至2012年9月末，全国村镇银行已经增长到799家。

至2013年年末，全国共组建村镇银行1071家，其中开业987家。村镇银行遍及31个省级行政区，覆盖1083县（市），占县（市）总数的57.6%。

至 2014 年 12 月末，全国新增村镇银行 1547 家。

截至 2019 年 9 月末，全国已组建村镇银行 1633 家。

村镇银行作为中小银行，普惠金融的性质惠及了广大农村和小微企业。但是，在发展过程中，部分村镇银行偏离主业，偏离成立之初的普惠金融性质，出现了不少问题。村镇银行本是因承接乡村振兴重任而生，2006 年 12 月原银监会试点探索以村镇银行为主体的新型农村金融机构，然而在总量"跑马圈地"的同时，个别村镇银行处于业绩亏损或盈利微薄的现状。这已成为目前村镇银行发展中的突出问题。

据报道，由于受地域限制、盈利能力不足等因素影响，村镇银行这个曾被市场追捧的"香饽饽"，有的如今处于股权频被转让且无人问津的尴尬境地。2020 年 4 月 21 日，鄯善中成村镇银行等 11 家村镇银行被"打包甩卖"数月仍未有买家接盘，邹平浦发村镇银行 10% 股权也将长期挂牌。在业内人士看来，股权频遭转让的背后体现出村镇银行盈利困难的现状，未来集约化管理或会成为趋势。

村镇银行股权转让频遭冷遇。北京金融资产交易所（以下简称"北金所"）披露信息显示，银保监会安邦保险集团股份有限公司接管工作组受上海市第一中级人民法院委托，从 2019 年 12 月底就对鄯善中成村镇银行等 11 家村镇银行股份进行挂牌批量转让，转让价格为 8522.88 万元。由于一直未征集到受让方，该项目一直延长挂牌截止期限。据北金所工作人员介绍，从 2020 年 2 月以来该项目就在延长挂牌期。

挂牌信息显示，这 11 家村镇银行分别为鄯善、富蕴、滦南、滦县、高碑店、安国、曲阳、涿州、定州、望都和青岛胶州等中成村镇银行，第一大股东都是成都农商银行，持股比例均为 51%。转让方包括新疆新奥汽车销售服务有限公司、新疆华鑫矿业有限公司、江苏宁通汽车经营有限公司等多家公司，都在 11 家村镇银行的前五大股东内，拟转让的股权多数在 10% 左右。

挂牌转让的不只是上述村镇银行。据山东产权交易中心披露信息显示，邹平浦发村镇银行 10% 国有股权于 2020 年 3 月 24 日被挂牌出让，价格面议，转让方为山东省国际信托股份有限公司，是邹平浦发村镇银行的第二大股东。转让公告显示，该项目长期有效，征集到意向受让方后，转让方履行完内部审批程序，转为正式挂牌项目交易。

从北金所披露的信息来看，上述挂牌转让的 11 家村镇银行中，有 3 家 2019 年前 10 个月的净利润出现亏损。其中，鄯善中成村镇银行亏损 59.25 万元，望都中成村镇银行亏损 97.77 万元，青岛胶州中成村镇银行亏损 286.89 万元。其他几家村镇银行虽然实现盈利，但是净利润都在 200 万元以下，个别甚至前 10 个月只赚了十几万元，相当于每月盈利不足 2 万元。

盈利困难并不是个别现象，就连国有银行、股份制银行旗下的村镇银行也不例外。农业银行拥有 6 家村镇银行，遍布湖北、陕西、安徽、浙江等地。这 6 家村镇银行在 2019 年全部实现了盈利，除厦门同安农银村镇银行外，其他 5 家净利润均未超过 1000 万元。其中，汉川农银村镇银行、安塞农银村镇银行和绩溪农银村镇银行不足百万元，

2019 年实现净利润分别为 48.1 万元、98.96 万元和 54.98 万元。

股份制银行中，光大银行旗下的 3 家村镇银行 2019 年实现了盈利，其中湖南韶山光大村镇银行和江西瑞金光大村镇银行的净利润分别为 297 万元和 461 万元，江苏淮安光大村镇银行的净利润达到 1283 万元。

中小银行旗下的村镇银行日子也不好过，哈尔滨银行控股的 32 家村镇银行 2019 年净利润亏损 3.054 亿元。分析人士指出，村镇银行盈利能力不足主要受地域、规模限制。村镇银行经营受到严格的地域限制，因此与当地实体经济的发展情况"绑定"，若当地出现产业发展衰退、信用风险暴露的现象，将直接影响相关村镇银行的盈利状况。

2020 年 5 月 9 日，张家港行 2019 年中间收入下滑超七成，旗下两家村镇银行亏损均在 2019 年出现亏损。2019 年年报显示，寿光张农商村镇银行股份有限公司 2019 年净利润为 -5234.74 万元，江苏东海张农商村镇银行有限责任公司 2019 年净利润为 -29.91 万元。

在发展十余年后，监管和村镇银行正在探索新的经营思路及组织架构。2018 年，银保监会发文鼓励具备一定条件的商业银行采取投资管理行模式，即新设或者选择一家已设立的村镇银行作为投资管理型村镇银行，由其受让主发起人已持有的全部村镇银行股权，对所投资的村镇银行履行主发起人职责。

已有商业银行开始"试水"。2019 年 9 月，常熟农商行发起设立的兴福村镇银行正式开业，成为国内首家投资管理型村镇银行。中国银行也拟筹建中银富登村镇银行股份有限公司。通过这一全新的银行类别，投资管理行能够在全国范围内收购村镇银行。

业内人士指出，尽管投资管理行的数量还较少，但集约化管理或会成为村镇银行的发展趋势。北京科技大学经济管理学院金融工程系教授刘澄认为，很多村镇银行设立在经济不发达地区，也存在股权治理结构不合理、管理不善等问题，再加上规模小、抗风险能力不足，经营状况可想而知。所以，监管要在经营上予以松绑，允许经营好的村镇银行进行跨区域经营，鼓励优秀的村镇银行壮大发展兼并收购其他村镇银行。

（三）业务范围和特点

村镇银行可经营吸收公众存款，发放短期、中期和长期贷款，办理国内结算，办理票据承兑与贴现，从事同业拆借，从事银行卡业务，代理发行、代理兑付、承销政府债券，代理收付款项及代理保险业务以及经银行业监督管理机构批准的其他业务。按照国家有关规定，村镇银行还可代理政策性银行、商业银行和保险公司、证券公司等金融机构的业务。

根据《村镇银行管理暂行规定》，村镇银行具备以下几个特点。

（1）地域和准入门槛。

村镇银行的一个重要特点就是机构设置在县、乡镇，根据《村镇银行管理暂行规定》，在地（市）设立的村镇银行，其注册资本不低于人民币 5000 万元；在县（市）设立的村镇银行，其注册资本不得低于人民币 300 万元；在乡（镇）设立的村镇银行，其注册资本不得低于人民币 100 万元。

（2）市场定位。

村镇银行的市场定位主要在两个方面：一是满足农户的小额贷款需求，二是服务当地中小型企业。为有效满足当地"三农"发展需要，确保村镇银行服务"三农"政策的贯彻实施，《村镇银行管理暂行规定》明确要求村镇银行不得发放异地贷款，在缴纳存款准备金后其可用资金应全部投入当地农村发展建设，然后才可将富余资金投入其他方面。

（3）治理结构。

作为独立的企业法人，村镇银行根据现代企业的组织标准建立和设置组织构架，同时按照科学运行、有效治理的原则，村镇银行的管理结构是扁平化的，管理层次少，中间不易断开或时滞；决策链条短，反应速度相对较快；业务流程结构与农业产业的金融资金要求较为贴合。

（4）发起人制度和产权结构。

村镇银行的发起人制度是指，银监会规定必须有一家符合监管条件，管理规范、经营效益好的商业银行作为主要发起银行，并且单一金融机构的股东持股比例不得低于 20%。此外，单一非金融机构企业法人及其关联方持股比例不得超过 10%。为了鼓励民间资本投资村镇银行，银监会于 2012 年 5 月出台了《关于鼓励和引导民间资本进入银行业的实施意见》，将主发起行的最低持股比例降至 15%，进一步丰富了村镇银行多元化的产权结构。

（四）充分发挥村镇银行在乡村振兴中的作用

为认真落实党中央乡村振兴战略，以及建设普惠金融体系、加强对偏远地区的金融服务和推进金融精准扶贫的决策部署，进一步解决中西部金融服务薄弱地区银行业金融机构网点覆盖率低、金融供给不足问题，2018 年年初银监会印发了《关于开展投资管理型村镇银行和"多县一行"制村镇银行试点工作的通知》（以下简称《通知》）。

村镇银行自设立以来，在健全农村金融体系、激活农村金融市场和服务支农支小等方面发挥了积极作用。《通知》强调，要继续做好村镇银行培育发展工作，把工作着力点放在支持普惠金融发展和服务脱贫攻坚上，从完善准入政策、加强定位监管、加强风险监管三个维度，提出了 21 项具体政策措施。

各级银行业监管机构要站在服务乡村振兴战略的高度，认真落实建设普惠金融体系和推进金融精准扶贫决策部署，在有效防控风险的前提下，积极稳妥地推进村镇银行培育发展工作，健全多层次、广覆盖、可持续的农村金融服务体系。为强化正向激励，调动社会投资积极性，《通知》提出，支持各类合格银行机构发起设立村镇银行和优化完善挂钩政策等措施，引导把更多金融资源配置到农村地区。

针对现行主发起人管理模式协调难度大、成本高、资源不集中等问题，为强化中后台系统支持，提高村镇银行集约化管理和专业化服务水平，《通知》提出，具备一定

条件的商业银行，可以新设或者选择一家已设立的村镇银行作为村镇银行的投资管理行，即投资管理型村镇银行，由其受让主发起人已持有的全部村镇银行股权，对所投资的村镇银行履行主发起人职责。

投资管理型村镇银行要以促进村镇银行持续健康发展、提高集约化管理和专业化服务水平为宗旨，着力增强村镇银行管理水平和中后台服务功能，建立面向"三农"和小微企业的股权结构、治理架构和服务机制，并积极参与发起设立村镇银行，重点布局中西部地区和老少边穷地区。

针对中西部和老少边穷地区部分县域经济总量小、人口少、金融承载能力弱的实际情况，为提高村镇银行可持续经营能力，在实现商业可持续的前提下，加大金融扶贫力度，提高欠发达地区金融服务的覆盖面和可得性，《通知》提出，在中西部和老少边穷地区特别是国定贫困县相对集中的区域，可以在同一省份内相邻的多个县（市、旗）中选择一个县（市、旗）设立一家村镇银行，并在其邻近的县（市、旗）设立支行，即实施"多县一行"制村镇银行模式。

《通知》进一步强调村镇银行要强化支农支小战略定力，加快完善服务网络体系，创新商业模式、金融产品和服务，大力支持普惠金融发展；支持村镇银行结合当地经济特点和服务需求，遵循风险可控等要求，申请开办新业务，提升支农支小服务能力。各级银行业监管机构把防控风险放到更加重要的位置，督促村镇银行强化风险管理，采取科学有效的监管方式和措施，有效防范和控制各类风险。

《通知》完善了村镇银行市场准入政策，优化了村镇银行投资管理模式和设立方式，有利于进一步提升村镇银行县（市、旗）覆盖面，进一步提高普惠金融服务覆盖率、可得性和满意度，是银监会落实党中央乡村振兴战略、大力支持普惠金融发展和服务脱贫攻坚的重要举措。下一步，银监会将继续支持各类符合条件的社会资本参与组建村镇银行，加快完善农村金融组织体系，提高普惠金融服务水平，有效对接精准扶贫信贷需求，加大支持和服务实体经济力度。

本部分有关村镇银行的数据均来自中国人民银行、中国银保监会官方网站。

二、社区银行

2020年5月11日发布的《中共中央 国务院关于新时代加快完善社会主义市场经济体制的意见》（以下简称《意见》），对民营银行、社区银行有了明确的规定和要求。

《意见》第二部分第四条规定：营造支持非公有制经济高质量发展的制度环境。健全支持民营经济、外商投资企业发展的市场、政策、法治和社会环境，进一步激发活力和创造力。在要素获取、准入许可、经营运行、政府采购和招投标等方面对各类所有制企业平等对待，破除制约市场竞争的各类障碍和隐性壁垒，营造各种所有制主体依法平等使用资源要素、公开公平公正参与竞争、同等受到法律保护的市场环境。完善支持非公有制经济进入电力、油气等领域的实施细则和具体办法，大幅放宽服务业领域市场准入，向社会资本释放更大发展空间。健全支持中小企业发展制度，增加面向中小企业的金融服务供给，支持发展民营银行、社区银行等中小金融机构。完善民营企业融资增信支持体系。健全民营企业直接融资支持制度。健全清理和防止拖欠民营企业中小企业账款长效机制，营造有利于化解民营企业之间债务问题的市场环境。完善构建亲清政商关系的政策体系，建立规范化机制化政企沟通渠道，鼓励民营企业参与实施重大国家战略。

《意见》第五部分第三条规定：强化货币政策、宏观审慎政策和金融监管协调。建设现代中央银行制度，健全中央银行货币政策决策机制，完善基础货币投放机制，推动货币政策从数量型调控为主向价格型调控为主转型。建立现代金融监管体系，全面加强宏观审慎管理，强化综合监管，突出功能监管和行为监管，制定交叉性金融产品监管规则。加强薄弱环节金融监管制度建设，消除监管空白，守住不发生系统性金融风险底线。依法依规界定中央和地方金融监管权责分工，强化地方政府属地金融监管职责和风险处置责任。建立健全金融消费者保护基本制度。有序实现人民币资本项目可兑换，稳步推进人民币国际化。

（一）社区金融和社区银行

1. 社区金融

社区金融是指社区公众及其组织中所产生的一切金融（银行、证券、保险）需求和银行等金融机构满足其需求的一切活动。

与一般意义上的社区银行不同，社区金融有效地整合了银行、开发商及社区业主的供给及需求，能够提供全功能的银行业务并满足其在银行、证券及保险等方面的需求。如，银行提供企业授信、结算、外汇业务，以及面向业主的储蓄存款、消费信贷、居家理财、代收代付等各项业务。社区金融的首要目标是构筑在稳定、可靠的信用条件下的金融运行环境，重建市场经济的信誉机制；其次，是为某一个社区固定的客户提供金融产品与服务，从而为实现其个性化、多元化、网络化的需求提供有效的基础和条件。因此，有位专家概括社区金融的模式就是东方亲情信誉加西方商业信誉。

社区金融的业务内容包括四个方面：一是代理各种便民服务，方便居民生活，如代收水电费、电话费、代理非税收收入、代缴交通罚款等；二是开发销售理财产品，帮助小区业主财富增值；三是进社区开展金融知识与服务讲座，丰富物业活动；四是涉足电商，构建社区内网上银行、手机银行、电话银行、短信银行等全渠道的电子服务网络。

在这一场赛跑中，平安银行社区金融以社区化、小型化、智能化和综合化为核心定位，实现快速获客。

2. 社区银行

社区银行的概念来自西方国家，其中的社区并不是一个严格界定的地理概念，既可以指一个省、一个市或一个县，也可以指城市或乡村居民的聚居区域。凡是资产规

模较小、主要为经营区域内中小企业和居民家庭服务的地方性小型商业银行都可称为社区银行。

发展社区银行是缓解小企业和个体工商户贷款难的治本性措施，是改善金融生态和宏观调控的必要措施。社区银行的目标客户群是中小型企业（特别是小企业）和社区居民这些中小客户，大商业银行则是以服务大中型企业客户为主。尽管可能有重叠，但彼此在对方领域不会形成激烈冲突。因而，社区银行能够在准入、占领和保持巨大的中小企业和社区居民客户市场方面赢得独特优势。

我国的社区银行早在2010年就开始出现，但直到2013年年底《中国银监会办公厅关于加强地方政府融资平台全口径融资统计的通知》发布，明确了中小商业银行社区支行、小微支行的牌照范围、业务模式、风险管理、退出机制等内容，支持符合条件的中小商业银行在风险可控、成本可测的前提下设立社区支行、小微支行，走特色化、差异化发展道路之后，社区银行才得以迅速发展。

从各家银行的社区金融布局来看，既有自我的升级服务，也有跨界合作，还有线上线下的整合。然而，社区金融的发展才刚刚步入快车道。

（二）发展社区银行应把握的原则

当前，我国在发展社区银行时，一定要注意吸取以往农村合作基金会和城市信用社的教训，在推进中注意把握下列几个方面：

注重法制化。一定要"先定规则、后做游戏"，要按照县域商业银行的定位制定相应法规或暂行规定，并切实执行。

注重市场化。社区银行是商业银行、是企业，其组建必须是企业行为、市场行为，不能变成政府行为；其发展只能根据当地经济发展的客观需要，即个私经济发展的需要，要切实防止地方政府权力的介入。

要确保"预算硬约束"。要确保地方政府无须为社区银行的经营风险"买单"，否则就是失败。基本途径是建立完备的产权约束、竞争约束和规则约束。

要确保合理的市场定位。即确保社区银行能确实面向微小企业。基本途径是控制社区银行组建时的规模和依法严格监管其单笔贷款占资本金的比例。

三、自金融和微金融发展迅速

（一）自金融的概念

在互联网时代，如果金钱的信息也能像其他信息在网上以光速、免费地跑起来的话，那么我们将进入一个自金融的时代：就是自己的银行，自己的证券，自己的交易所——有了自金融，真正的互联网贸易就可以变成一个全球的狂欢。这不是梦想，更不是幻想。

互联网金融的本质是大数据、云计算、互联网、移动支付等信息技术在金融领域的运用，互联网的开放、包容和便捷性大大地降低了服务成本，使得以前传统金融难以覆盖的人群进入服务范围，但是，互联网金融并没有改变金融功能的本质。缺乏监管的金融创新，最终都会给人类带来毁灭性的打击。

传统上，金融有四项最基本的功能：银行创造信用货币、证券公司做投融资中介、信托等机构替别人理财和保险的经济补偿。这四个最基本的功能，并不会因互联网进入发生改变。互联网特性使得金融行业服务群体下沉，而且，互联网便于信息交流，使得直接融资更加方便，可以说，互联网使得金融进入自金融时代，是金融改革的助推器。

社会进步、科技发达、信息对称、个性的苏醒和觉悟都是自金融出现的动因。自金融时代的本质意义不是让消费者自我服务，而是实现一种基于"主语"转换的模式变革。

自金融时代的基本诉求是透明、自主、平等、效率和公平，经营模式将从"价差"时代走向"服务"时代，银行、证券、保险行业面对这个时代的到来，抵触和所谓的应对都不是明智之举，我们应当理解和拥抱。

移动支付、众筹融资等互联网金融创新业务的结合运用，使得自金融的运营模式开始在市场上出现。业内人士认为，传统商业银行为应对市场竞争，应由"产品中心主义"向"客户中心主义"转变。更有金融自由主义者提出，自金融就是全球的一个P2P互联网信用体系，去中心化，全网记账，靠密码学协议和大数据运行。但是，随着我国境内P2P金融的落幕，自由金融发展的速度会大大降低。

（二）微金融的概念

微金融是近几年新兴的一种金融模式。微金融信息服务是金融领域内，对贷款、投资、理财规模较小，时间较短的金融行为的统称，是相对于大型金融机构、大规模的资金转移运作来说的。

通常情况下，指的是为中小微企业、创业者、个体工商户、小额投资者等提供的金融服务。随着微金融信息服务体系的不断壮大，微金融信息服务的概念也在扩大，现在其最为准确的定义是专门向小型和微型企业及中低收入阶层提供的，小额度的、时间短的、可持续循环的微金融产品和服务的活动。

微金融信息服务的特点有两个：一是以中小微型企业及贫困或中低收入群体为特定目标客户；二是由于客户有特殊性，它会推出适合这样一些特定目标阶层客户的金融产品和服务。这些特点有着明显的民间金融的特色，因为好多大型金融机构不屑于做这些服务。

值得注意的是，这类为特定目标客户提供特殊微金融信息产品和服务的项目或机构，追求自身财务自立和持续性目标。也就是说，小微金融信息服务机构自身应是有商业可持续性的，只有这样，它才会成为整个大金融体系中不可或缺、越来越有生命

力的一个部分，成为民间金融创新和发展的方向。

近年来，非正式银行机构发展较快，尤其是小贷公司发展迅速，有效地帮助了很多小微企业及时拿到了救命钱。相对于银行，小贷公司更贴近客户，也更了解地域性的生产优势，对于资金的分配更为合理，而且在操作上也比银行相对烦琐的审核方式具有更大的优势。微金融信息服务的发展是小微企业存活的有力保障。它是不可能被正规银行完全替代，并将永远存在的。不能完全将非正式银行正规化，有很多非正式银行是很难正规化的，能正规化的只是那些以组织化推进，财务上可持续发展的方式来经营运作的个体。

微金融信息服务的目标是不能从主流或者是正规银行当中拿到钱的客户。为什么这些客户拿不到钱？归结起来有两个原因：一是因为这些客户的信用等级不够，换句话说就是风险比较大；二是因为银行为他们服务的成本比较高，也就是收入和成本不相匹配，这就是问题的根源。非正式银行所产生的原因是很多融资需求没有被满足以及监管过度。

（三）自金融和微金融的未来

我国金融体系面临自金融、微金融带来的变革。

2014年以来金融改革进度加快，措施密集出台。根据我国所处阶段，业内人士认为我国金融改革本质即为金融市场化，大致可定义为金融3.0。同时，自金融、微金融也已迅猛发展，金融4.0阶段也已临近。我们首先梳理金融改革的逻辑，然后把握改革后的金融业图景，以及银行在图景中的位置。

金融改革的核心措施和配套措施。各种改革措施不是零散出击，而是有其逻辑统一性。金融改革的本质是金融市场化，这意味着金融交易自由，是价和量的市场化。价是指利率、汇率等，量是指信贷额度、机构准入等的放松管制，这是金融改革的核心。此外，围绕这些核心措施，还需要配套措施来管理金融市场化所带来的新风险，包括用利率衍生品管理利率风险、用资产管理业务对冲存贷业务弱化、用资产证券化管理流动性风险、用存款保险制度建立银行退出机制等。最后，金融监管与调控也要相应市场化。

综合化经营与后现代银行。改革带来利率市场化与金融脱媒，银行存贷业务弱化，转向综合化经营。券商等其他金融机构的业务种类也在增加，金融机构观逐步转向功能观。作为应对，大中型银行一般走综合化经营路子，强化资产管理等业务，而小型银行则走差异化竞争路子，通常包括零售、小微企业等业务。部分银行可能面临经营失败，个股分化加重。

四、数字乡村助推乡村振兴

2020年5月初，中央网信办、农业农村部、国家发展改革委、工业和信息化部联合发布《关于印发〈2020 年数字乡村发展工作要点〉的通知》（以下简称《通知》）。《通知》要求，坚持以习近平新时代中国特色社会主义思想为指导，认真落实《中共中央 国务院关于抓好"三农"领域重点工作确保如期实现全面小康的意见》和《数字乡村发展战略纲要》精神，对标对表全面建成小康社会目标，坚持稳中求进工作总基调，贯彻新发展理念，落实高质量发展要求，坚持目标导向、问题导向、结果导向，加快构建以知识更新、技术创新、数据驱动为一体的乡村经济发展政策体系，加快以信息化推进农业农村现代化，优化提升"三农"信息化服务水平，不断激发乡村发展内生动力和巨大潜力，持续提升农民群众获得感、幸福感、安全感，为确保完成决战决胜脱贫攻坚目标任务、全面建成小康社会作出积极贡献。

《2020 年数字乡村发展工作要点》明确了 2020 年数字乡村发展工作目标：农村信息基础设施建设加快推进，基本实现行政村光纤网络和 4G 普遍覆盖，农村互联网普及率明显提升。农村数字经济快速发展，农业农村数字化转型快速推进，遥感监测、物联网、大数据等信息技术在农业生产经营管理中广泛应用。乡村信息惠民便民不断深化，乡村数字普惠金融覆盖面进一步拓展。网络扶贫行动目标任务全面完成，巩固提升脱贫成果。

《2020 年数字乡村发展工作要点》部署了 8 个方面 22 项重点任务。

1. 统筹做好农村疫情防控和经济社会发展工作

主要任务有：充分利用互联网、大数据、人工智能等技术，为乡村疫情防控提供信息化支撑；运用互联网实时发布农资、农产品需求等涉农信息，积极应用远程智能农机装备、无人机植保技术，做好春耕备耕，加强企业与农村地区的用工信息对接，鼓励用工单位采用线上招聘、线上培训等方式，引导农民工安全有序外出务工，助力复工复产有序开展。

2. 推进乡村新型基础设施建设

主要任务有：推进乡村信息基础设施建设，持续实施新一代信息基础设施建设工程，深入推进电信普遍服务试点，加快农村地区的宽带网络和 4G 覆盖；深入实施学校联网攻坚行动，改善学校网络接入和宽带条件，探索采用卫星通信等多种手段实现偏远乡村学校联网覆盖；提高乡村基础设施数字化水平，深入推进信息进村入户工程，加快完成农村电网改造升级，推进智慧水利建设，加快农村物流三级节点网络建设。

3. 推动乡村数字经济发展

主要任务有：推动农业生产数字化转型，推进数字农业、重要农产品全产业链大数据建设，构建农业农村大数据平台；围绕智慧农业、智能农机装备等开展关键技术攻关和创新应用研究，促进人工智能技术与农业的深度融合；畅通农村电商物流体系，实施"互联网＋"农产品出村进城工程，深入推进电子商务进农村。培育壮大乡村新业态，注重新模式、新业态对农村地区消费的拉动作用，挖掘新的消费增长点，深入挖掘乡村旅游资源，培育乡村旅游重点村；深化农村普惠金融服务，提高农村数字普惠金融覆盖面。

4. 促进农业农村科技创新

主要任务有：推进农业遥感应用，为农业农村建设提供高精度、高时效性的空间遥感数据；提高农机装备智能化水平，加快实施"智能农机装备"重点专项，持续提升农机服务信息化水平；完善农业科技信息服务，推进农村创业孵化载体和农业科技社会化服务体系建设，促进科技成果向农业农村转化。

5. 推进乡村治理能力现代化

主要任务有：提升乡村治理信息化水平，推动"互联网＋"乡村治理；推进"互联网＋村级公共服务"，加快村级公共服务综合信息平台建设；完善民生保障信息化服务，依托"金民工程"项目，推进社会救助系统在全国的应用推广；依托全国农村"三留守"人员信息管理系统、残疾人两项补贴信息系统，开展精准帮扶、发放补贴等关爱工作；扎实推进乡村教育信息化，完善国家数字教育资源公共服务体系；深化"互联网＋医疗健康服务"，加快建立健全统一权威、互联互通的全面健康平台，加快推进全国统一标准的医保信息系统建设。

6. 建设绿色智慧乡村

主要任务有：完善农业生产经营监测能力，完善农业投入品电子追溯监管体系，完善农药、种子质量追溯系统与肥料登记审批系统；强化土壤墒情监测；推进快递行业绿色发展；完善农村生态环境监管能力，建立国家永久基本农田数据库；加快生态保护和修复信息化应用体系建设。

7. 激发乡村振兴内生动力

主要任务有：巩固和提升网络扶贫成效，开展网络扶贫深度行活动，推进网络扶贫东西部协作，加大对网络扶贫项目的信贷支持力度；打造乡村网络文化阵地，全面推进县级融媒体中心建设；加快建设中国历史文化名镇、名村数字博物馆，构建乡村文物资源数据库；继续推进"非遗"记录工程，运用数字化手段加强成果利用；加强乡村文化网络宣传，营造良好氛围；积极培育高素质农民，加强农村实用人才信息技术和电商技能培训。

8. 加强数字乡村发展的统筹协调

主要任务有：健全数字乡村建设发展统筹协调机制，加强部门协同和上下联动，组织实施《数字农业农村发展规划（2019—2025年）》；开展国家数字乡村试点，加强统筹规划和分类指导，创新建设发展模式，整合运用已有设施资源，探索形成可持续发展机制；推动涉农信息服务资源整合与共享，研究编制农村信息服务资源整合共享规范，推动集约化建设和应用。

五、普惠金融实践示例

近年来，我国在普惠金融的建设方面进行了不少有益的尝试。

（一）首个普惠金融改革试验区

2016 年年初，河南省向国务院呈报了《河南省兰考县普惠金融改革试验区总体方案》。2016 年 12 月，国务院正式作出批复，同意在河南省兰考县设立国内首个普惠金融改革试验区。这是我国第一次在县域提出完善普惠金融体系的试验。

根据中国人民银行会同有关部委和河南省政府印发的《河南省兰考县普惠金融改革试验区总体方案》（以下简称《总体方案》）：要经过 5 年左右的努力，在兰考县形成多层次、广覆盖、有差异、可持续发展的金融组织体系，基本建成与普惠金融发展相协调的财政等配套政策体系，农村各类产权要素有效盘活，金融生态环境持续优化，金融服务覆盖率、可得性和满意度稳步提高，金融服务县域经济和"三农"、小微企业等社会发展薄弱环节的水平显著提升。

2015 年 12 月，我国正式出台《推进普惠金融发展规划（2016—2020 年）》。正是在这一国家级的战略规划中，明确提出"要在风险可控、依法合规的条件下，开展推进普惠金融发展试点，推动改革创新，加强实践验证"。兰考县普惠金融改革试验区的获批正是这一政策的具体落地。《总体方案》提出，要把兰考县建成全国普惠金融改革先行区、创新示范区、运行安全区，为贫困县域探索输出一条可持续、可复制推广的普惠金融发展之路。

为了打通县域普惠金融发展的"最后一公里"，助力兰考县如期实现全面建成小康社会的宏伟目标，《总体方案》提出了 10 个方面 27 项主要措施。

在完善县域普惠金融服务体系方面，鼓励更好地发挥银行业金融机构的作用，规范发展新型金融服务组织，完善风险管理和分担补偿体系。其中，鼓励国开行以批发资金转贷形式与兰考县金融机构合作，降低县域小微企业融资成本。省县两级财政出资在兰考县设立融资担保基金，积极发展政府支持的、重点服务"三农"和小微企业的融资担保机构，引导加大对重点领域和薄弱环节的信贷投放。

在强化精准扶贫金融服务方面，提出要创新金融扶贫产品和服务模式，完善精准扶贫配套措施。其中，支持农行在兰考县创新推广"三位一体"金融扶贫模式。在财力可能的前提下，创新推出"扶贫再贷款＋地方法人金融机构贷款＋财政贴息＋农业保险"金融扶贫模式，精准支持建档立卡贫困户和扶贫龙头企业，降低县域融资成本。

在优化新型城镇化金融服务方面，鼓励创新新型城镇化投融资机制，深化涉农金融服务创新，推动小微企业金融创新，积极支持农民工市民化。其中，支持河南省先进制造业集群培育基金、河南省新型城镇化发展基金与兰考县开展合作，探索设立兰考县发展基金，重点支持该县现代农业发展和基础设施建设。鼓励银行业金融机构创新农民工进城购房金融产品和服务，推出多样化的信贷产品，加大对农民工创业就业、技能培训等信贷支持力度。

在充分利用多层次资本市场方面，提出要培育发展股权融资，支持开展债务融资。其中，支持兰考县涉农中小微企业在中原股权交易中心挂牌融资。鼓励国家科技投资

引导基金、国家新兴产业创业投资引导基金、河南省财政涉企资金基金化改革基金优先向兰考县倾斜。

值得关注的是，在强化要素服务平台建设方面，《总体方案》提出要完善农村产权交易服务平台。其中，将积极推进农村产权要素的确权颁证、价值评估、抵押登记、交易流转和风险处置机制建设。将农民住房财产权、林权、水域滩涂使用权、大型农机具、农村知识产权等纳入贷款抵（质）押范围。有关专家认为，上述政策利好将对河南省正在22个县（市）探索开展的农村金融改革试点起到极大的助推作用，将加速先进经验在全省范围内的推广复制。

2017年1月9日，河南省兰考县普惠金融改革试验区推进会在兰考县召开。兰考作为首个国家级普惠金融改革试验区，重点着力于完善县域普惠金融服务体系，更好发挥金融机构作用、规范发展新型金融服务组织、完善风险管理和分担补偿体系，实现金融助推扶贫攻坚、服务"三农"与小微企业等水平显著提升。

中国人民银行总行表示，兰考县在完善县域普惠金融服务组织体系、创新金融扶贫服务模式、完善金融基础设施等方面，做了大量卓有成效的工作，取得了不少鲜活经验。今后，要严格对照建设方案，参考国际社会普惠金融发展的最新标准，细化实施细则，加强监督考核，推动各项改革试点工作落到实处、取得实效。

河南省人民政府指出，试验区建设要聚焦普惠金融，以可接受的成本价格让小微企业、低收入人群、贫困户获得金融支持，真正形成可推广的示范样本；要尽快建立基于大数据的征信体系，合理评估风险与成本，促进普惠金融良性运行；要充分研究利用国家政策资源，当年在争取消费金融、金融租赁等机构方面取得实质性进展，丰富金融产品类型。

试验区的获批为河南探索金融支持脱贫致富、探索县域经济发展提供了新的思路，对全省打赢脱贫攻坚战、决胜全面小康意义重大。下一步，要围绕增强普惠性，着力聚焦体制机制创新和金融基础设施建设，用好政策资源，加强组织领导、加强宣传引导、合力推进落实。

专家表示，兰考成为我国第一个普惠金融改革试验区，它的意义绝不仅仅限于兰考自身，也不限于河南，实际上是为全国普惠金融发展提供了可复制、可推广的经验。

（二）农村信用社践行普惠金融的探索

1. 国家鼓励民间资本参股农村信用社

2014年12月9日，银监会发布《加强农村商业银行三农金融服务机制建设监管指引》（以下简称《监管指引》），下发《监管指引》的同一天，银监会还发布了《关于鼓励和引导民间资本参与农村信用社产权改革工作的通知》（以下简称《通知》），引导民间资本对农村信用社实施并购重组，鼓励民间资本参与农村信用社产权改革。

《通知》将民营企业入股监管评级五级以下的农信社的，持股比例从10%调整放宽至20%，情况特殊的，可阶段性超过20%。

为了使农商行在经营上向"三农"倾斜，在股东选择方面，《监管指引》提出农信社改制为农商行时，"吸收优质涉农企业、农民合作社、种养大户、家庭农场等新型农业经营主体投资入股"。这是农村商业银行吸纳民间资本的大动作，也是农村金融全面实践普惠金融的大动作。

2. 践行普惠金融的电白实验

近年来，广东省普惠金融试点区——茂名市电白区，思考如何大力发展普惠金融，提高市场占有率，以新发展适应新业态。

2014年经国务院批准，撤销茂港区和电白县建制，合并设立电白区。据茂名市电白区人民政府官方网站介绍，茂名市电白区位于广东省西部，粤西地区的东部，2020年末辖19个镇（区）5个街道，土地面积2128平方千米，年末户籍人口198.58万人，常住人口150.38万人。

近年来，电白农信社以"服务'三农'、服务小微、服务本土、服务社区"为己任，本着便民惠民的宗旨，不断加大金融服务和产品创新力度，满足广大群众日益增长的多元化的金融服务需求，在普惠金融方面进行了许多有效的探索，重点解决农民和小微企业"贷款难"和"偏远地区基础金融服务"问题，力求让农民便捷办理金融业务、方便得到贷款，为构建美丽电白、和谐电白和幸福电白而努力。

电白农信社深入推进普惠金融的主要特色工作，一是着力打造"根植大地、遍布城乡"的银行，二是着力打造"服务社区、服务县城"的银行，三是着力打造"服务三农、服务企业"的银行。因地制宜推广渔船抵押贷款。电白区是广东省海洋捕捞示范区，坐拥广东最大、全国十大渔业港口之一的博贺港。电白农信社为渔民增产增收大力推广"渔船抵押贷款"业务，支持渔民改造钢制渔船，帮助渔民实现了远洋捕捞梦。此外，还设立小微企业金融服务中心。

目前，制约普惠制金融发展的问题不少。新业态下金融变革对农信社践行普惠金融带来挑战。当前，互联网金融崛起、金融脱媒趋势日益深化，农行、中国邮政储蓄等商业银行业务下沉，回归农村市场；利率市场化脚步不断加快，农信社经营成本增加，利差空间逼窄，利率风险、流动性风险等多种风险压力加大；存款保险制度推出，资本管理办法、同业业务管理等系列金融政策出台，各项政策环境压力迎面而来，给农信社带来极大的挑战。政策环境制约了农信社践行普惠金融，一是林权和土地承包经营权等抵押缺乏配套的机制，二是渔船燃料补贴和农业保险等抵补机制有待完善，三是社会信用环境有待改善。

3. 为发展民营银行探路的台州实践

2015年的《政府工作报告》提出："推动具备条件的民间资本依法发起设立中小型银行等金融机构，成熟一家，批准一家，不设限额。"贯彻落实这一重要部署，推动民营银行发展，为实体经济提供更好的金融服务，需要有关方面积极探索、协力推进。浙江省台州市的台州银行、泰隆银行、民泰银行坚持"自主经营、自担风险、自负盈亏、自求平衡"，形成以服务小微企业为主的经营特色。多年来，城市商业银行积极探

索、地方政府科学作为以及专业监管部门尽职担当，形成了民营银行发展的"台州实践"，在处理政府与市场关系、银行监管部门有效作为等方面积累了一定的经验，对国内民营银行建设具有借鉴意义。

城市商业银行积极创新小微金融服务。根据小微企业的特点，民营银行大胆探索，为其提供适宜的金融服务。

一是"授信三查"新方法。按报表放贷是计划经济时代我国银行业的铁规矩，但小微企业用款"短、小、频、急"，又缺银行所需报表，很难获得银行贷款。为解决这个难题，台州城市商业银行探索出信贷人员下户调查、眼见为实、自编简表的"授信三查"新方法，后来被吸收到2007年银监会《小企业授信工作意见》中。

二是大量采用小微担保贷款。台州城市商业银行通过长期摸索，着力处理好信贷人员履职尽责与守住道德底线的关系，采用小微担保贷款，有效降低小微企业贷款门槛，开辟其他银行不敢放贷的新领域。

三是实行早开门、晚关门营业时间。根据市场个体户早开市、晚收摊的特点，提供"错时服务、延时服务"。

四是有人值守自助银行。银行自助机对于许多离土不离乡的村民和城镇新居民显得比较陌生，需要在有人帮助下才敢使用。台州城市商业银行在6年前就尝试建设有人值守自助银行，推动2014年有限持牌简易网点——社区支行在台州正式试点。

政府坚持"有所为、有所不为"。在促进民营银行发展方面，地方政府从充分发挥自身优势和市场优势出发，坚持"有所为、有所不为"。"有所为"主要包括以下两个方面。一是高度关注城市商业银行平稳改制和优化公司治理结构。对于民营资本难以通过市场协调的事项，地方政府积极有为。如将城市信用社改制为城市商业银行，由地方政府出面筹建，增强清产核资的公信力。对于引进战略投资者，地方政府积极发挥作用，有利于在保持经营平稳中优化公司治理结构。二是积极创造良好经营环境。包括营造社会诚信环境，保护银行合法债权的法律环境，积极为银行搭建小企业信息共享平台等。"有所不为"主要是指：把适合市场解决的事务放手交给市场，政府在依法履行出资人职责的同时，参股不控股，甚至不参股、不派董事长和行长、不摊派项目、不干预银行日常经营管理，促进形成健康有效、相互制衡的公司治理结构。

基层银行监管部门严格规范。针对民营银行存在的资本逐利性与银行稳健性相冲突矛盾，基层银监部门实施更为严格的专业化监管。一是严格资本监管。严格执行国家资本监管标准，防范民营资本缺资、抽资等风险。二是严格关联交易监管。认真梳理、及时更新关联对象清单，对授信业务的关联交易从严监管，防止个别民资不当圈钱；对关联持股合并监管，严防暗箱操作。三是严格单户贷款集中度监管。预防垒大户，保障城市商业银行长期定位于服务小微企业。四是严格专项风险监管。主要是抓信用风险、市场风险、流动性风险、声誉风险、操作性风险防控等监管政策法规的执行。

（三）普惠金融未来将成为多数金融机构的核心业务

党的十八大以来，党中央、国务院高度重视普惠金融工作。党的十八届三中全会通过的《中共中央关于全面深化改革若干重大问题的决定》中正式提出要"发展普惠金融，鼓励金融创新，丰富金融市场层次和产品"。

2016 年国务院专门制定《推进普惠金融发展规划（2016—2020 年）》，明确提出了推进普惠金融发展的总体思路、原则要求和实施方案。

2017 年全国金融工作会议进一步要求建设普惠金融体系，其中有两年的《政府工作报告》都对发展普惠金融提出了具体要求。作为我国金融业的支柱，银行业必须提高政治站位，坚决贯彻党中央、国务院的决策部署，扎实做好普惠金融各项工作，以实际行动将发展普惠金融这项国家战略真正落到实处。

随着乡村振兴战略的进一步推进，普惠金融将成为我国多数金融机构的核心业务。未来我国金融业发展的一个重要使命，就是围绕深入贯彻"创新、协调、绿色、开放、共享"发展理念，通过大力发展普惠金融纾解结构性矛盾，更好地服务于我国经济高质量发展。

1. 新时代发展普惠金融具有重大意义

普惠金融是指立足于机会平等要求和商业可持续原则，以可负担的成本为有金融服务需求的社会各阶层和群体提供适当、有效的金融服务。联合国在 2005 年的"国际小额信贷年"宣传活动中首次提出"普惠金融"概念，旨在推动发展中国家通过立法、政策等途径，建立一个可持续地为所有社会群体提供合适产品和服务的金融体系。世界银行"扶贫协商小组"也在 2006 年出版了《服务于所有的人——建设普惠性金融体系》一书，强调为所有人尤其是穷弱群体提供平等享有金融服务的机会。

十余年来，巴西、印度、肯尼亚、印度尼西亚、孟加拉国、墨西哥等发展中国家通过探索代理银行、身份生物识别、移动支付、微型金融等具有代表性的普惠金融模式，有效提升了边远地区居民、低收入群体和小微企业公平地获得金融服务的机会。普惠金融理念已为国际社会广泛接受，各国普惠金融的实践模式也在不断推陈出新。

发展普惠金融也是新时代中国特色社会主义建设的内在要求。党的十九大报告指出，中国特色社会主义进入新时代，我国社会主要矛盾已经转化为人民日益增长的美好生活需要和不平衡不充分的发展之间的矛盾。

从中国金融业发展的角度看，应该说经过长期不懈的改革发展，我国金融市场和金融体系渐趋完备，金融机构的综合实力和服务能力显著提高，对经济社会和人民生活的服务保障能力也随之大幅提升，但客观上金融发展不平衡不充分的问题依然突出。

在每年新增劳动力约 1500 万人、就业压力巨大的背景下，具有较强就业吸纳能力的"大众创业、万众创新"相关企业和小微企业发展仍普遍面临着"融资难、融资贵"问题。在广大农村地区，针对"三农"的金融服务还有待加强，对城乡贫困弱势群体的基础性金融服务也需进一步加强保障。

作为我国金融体系的核心，商业银行责无旁贷，理应成为发展普惠金融的主要力量。中国银行业以其广泛的服务触角、强大的资金实力、丰富的服务经验、优质的信用品牌，在普惠金融服务方面积累了强大的优势，这也意味着需同时承担起普惠金融服务这一重要的政治责任和社会责任。

2. 服务乡村振兴的金融机构逐年增加

据中国银保监会官方网站公布的《银行业金融机构法人名单（截至 2019 年 6 月底）》，2019 年上半年银行业金融机构法人数量共计 4597 个，较 2018 年 12 月末新增法人机构数量仅 9 家。其中村镇银行增加了 6 家，农村信用社减少了 30 家。

截至 2019 年 6 月末，我国共有 22 种类型的银行业金融机构，而可以称之为银行的法人机构共有 4072 家。

开发性金融机构 1 家：国家开发银行；

住房储蓄银行 1 家：中德住房储蓄银行；

互联网直销银行 1 家：中信百信银行（属于其他金融机构）；

政策性银行 2 家：中国进出口银行和中国农业发展银行；

国有大型商业银行 6 家：中国银行、农业银行、工商银行、建设银行、交通银行、邮政储蓄银行；

股份制商业银行 12 家：中信银行、光大银行、招商银行、浦发银行、民生银行、华夏银行、平安银行、兴业银行、广发银行、渤海银行、浙商银行、恒丰银行；

城市商业银行 134 家：主要以北京银行、上海银行等为代表的城市商业银行；

民营银行 17 家：深圳微众银行、浙江网商银行、天津金城银行、上海华瑞银行、温州民商银行、湖南三湘银行、重庆富民银行、四川新网银行、北京中关村银行、吉林亿联银行、武汉众邦银行、福建华通银行、威海蓝海银行、江苏苏宁银行、梅州客商银行、安徽新安银行、辽宁振兴银行（补充：2019 年 9 月 28 日江西裕民银行开业，目前民营银行数量为 18 家）；

村镇银行 1622 家：2019 年上半年村镇银行新增 6 家，2018 年全年新增村镇银行数量为 54 家，增速有所减缓；

农村合作银行 30 家；

农村商业银行 1423 家：农村商业银行整体数量较 2018 年末增加 26 家；

农村信用合作社：数量较 2018 年末减少了 30 家，目前数量为 782 家。相信随着农村信用社、农村合作银行的股份制改革，农村商业银行的数量会越来越多。

外资法人银行共有 41 家。

2021 年 3 月 16 日，银保监会官网公布了新版银行业金融机构法人名单。截至 2020 年 12 月 31 日，银行业金融机构法人 4601 家，较 2019 年 12 月末的 4607 家，减少 6 家。

4601 家银行业金融机构构成如下。

开发性金融机构 1 家：国家开发银行；

政策性银行 2 家：中国进出口银行、中国农业发展银行；

国有大型商业银行 6 家：工商银行、农业银行、中国银行、建设银行、交通银行、邮政储蓄银行；

股份制商业银行 12 家：中信银行、光大银行、招商银行、浦发银行、民生银行、华夏银行、平安银行、兴业银行、广发银行、渤海银行、浙商银行、恒丰银行；

住房储蓄银行 1 家：中德住房储蓄银行；

城市商业银行 133 家，民营银行 19 家，村镇银行 1637 家，农村商业银行 1539 家，农村信用社 641 家，农村合作银行 27 家，外资法人银行 41 家，农村资金互助社 41 家，金融资产管理公司 5 家，货币经纪公司 5 家，企业集团财务公司 256 家，贷款公司 13 家，信托公司 68 家，金融租赁公司 71 家，汽车金融公司 25 家，消费金融公司 27 家，其他金融机构 31 家。

除了这些称之为银行的法人机构，还有 13 家贷款公司、5 家货币经纪公司、4 家金融资产管理公司、70 家金融租赁公司、45 家农村资金互助社、254 家企业集团财务公司、25 家汽车金融公司、24 家消费金融公司，以及 68 家信托公司，除中信百信银行以外的 17 家其他金融机构。

《政府工作报告》明确要求大型银行设立普惠金融事业部，加快发展普惠金融业务。人民银行、银保监会等部门也制定了具体的考核指标和发展引导。发展普惠金融业务，不是选择题，而是必答题；不是银行自身愿不愿意做的问题，而是用什么办法做好做优的问题。

切实服务好小微企业、"三农"领域的金融需求，大力支持"大众创业、万众创新"，助力脱贫攻坚战，已上升为中国银行业尤其是国有大型商业银行的高度共识和一致行动。

从商业银行自身发展的角度看，发展普惠金融也是大有可为的。

首先，小微企业、"双创"、"三农"、贫困弱势群体存在庞大的潜在金融需求。咨询机构近期发布的调研报告显示，就个人和中小微企业银行业务的绝对市场规模而言，中国有望成为普惠金融的最大受益者。

其次，乡村振兴战略的深入实施，将带动农业现代化、城乡经济融合、非农产业发展等新的经济增长点，催生全新的普惠金融配套服务，并助力金融扶贫和精准脱贫向纵深推进。

最后，近年来财政部、人民银行等中央相关部门及监管机构出台的税收扣除、定向降准、资本占用优惠等一系列措施，为商业银行提升经济效益、降低资本占用等带来了政策红利。综合来看，搭乘普惠金融的政策东风，大力发展普惠金融业务，银行将开辟更为广阔的市场空间，并实现业务结构、收入结构的改善以及盈利能力的同步提升。

3. 强化普惠金融发展的保障支撑

俗话说："兵马未动，粮草先行。"业内普遍认为，金融机构想大力推进普惠金融

发展，就需要在体制、机制方面强化支撑，从制度层面保障普惠金融业务持续焕发蓬勃生机。《中国金融》杂志 2018 年 8 月刊发彭纯的《发展普惠金融是银行的重大使命》文章就提出了这方面的观点。

（1）落实普惠金融发展的组织保障。

文章认为，发展普惠金融是重要的政治任务，必须将其与党建工作、班子建设有机结合，将其置于党组织的统一领导下，加大统筹推进力度。各级党组织负责人应作为普惠金融推进的第一责任人，普惠金融各项任务应作为基层班子落实党建主体责任的重要考核指标。

按照监管部门的指引要求，金融机构尤其是大型银行董事会应设立普惠金融发展委员会，在经营管理层设立普惠金融管理委员会。应有效发挥两个委员会对金融机构普惠金融发展的制度设计功能、普惠金融业务的统一规划和统筹管理功能。加快步伐在金融机构总行和各级经营机构等不同层面分别设立普惠金融事业部，全面推动普惠金融业务发展、产品研发、客户拓展、渠道建设、风险管理等。

（2）加强和完善普惠金融的运行机制保障。

金融机构应积极推进"综合服务、统计核算、风险管理、资源配置、考核评价"等"五专"机制建设，着力推进普惠金融业务一体化经营、综合化服务和系统化管理。

①强化架构建设。在系统搭建总分行普惠金融垂直组织架构的基础上，不断充实人员岗位，配齐、配强总分支行普惠金融人员队伍；持续强化普惠金融事业部牵头、前中后台协同推进的普惠金融责任体系和业务推进体系。

②适当倾斜资源。比如，单列普惠金融贷款专项规模、加强普惠金融专项行动的财务资源支持等。

③加强考核引导。突出正向激励，完善普惠金融考核评价体系，多维度加强普惠金融绩效考核，引导经营单位做优、做强普惠金融业务。比如，对分行普惠金融业务进一步给予经济资本考核优惠；提高分行绩效考核体系中的普惠金融权重，优化指标设计，鼓励在风险可控的前提下，超计划完成普惠金融发展任务；对没有完成普惠金融业务监管指标的分行，在年度考评中与机构及机构负责人挂钩等。

（3）提升普惠金融发展的科技应用。

金融机构应加强对大数据、云计算、区块链、人工智能等新技术的应用，解决好普惠金融现有业务模式和审批流程中的短板问题。通过整合内外部数据资源，提高数据挖掘应用能力，为普惠金融客户准确"画像"，提高精准营销能力和风险识别能力。

通过构建"金融＋场景"综合生态圈，搭建银行系统与政府部门、核心企业、重点商圈、征信平台、第三方服务机构的对接平台，促使传统融资模式向产业链"交易金融"的转变，实现资金流、信息流和物流的闭环运行。

（4）注重普惠金融的服务提升。

金融机构应坚持以客户为中心，从客户关系管理着手，更好满足客户差异化的金融服务需求。尤其要针对普惠金融客户特点，搭建基于客户视角的金融产品超市，满足普惠金融客户从开户结算到理财融资、从线下到线上相结合的一站式金融需求。

积极创新存款类、结算类等产品种类体系，提高普惠客户资金效益。加强小额线上融资产品的开发推广，增强普惠金融产品的服务能效。在加强传统金融服务基础上，研究探索为普惠金融客户提供孵化、咨询、投资理财服务等全生命周期服务。

（5）强化普惠金融的风险防控。

如何有效管理信息不完全、不对称引起的信用风险，是银行发展普惠金融的难点，也是制约普惠金融长期可持续发展的突出问题。审慎合规经营是金融机构应始终坚持的根本原则。应充分研究普惠金融的业务特点，借助系统工具运用，探索构建适合普惠金融的风险防控体系，自上而下精准监控潜在风险。

特别要高度重视加强技术手段应用，通过与互联网、大数据、人工智能等的深度融合，积极改进普惠金融授信审批流程，优化贷后管理模式，实现风险管控水平和服务质效同步提升。抓好合规风险管理，严格规范收费管理，落实"七不准""四公开"，努力为小微企业提供低成本融资。加强普惠金融领域数据质量管理，确保数据真实、完整、准确。

4. 普惠金融事业需要高质量发展

2020 年 10 月 14 日《人民日报》刊发中国建设银行行长刘桂平的文章《扎实推进普惠金融事业高质量发展》，文章对商业银行如何开展普惠金融建设提出了以下观点。

（1）以"同理心"坚守普惠金融发展初心。

同理心是推进普惠金融事业的前提和基础，只有站在人民群众的角度，想群众之所想，急客户之所急，才能设计出有温度的普惠金融产品，让金融活水滋润每个角落，助力解决经济社会发展中的痛点、难点和堵点。建设银行始终坚持以人民为中心的发展思想，提高政治站位，坚定实施普惠金融战略。客户是商业银行的生存之本、立业之基、发展之源，建设银行将持之以恒贯彻以客户为中心的经营理念，确保以人民为中心的发展思想在普惠金融事业发展中落地生根。

（2）以"平常心"保持普惠金融发展定力。

发展普惠金融事业，既是国有商业银行的责任担当，也是自身经营转型的根本举措。经过两年多的快速发展，建设银行普惠金融业务在量上取得了领先优势，已步入由量的增长转向量质并举的发展阶段，需要加强战略性、系统性、前瞻性研究谋划，推动普惠金融成为全行上下的自觉行动。要完善顶层设计，保持战略实施定力。秉持"数字、平台、生态、赋能"的发展理念，沿着"立足自身、稳健经营、短期做大、长期做强"的战略方向，围绕"建生态、搭场景、扩用户"的数字化经营思路，努力探索普惠金融可持续发展模式。要提升运营水平，锤炼战略实施能力。以完善基层服务体系和充分运用现代金融科技为抓手，大力推动金融产品开发、征信体系完善、公共平台打造、利益共享和风险分担机制构建，迭代完善企业级普惠金融统一应用平台，融合嵌入批量获客、商机展示、营销搜索、数据运用、风险管控等多项功能，扎实推进普惠金融战略落地落实。要崇尚精细管理，增强战略实施耐力。做好普惠金融需要

下细功夫、苦功夫、实功夫，必须将精细化管理贯穿业务经营全过程，在普惠金融专项信贷政策、授信审批流程、差别化责任认定机制等方面不断优化完善，持续推进普惠金融高质量发展。

（3）以"责任心"提升普惠金融发展质效。

小微企业是就业的主渠道、发展的生力军。服务实体经济特别是小微企业是商业银行的天职，发展好普惠金融、服务好小微企业，要靠政治站位、使命担当，也要靠专业能力、创新魄力，尤其是要以强烈的责任心牢牢守住风险防控底线，提升普惠金融发展的质效。普惠金融的可持续发展要求我们不断优化风控模式、完善风控体系，唯有高标准、严要求，立足当前、放眼长远，方能实现高质量、可持续发展。在数字化风控体系建设中，建设银行综合运用企业和企业主个人的存款、贷款、结算、理财、税务等内部数据，征信、工商、司法、社保等外部数据，全面融合立体防控、协同联动、流程整合、催收处置等智能管控功能，精准化客户识别、精细化风险分析、智能化系统响应，不断优化模型设计和大数据评分，着力提高贷前反欺诈、贷中异常监控和贷后逾期催收等风控能力，为普惠金融可持续发展奠定坚实基础。

（4）以"包容心"焕发普惠金融发展活力。

缓解小微企业融资难融资贵问题，创新是前进道路上的必然选择。数字经济时代的普惠金融发展必须走数字化经营之路，而数字化经营天然要求开放、包容、创新、共赢，其中创新更是数字普惠金融发展的"根"和"魂"，是数字普惠金融焕发生机活力的根本途径。推进普惠金融创新发展，需要建立和完善鼓励创新、包容失败的容错纠错机制，为创新者喝彩、为干事者担当。当前，以大数据、人工智能、量子信息、生物技术等为代表的第四次工业革命方兴未艾，现代科技风起云涌，不断迭代升级，为商业银行创新探索数字普惠金融提供了难得机遇。近年来，建设银行紧紧抓住数字经济时代重大历史机遇，依托大数据、云计算、区块链、人工智能等现代金融科技，不断推进获客渠道、营销方式、客户服务、信用评级和风控手段创新，跨条线、跨层级、跨部门组建敏捷组织和柔性团队，打造统一的运营规划、业务推进、监督评价等闭环管理体系，提升批量化、场景化、智能化、线上化运营能力，推动数字普惠金融常态化发展。

（5）以"公益心"厚植普惠金融发展土壤。

数字经济时代，万物互联思维大幅拓展了普惠金融的内涵和外延。普惠金融需要形成商业可持续发展模式，应该本着"普惠"之初心，行公益之实，办有利于社会的事情。其实，这也是一个企业应尽的社会责任，用公益意识发展普惠金融，这才是普惠金融高质量、可持续发展的必由之路。

普惠金融发展离不开广大金融机构积聚智慧、开拓创新，需要全社会积极参与、凝聚共识、携手推进。站在"两个一百年"奋斗目标的历史交汇点上，中国建设银行将继续坚守人民立场、坚定责任担当，慎终如始、再接再厉，用工匠精神修炼内功，扎实推进普惠金融事业高质量发展。

5. 服务下沉提高金融普惠性

到 2020 年底，我国基本金融服务已覆盖 99% 的人口，银行网点乡镇覆盖率达 96.6%，但金融供给不平衡不充分与金融需求多层次多样化的矛盾仍然比较突出，实现金融的普惠性目标还需要做许多工作。金融业如何在金融服务广覆盖的基础上，逐步实现金融服务优供给，这是当前金融业的重要努力方向。

2021 年 8 月 9 日《人民日报》刊发的吴秋余《服务沉下去　金融更普惠》一文认为，随着越来越多金融机构加入下沉服务、改进服务的队伍中来，金融业将变得更接地气、更有人气，真正成为群众工作生活的贴心助手。

"'银行开门我上班，银行关门我下班，有着急的业务只能请假去办理''买保险时线上办，退保却必须本人去保险公司''家里老人既不懂移动支付，又不会操作自动柜员机，现在人工网点少了，以后缴费有困难'……在金融业加快发展的今天，金融服务还存在一些备受百姓吐槽的痛点。

"针对这些问题，近年来我国金融机构不断探索求变，比如：开办社区银行，进行错时营业，居民可在下班后来办业务；与超市、连锁店合作，为居民提供生活缴费服务，大爷大妈遛弯买菜，顺便就能买煤气买电；保险业务员上门理赔、续保时，还为客户代办验车验证……这些举措既方便百姓，又为金融机构增加客户黏性、提升品牌声誉，增强其竞争力。

"继续做好普惠金融这篇大文章，金融机构须进一步下沉服务重心，提高金融服务的可得性、便利性。

"下沉金融服务，距离须近起来。金融网点不应过多聚集在繁华的商业区，要更多向居民社区拓展，向偏远的农村地区延伸，那里服务供给相对缺乏，是发展潜力相对较大的金融"蓝海"。当然，开办物理网点有个成本问题，金融机构不妨探索与其他服务机构开展合作并延长营业时间，既能减少成本投入，也能更充分地与居民的作息时间和生活场景对接。

下沉金融服务，实惠得多起来。金融机构只有积累足够多的客户资源，才能实现规模化经营。提供'惠而不费'的服务，是赢得客户的关键。未来，金融机构要切实降低收费水平，真正提供老百姓买得起、用得上、够得着的金融服务；同时，多为普通客户提供'人无我有'的增值服务，满足客户多元化、个性化服务需求。

"下沉金融服务，线上业务要'活'起来。时下，手机 APP 几乎成为各家金融机构的标配。但使用中，过多占用手机内存、操作流程太复杂等问题，制约了服务效能，以致一些人使用较少，部分老年人宁愿去网点也不在手机上办业务。金融机构要加快创新，让 APP 更加符合人们的使用习惯，比如提供大字版、语音版、民族语言版、简洁版等满足不同人群需要的界面等；同时提供更多的延伸服务，比如网购、订餐、家政、生活缴费等，使之成为贴心又能干的'服务专员'。

"必须看到，下沉金融服务是对居民需求的回应，也是金融业高质量发展的必然要求。在行业竞争日趋激烈的大背景下，普惠金融已成为金融业转型发展的重要方向之

一。银保监会的数据显示，截至 2020 年末，仅银行业金融机构法人就达 4601 家，网点总数达到 22.67 万个。这么多的金融机构同台竞技，差异化竞争是必然选择。谁能率先优化服务供给，满足各类客户群体需求，谁就能在激烈的市场竞争中抢占先机、赢得主动，实现可持续发展。"

6. 多渠道扩大普惠金融比重

2021 年 8 月 18 日，中国人民银行网站发布题为《关于中国普惠金融发展的几个问题》的文章。作者中国人民银行副行长刘桂平指出，展望未来，要科学把握新发展阶段，始终坚持"以人民为中心"的发展思想，深入贯彻新发展理念，乘势而上开创普惠金融新发展格局。

在长效机制方面，要深化金融改革，构建普惠金融成本可负担、商业可持续的长效机制。以深化金融供给侧结构性改革为主线，充分发挥市场在金融资源配置中的决定性作用，激发普惠金融相关市场主体的积极性、主动性、创造性，健全多层次普惠金融组织体系，构建竞争有序的普惠金融供给格局。发挥大型银行、股份制银行带头作用，推动地方法人银行坚持服务当地、服务小微企业、服务城乡居民，找准开发性银行、政策性银行在普惠金融中的定位。发挥保险的风险分担作用，构筑保险民生保障网。增强资本市场包容性，扩大直接融资在普惠金融中的比重。同时，要对市场失灵领域加大政策、资源倾斜力度，加强法律制度保障，完善基础设施建设，加大基层治理投入，进一步健全"敢做愿做能做会做"的体制机制。

文章指出，要谋划金融健康，提升普惠金融发展能级。为推进普惠金融更高质量地发展，需要从过去关注"有没有"上升到当前的"好不好"直至未来的"强不强"，一个理想的目标就是促使普惠群体达到并保持一种金融健康的状态。在这种状态下，普惠群体通过正确运用金融知识，科学使用金融工具，合理采取金融行为来达到良好的财务状态，能够有效管理自身日常金融活动；对大额支出有提前计划，收入总体可覆盖支出；保持良好的信用记录，负债在可承受范围内；拥有适合自身的储蓄和保险，面对意外财务冲击时有一定韧性；享有正规投资渠道，风险与承受能力相匹配，资产具有足够的流动性和安全性，在财务上形成良性循环。金融健康是普惠金融发展的高级形态，应在乡村振兴和共同富裕中抓紧构建。

此外，文章还强调注重安全发展，厚植负责任金融理念。要牢固树立底线思维，把握好推进普惠金融发展和防范金融风险的动态平衡，审慎监管和行为监管双管齐下，有效遏制风险乱象，坚决守住不发生系统性金融风险的底线。普惠群体具有相对脆弱性和敏感性，贯彻负责任金融的理念对普惠金融尤为重要。负责任金融的核心是"三主体"和"三支柱"。要让金融机构、金融监管者和金融消费者"三主体"担负起各自的责任，共同打造好金融教育、金融机构自律管理和金融消费者保护监管"三支柱"，帮助广大人民群众更好地学金融、用金融、信金融，切实保护金融消费者长远利益和根本利益。

中国人民银行发布的《中国普惠金融指标分析报告（2020 年）》指出，2020 年我国普惠金融服务重心更加下沉，产品创新更加活跃，供需对接更加有效，金融基础设施更加健全，数字普惠金融不断创新，国际交流合作不断深入，基本建成了与全面建成小康社会相适应的普惠金融服务体系。

《中国普惠金融指标分析报告（2020年)》认为，我国普惠金融发展呈现活跃使用账户拥有率持续增加、农业保险继续较快增长，农村地区电子支付普及率快速提升、小微企业信贷支持力度持续加大、金融消费权益保护力度持续加大等特点。我国银行网点乡镇覆盖率进一步提高，截至2020年年末，全国银行网点乡镇覆盖率达97.13%，较上年稳步增加；平均每万人拥有银行网点1.59个，与上年持平。

第三章　乡村振兴和普惠金融的关系

十九大提出的乡村振兴战略，就是要培育乡村内生发展动力，推动 2050 年全面振兴乡村，破解当前"三农"发展短板。乡村振兴是应对社会矛盾转换、新时期新阶段城乡发展情况而作出的战略安排，具有十分丰富的科学内涵。

从时间维度看，乡村振兴战略体现了党和政府对乡村发展认识一脉相承又不断深化的过程。从空间维度看，乡村振兴战略包含多个层次和多个主体，体现出社会主义现代化建设布局由城市向乡村延伸。从整体发展战略看，乡村振兴战略与全面建设小康社会、实现社会主义现代化有机衔接。

乡村振兴战略是因应我国社会主要矛盾变化而作出的重要战略安排，其目的是更好地解决广大乡村居民日益增长的美好生活需要和乡村地区不平衡不充分发展之间的矛盾。国家大力推进乡村振兴战略，需要汇集广泛的金融资源和社会力量，这对农村普惠金融发展是难得的机遇。

第一节　中央一号文件高度关注乡村振兴

从 2018 年年初开始，中央一号文件聚焦乡村振兴建设，2019 年中央一号文件、2020 年中央一号文件对乡村振兴均给予了史无前例的高度关注，擘画出了未来中国乡村的美好前景。

全面振兴乡村该怎么干？2018 年 2 月 7 日《人民日报》聚焦中央一号文件，邀请中央一号文件起草组成员祝卫东、张征、刘洋、运启超对全面乡村振兴政策进行解读。

（一）未来的美丽乡村

2018 年中央一号文件详细阐释了实施乡村振兴战略的总要求：产业兴旺、生态宜居、乡风文明、治理有效、生活富裕。

5 句话、20 个字，勾勒出乡村振兴的宏伟蓝图。如何把握乡村振兴的内涵要义？各项举措怎样落地生根？

以往中央一号文件多是聚焦某一项具体工作，今年中央一号文件的突出特点是管全面，把创新、协调、绿色、开放、共享的新发展理念贯穿始终，坚持农业农村优先发展，按照乡村振兴五个方面的总要求，统筹谋划农村经济建设、政治建设、文化建设、社会建设、生态文明建设和党的建设，加快推进农业农村现代化，实现农业全面升级、农村全面进步、农民全面发展。

1. 产业兴旺是重点

产业兴才能乡村兴，经济强才能人气旺。必须坚持质量兴农、绿色兴农，以农业供给侧结构性改革为主线，加快构建现代农业产业体系、生产体系、经营体系，提高农业创新力、竞争力和全要素生产率，加快实现由农业大国向农业强国转变。要深入实施藏粮于地、藏粮于技战略，确保国家粮食安全，把中国人的饭碗牢牢端在自己手中。

2. 生态宜居是关键

良好的生态环境是农村最大优势和宝贵财富。必须尊重自然、顺应自然、保护自然，推动乡村自然资本加快增值，实现百姓富、生态美的统一。当前，要统筹山水林田湖草系统治理，健全耕地草原森林河流湖泊休养生息制度，分类有序退出超载的边际产能。加快建立市场化、多元化生态补偿机制。让保护生态环境不吃亏，增加农业生态产品和服务供给，让更多老百姓吃上生态饭。

3. 乡风文明是保障

振兴乡村，既要富口袋，也要富脑袋，不能让传统乡村文化被破坏、被取代。要加强农村公共文化建设，开展移风易俗行动，深入实施公民道德建设工程。通过这些措施，引导广大农民树立良好道德风尚，建设幸福家庭、友爱乡村、和谐社会。遏制大操大办、厚葬薄养、人情攀比等陈规陋习。

4. 治理有效是基础

当前农村人口老龄化、村庄空心化、家庭离散化问题凸显，把夯实基层基础作为固本之策，才能确保乡村社会充满活力。要抓住农村基层组织建设这个"牛鼻子"，着力解决乡村社会"散"的问题，建立健全党委领导、政府负责、社会协同、公众参与、法治保障的现代乡村社会治理体制。让农村家家联系紧起来、守望相助兴起来、干群关系亲起来。

5. 生活富裕是根本

乡村振兴的出发点和落脚点，是让亿万农民生活得更美好。围绕农民群众最关心最直接最现实的利益问题，抓重点、补短板、强弱项，拓宽农民增收渠道，增加农村低收入者收入，扩大中等收入群体，保持农民收入增速快于城镇居民，加强农村社会保障体系建设，持续改善农村人居环境。

以上五点要求是一个有机整体，并不是简单机械相加，不能只抓其一不顾其他，不能认为解决了其中一项任务，其他的就能迎刃而解，更不能遇到坡坎绕道走，果子熟了抢着摘。

（二）实施乡村振兴战略的意义

2018 年年初，中共中央、国务院发布《关于实施乡村振兴战略的意见》。这是 21 世纪以来，党中央连续发出的第十五个指导"三农"工作的"一号文件"。2018 年中央一号文件立足新时代"三农"发展新的历史方位，对实施乡村振兴战略作出顶层设计，把农业农村优先发展作为现代化建设的一个重大原则，把振兴乡村作为实现中华民族伟大复兴的一个重大任务，对新时代做好"三农"工作具有十分重要的指导意义。

为此，2018 年 2 月 5 日《人民日报》发表社论《书写中华民族伟大复兴的"三农"新篇章》。社论提出，党的十八大以来，以习近平同志为核心的党中央坚持把解决好"三农"问题作为全党工作重中之重，持续加大强农惠农富农政策力度，扎实推进农业现代化和新农村建设，全面深化农村改革，农业农村发展取得了历史性成就、发生了历史性变革，为党和国家事业全面开创新局面提供了重要支撑，也为实施乡村振兴战略奠定了良好基础。

农业农村农民问题是关系国计民生的根本性问题。我国社会主要矛盾已经转化为人民日益增长的美好生活需要和不平衡不充分发展之间的矛盾，解决好发展不平衡不充分问题，要求我们更加重视"三农"工作，更加重视乡村。没有农业农村的现代化，就没有国家的现代化。没有乡村的振兴，就没有中华民族伟大复兴。实施乡村振兴战略，是解决人民日益增长的美好生活需要和不平衡不充分发展之间矛盾的必然要求，是实现"两个一百年"奋斗目标的必然要求，是实现全体人民共同富裕的必然要求。

实施乡村振兴战略，是我们党"三农"工作一系列方针政策的继承和发展，是中国特色社会主义进入新时代做好"三农"工作的新旗帜和总抓手。必须立足国情农情，切实增强责任感、使命感、紧迫感，协调推进农村经济、政治、文化、社会、生态文明建设和党的建设，加快补齐"三农"短板，夯实"三农"基础，让乡村尽快跟上国家发展步伐。

实施乡村振兴战略，就是要顺应亿万农民对美好生活的向往，以产业兴旺为重点，提升农业发展质量，培育乡村发展新动能；以生态宜居为关键，推进乡村绿色发展，打造人与自然和谐共生发展新格局；以乡风文明为保障，繁荣兴盛农村文化，焕发乡风文明新气象；以治理有效为基础，加强农村基层基础工作，构建乡村治理新体系；以生活富裕为根本，提高农村民生保障水平，塑造美丽乡村新风貌；以摆脱贫困为前提，打好精准脱贫攻坚战，增强贫困群众获得感。

实施乡村振兴战略，必须把制度建设贯穿其中，以完善产权制度和要素市场化配置为重点，推进体制机制创新，强化乡村振兴制度性供给；必须破解人才瓶颈制约，把人力资本开发放在首要位置，汇聚全社会力量，强化乡村振兴人才支撑；必须解决钱从哪里来的问题，加快形成财政优先保障、金融重点倾斜、社会积极参与的多元投入格局，强化乡村振兴投入保障。

办好农村的事情，实现乡村振兴，关键在党。要坚持和完善党对"三农"工作的领导，健全党委统一领导、政府负责、党委农村工作部门统筹协调的农村工作领导体制。各级党委和政府要提高对实施乡村振兴战略重大意义的认识，真正把实施乡村振兴战略摆在优先位置，把党管农村工作的要求落到实处。

在中国特色社会主义新时代，乡村是一个可以大有作为的广阔天地，迎来了难得的发展机遇。实现乡村振兴，我们有党的领导的政治优势，有社会主义的制度优势，有亿万农民的创造精神，有强大的经济实力支撑，有历史悠久的农耕文明，有旺盛的市场需求。乡村振兴的号角已经吹响，这既是一场攻坚战，更是一场持久战。需要全国上下坚定信心、埋头苦干，扎扎实实把乡村振兴战略向前推进，推动农业全面升级、农村全面进步、农民全面发展，书写好中华民族伟大复兴的"三农"新篇章。

（三）2018 年中央一号文件有关资金支持乡村振兴战略的规定

2018 年中央一号文件《中共中央　国务院关于实施乡村振兴战略的意见》明确提出，要"开拓投融资渠道，强化乡村振兴投入保障"。文件表述如下：

实施乡村振兴战略，必须解决钱从哪里来的问题。要健全投入保障制度，创新投融资机制，加快形成财政优先保障、金融重点倾斜、社会积极参与的多元投入格局，确保投入力度不断增强、总量持续增加。

1. 确保财政投入持续增长

建立健全实施乡村振兴战略财政投入保障制度，公共财政更大力度向"三农"倾斜，确保财政投入与乡村振兴目标任务相适应。优化财政供给结构，推进行业内资金整合与行业间资金统筹相互衔接配合，增加地方自主统筹空间，加快建立涉农资金统筹整合长效机制。充分发挥财政资金的引导作用，撬动金融和社会资本更多投向乡村振兴。切实发挥全国农业信贷担保体系作用，通过财政担保费率补助和以奖代补等，加大对新型农业经营主体支持力度。加快设立国家融资担保基金，强化担保融资增信功能，引导更多金融资源支持乡村振兴。支持地方政府发行一般债券用于支持乡村振兴、脱贫攻坚领域的公益性项目。稳步推进地方政府专项债券管理改革，鼓励地方政府试点发行项目融资和收益自平衡的专项债券，支持符合条件、有一定收益的乡村公益性项目建设。规范地方政府举债融资行为，不得借乡村振兴之名违法违规变相举债。

2. 拓宽资金筹集渠道

调整完善土地出让收入使用范围，进一步提高农业农村投入比例。严格控制未利用地开垦，集中力量推进高标准农田建设。改进耕地占补平衡管理办法，建立高标准农田建设等新增耕地指标和城乡建设用地增减挂钩节余指标跨省域调剂机制，将所得收益通过支出预算全部用于巩固脱贫攻坚成果和支持实施乡村振兴战略。推广一事一议、以奖代补等方式，鼓励农民对直接受益的乡村基础设施建设投工投劳，让农民更多参与建设管护。

3. 提高金融服务水平

坚持农村金融改革发展的正确方向，健全适合农业农村特点的农村金融体系，推动农村金融机构回归本源，把更多金融资源配置到农村经济社会发展的重点领域和薄弱环节，更好满足乡村振兴多样化金融需求。要强化金融服务方式创新，防止脱实向虚倾向，严格管控风险，提高金融服务乡村振兴能力和水平。抓紧出台金融服务乡村振兴的指导意见。加大中国农业银行、中国邮政储蓄银行"三农"金融事业部对乡村振兴支持力度。明确国家开发银行、中国农业发展银行在乡村振兴中的职责定位，强化金融服务方式创新，加大对乡村振兴中长期信贷支持。推动农村信用社省联社改革，保持农村信用社县域法人地位和数量总体稳定，完善村镇银行准入条件，地方法人金融机构要服务好乡村振兴。普惠金融重点要放在乡村。推动出台非存款类放贷组织条例。制定金融机构服务乡村振兴考核评估办法。支持符合条件的涉农企业发行上市、新三板挂牌和融资、并购重组，深入推进农产品期货期权市场建设，稳步扩大"保险＋期货"试点，探索"订单农业＋保险＋期货（权）"试点。改进农村金融差异化监管体系，强化地方政府金融风险防范处置责任。

（四）2019 年中央一号文件有关资金支持乡村振兴战略的规定

2019 年中央一号文件《中共中央　国务院关于坚持农业农村优先发展做好"三农"工作的若干意见》明确提出，要"全面深化农村改革，激发乡村发展活力"。文件表述如下：

完善农业支持保护制度。按照增加总量、优化存量、提高效能的原则，强化高质量绿色发展导向，加快构建新型农业补贴政策体系。按照适应世贸组织规则、保护农民利益、支持农业发展的原则，抓紧研究制定完善农业支持保护政策的意见。调整改进"黄箱"政策，扩大"绿箱"政策使用范围。按照更好发挥市场机制作用取向，完善稻谷和小麦最低收购价政策。完善玉米和大豆生产者补贴政策。健全农业信贷担保费率补助和以奖代补机制，研究制定担保机构业务考核的具体办法，加快做大担保规模。按照扩面增品提标的要求，完善农业保险政策。推进稻谷、小麦、玉米完全成本保险和收入保险试点。扩大农业大灾保险试点和"保险＋期货"试点。探索对地方优势特色农产品保险实施以奖代补试点。打通金融服务"三农"各个环节，建立县域银行业金融机构服务"三农"的激励约束机制，实现普惠性涉农贷款增速总体高于各项贷款平均增速。推动农村商业银行、农村合作银行、农村信用社逐步回归本源，为本地"三农"服务。研究制定商业银行"三农"事业部绩效考核和激励的具体办法。用好差别化准备金率和差异化监管等政策，切实降低"三农"信贷担保服务门槛，鼓励银行业金融机构加大对乡村振兴和脱贫攻坚中长期信贷支持力度。支持重点领域特色农产品期货期权品种上市。

（五）2020 年一号文件有关资金支持乡村振兴战略的规定

2020 年 1 月 2 日，2020 年中央一号文件《中共中央　国务院关于抓好"三农"领域重点工作，确保如期实现全面小康的意见》发布。文件明确提出"强化农村补短板保障措施"，其中有关涉及资金支持乡村振兴方面的表述如下：优先保障"三农"投入。加大中央和地方财政"三农"投入力度，中央预算内投资继续向农业农村倾斜，确保财政投入与补上全面小康"三农"领域突出短板相适应。地方政府要在一般债券支出中安排一定规模支持符合条件的易地扶贫搬迁和乡村振兴项目建设。各地应有序扩大用于支持乡村振兴的专项债券发行规模。中央和省级各部门要根据补短板的需要优化涉农资金使用结构。按照"取之于农、主要用之于农"要求，抓紧出台调整完善土地出让收入使用范围进一步提高农业农村投入比例的意见。调整完善农机购置补贴范围，赋予省级更大自主权。研究本轮草原生态保护补奖政策到期后的政策。强化对"三农"信贷的货币、财税、监管政策正向激励，给予低成本资金支持，提高风险容忍度，优化精准奖补措施。对机构法人在县域、业务在县域的金融机构，适度扩大支农支小再贷款额度。深化农村信用社改革，坚持县域法人地位。加强考核引导，合理提升资金外流严重县的存贷比。鼓励商业银行发行"三农"、小微企业等专项金融债券。落实农户小额贷款税收优惠政策。符合条件的家庭农场等新型农业经营主体可按规定享受现行小微企业相关贷款税收减免政策。合理设置农业贷款期限，使其与农业生产周期相匹配。发挥全国农业信贷担保体系作用，做大面向新型农业经营主体的担保业务。推动温室大棚、养殖圈舍、大型农机、土地经营权依法合规抵押融资。稳妥扩大农村普惠金融改革试点，鼓励地方政府开展县域农户、中小企业信用等级评价，加快构建线上线下相结合、"银保担"风险共担的普惠金融服务体系，推出更多免抵押、免担保、低利率、可持续的普惠金融产品。抓好农业保险保费补贴政策落实，督促保险机构及时足额理赔。优化"保险＋期货"试点模式，继续推进农产品期货期权品种上市。

（六）《中共中央　国务院关于新时代推进西部大开发形成新格局的指导意见》中有关乡村振兴的论述

2020 年 5 月 17 日，《中共中央　国务院关于新时代推进西部大开发形成新格局的指导意见》（以下简称《新时代推进西部大开发意见》），重点强调乡村振兴和金融政策的论述，主要集中在第一、第五、第三十一条。

第一条，打好三大攻坚战。把打好三大攻坚战特别是精准脱贫攻坚战作为决胜全面建成小康社会的关键任务，集中力量攻坚克难。重点解决实现"两不愁三保障"面临的突出问题，加大深度贫困地区和特殊贫困群体脱贫攻坚力度，减少和防止贫困人口返贫，确保到 2020 年现行标准下西部地区农村贫困人口全部实现脱贫，贫困县全部摘帽。在全面完成脱贫任务基础上压茬推进乡村振兴战略，巩固脱贫攻坚成果。结合西部地区发展实际，打好污染防治标志性重大战役，实施环境保护重大工程，构建生态环境分区管控体系。精准研判可能出现的主要风险点，结合西部地区实际，进一步完善体制机制，拿出改革创新举措。坚持底线思维，强化源头管控，有效稳住杠杆率。

第五条，大力促进城乡融合发展。深入实施乡村振兴战略，做好新时代"三农"

工作。培养新型农民，优化西部地区农业从业者结构。以建设美丽宜居村庄为目标，加强农村人居环境和综合服务设施建设。在加强保护基础上盘活农村历史文化资源，形成具有地域和民族特色的乡村文化产业和品牌。因地制宜优化城镇化布局与形态，提升并发挥国家和区域中心城市功能作用，推动城市群高质量发展和大中小城市网络化建设，培育发展一批特色小城镇。加大对西部地区资源枯竭等特殊类型地区振兴发展的支持力度。有序推进农业转移人口市民化。推动基本公共服务常住人口全覆盖，保障符合条件的未落户农民工在流入地平等享受城镇基本公共服务。总结城乡"资源变资产、资金变股金、农（市）民变股东"等改革经验，探索"联股联业、联股联责、联股联心"新机制。统筹城乡市政公用设施建设，促进城镇公共基础设施向周边农村地区延伸。

第三十一条，金融支持。支持商业金融、合作金融等更好为西部地区发展服务。引导金融机构加大对西部地区小微企业融资支持力度。落实无还本续贷、尽职免责等监管政策，在风险总体可控前提下加大对西部地区符合条件的小微企业续贷支持力度。引导和鼓励银行业金融机构合理调配信贷资源，加大对西部贫困地区扶贫产业支持力度。支持轻资产实体经济企业或项目以适当方式融资。增加绿色金融供给，推动西部地区经济绿色转型升级。依法合规探索建立西部地区基础设施领域融资风险分担机制。

第二节　普惠金融是乡村振兴成功的保障

在支持乡村振兴过程中，普惠金融需要解决的首要问题就是满足农民需求的多样化问题。改革开放 40 多年来，农村、农民都发生了天翻地覆的变化，农民已经出现了高度分化。2019 年，我国农民工总量达到 2.9 亿人，只有一小部分农民还以农为生。农民代际的变化是整个乡村发展和金融服务首先要考虑的因素。同时，整个农业的内涵、功能、形态也已经发生非常大的变化，一是土地规模持续扩大，二是整个服务规模化，三是区域种植规模化，四是市场规模化。这些变化也和金融服务部门高度相关。

未来农村金融特别是普惠金融面临的最大问题是需求的多样化。因此，有专家认为，对于两种类型不同主体应该采取不同的服务方式。对于贫困农户和小农经济的金融需求，恐怕还是靠政策性金融去满足。而新型农村经济组织金融需求的满足，则更依赖于农村抵押品问题的解决。完善土地制度、宅基地制度、资产抵押评估制度，是解决中国农村整个金融问题的前提。另外，对农户信用状况也需要深入了解。未来，农村金融系统谁掌握第一手的、高质量的农村信用状况信息，谁就能在整个农村金融领域取胜。

（一）从农民工数量看农村金融服务环境的变化

2020 年 4 月 30 日，中国国家统计局官方网站发布《2019 年农民工监测调查报告》

（以下简称《报告》）。数据显示，2019 年农民工月均收入 3962 元，比上年增加 241 元，增长 6.5%。

1. 农民工规模继续扩大

《报告》显示，2019 年农民工总量达到 29077 万人，比上年增加 241 万人，增长 0.8%。其中，本地农民工 11652 万人，比上年增加 82 万人，增长 0.7%；外出农民工 17425 万人，比上年增加 159 万人，增长 0.9%。在外出农民工中，年末在城镇居住的进城农民工 13500 万人，与上年基本持平。

在外出农民工中，在省内就业的农民工 9917 万人，比上年增加 245 万人，增长 2.5%；跨省流动农民工 7508 万人，比上年减少 86 万人，下降 1.1%。省内就业农民工占外出农民工的 56.9%，所占比重比上年提高 0.9 个百分点。分地区看，除东北地区省内就业农民工占外出农民工的比重比上年下降 3.4 个百分点以外，东部、中部和西部地区省内就业农民工占比分别比上年提高 0.1、1.4 和 1.2 个百分点。

2. 50 岁以上农民工占比继续提高

《报告》显示，女性和有配偶的农民工占比均提高。在全部农民工中，男性占 64.9%，女性占 35.1%。女性占比比上年提高 0.3 个百分点。其中，外出农民工中女性占 30.7%，比上年下降 0.1 个百分点；本地农民工中女性占 39.4%，比上年提高 0.8 个百分点。

在全部农民工中，未婚的占 16.7%，有配偶的占 80.2%，丧偶或离婚的占 3.1%；有配偶的占比比上年提高 0.5 个百分点。其中，外出农民工有配偶的占 68.8%，比上年提高 0.7 个百分点；本地农民工有配偶的占 91.3%，提高 0.5 个百分点。

农民工年龄方面，50 岁以上农民工占比继续提高。农民工平均年龄为 40.8 岁，比上年提高 0.6 岁。从年龄结构看，40 岁及以下农民工所占比重为 50.6%，比上年下降 1.5 个百分点；50 岁以上农民工所占比重为 24.6%，比上年提高 2.2 个百分点，近 5 年来占比逐年提高。从农民工的就业地看，本地农民工平均年龄 45.5 岁，其中 40 岁及以下所占比重为 33.9%，50 岁以上所占比重为 35.9%；外出农民工平均年龄为 36 岁，其中 40 岁及以下所占比重为 67.8%，50 岁以上所占比重为 13%。

农民工学历方面，大专及以上学历农民工占比略有提高。在全部农民工中，未上过学的占 1%，小学文化程度占 15.3%，初中文化程度占 56%，高中文化程度占 16.6%，大专及以上占 11.1%。大专及以上文化程度农民工所占比重比上年提高 0.2 个百分点。在外出农民工中，大专及以上文化程度的占 14.8%，比上年提高 1 个百分点；在本地农民工中，大专及以上文化程度的占 7.6%，下降 0.5 个百分点。

3. 农民工月均收入平稳增长

《报告》指出，2019 年从事第三产业的农民工比重为 51%，比上年提高 0.5 个百分点。其中，从事交通运输仓储邮政业和住宿餐饮业的农民工比重均为 6.9%，分别比上年提高 0.3 和 0.2 个百分点。从事第二产业的农民工比重为 48.6%，比上年下降 0.5 个百分点。其中，从事制造业的农民工比重为 27.4%，比上年下降 0.5 个百分点；从

事建筑业的农民工比重为18.7%，比上年提高0.1个百分点。

收入方面，2019年农民工月均收入3962元，比上年增加241元，增长6.5%，农民工集中就业的六大行业月均收入均稳定增长。其中，从事制造业农民工月均收入3958元，比上年增加226元，增长6.1%；从事建筑业农民工月均收入4567元，比上年增加358元，增长8.5%；从事批发和零售业农民工月均收入3472元，比上年增加209元，增长6.4%；从事交通运输仓储邮政业农民工月均收入4667元，比上年增加322元，增长7.4%；从事住宿餐饮业农民工月均收入3289元，比上年增加141元，增长4.5%；从事居民服务修理和其他服务业农民工月均收入3337元，比上年增加135元，增长4.2%。

4. 分行业农民工月均收入及增速

其中，外出农民工月均收入4427元，比上年增加320元，增长7.8%；本地农民工月均收入3500元，比上年增加160元，增长4.8%。外出农民工月均收入比本地农民工多927元，增速比本地务工农民工高3个百分点。

分区域看，在东部地区就业的农民工月均收入4222元，比上年增加267元，增长6.8%，增速比上年回落0.8个百分点；在中部地区就业的农民工月均收入3794元，比上年增加226元，增长6.3%，增速比上年回落0.8个百分点；在西部地区就业的农民工月均收入3723元，比上年增加201元，增长5.7%，增速比上年提高0.6个百分点；在东北地区就业的农民工月均收入3469元，比上年增加171元，增长5.2%，增速比上年提高3.8个百分点。

农民的多样化、农村的演变性给农村金融服务提出了新的更高的要求，普惠金融应该根据农村的这一变化提供精细化服务，更好地满足乡村振兴的需要。

（二）普惠金融关系到国家乡村振兴战略的实现

各地要扎实实施乡村振兴战略，在乡村振兴中实现农业强省、县域经济发展目标。实现乡村产业振兴离不开资金的支持。因此，要充分发挥金融"活水"的资源配置作用，牢牢把握金融服务乡村产业振兴的着力点，为当地乡村产业振兴夯实资金保障基础。2019年12月9日大河网刊发河南省社科院经济研究所副研究员王芳的文章《金融服务是乡村产业振兴的着力点》，就乡村振兴与金融服务的相互关系进行了探讨。

1. 做好粮食提质增量金融服务

粮食稳则天下安。王芳认为，实现乡村产业振兴，首要任务就是确保国家粮食安全，促进粮食生产提质增量。做好粮食提质增量的金融服务，要大力支持农业基础设施建设，加大对高标准农田建设、大中型水利工程和相关配套项目建设、耕地保护和地力提升等项目的信贷支持力度，提高粮食综合生产能力，为构建更高层次、更高质量、更有效率、更可持续的粮食安全保障体系夯实基础。

要大力支持农业科技研发及应用，创新符合农业科技特点的融资工具和担保方式，加大对良种培育、生物工程、高端农机制造等农业高科技企业的金融支持力度，不断提升粮食生产的规模化、机械化、科技化水平，确保粮食安全和重要农产品的供给稳定。

要大力支持粮食仓储流通体系建设，探索制定适合粮食企业运营特点的贷款条件和考核机制，围绕粮食收购、仓储、加工、流通等环节，加大对优质骨干粮食企业的信贷支持，满足其"产购储加销"一体化经营的金融需求。

2. 做好一二三产业融合发展金融服务

王芳认为，做好农村一二三产业融合发展的金融服务，要支持构建高效完整的农业产业链条，围绕农业产业链上、中、下游融资需求，探索专项信贷、保险产品及服务新模式，使农产品生产、加工、储运、销售等环节链接成一个有机整体，促进全产业链融合发展。

要促进"农业＋"互联网、文化、教育、旅游、康养、餐饮等产业融合发展，打造差异化金融产品体系，推动物联网、大数据、云计算等信息技术与农业深度融合，加快农产品电子商务发展，加大对智慧农业、数字农业、休闲农业、创意农业、会展农业等的金融支持力度，不断挖掘农业多种功能。

要积极推动城乡融合发展，充分发挥信贷资源配置的协调作用和引导作用，吸引城市或农村本身的信贷资源向农村流动或留存，鼓励工商资本和先进技术进入农村，将要素由农村向城市的单方向转移调整为要素在城乡之间的"双向流动"，打破一二三产业融合发展的障碍，实现城乡要素的合理配置，为农村一二三产业融合发展奠定基础。

3. 做好新型农业经营主体和小农户金融服务

做好新型农业经营主体和小农户金融服务，要支持构建现代特色农业经营体系，进一步加大对龙头企业、种养大户、农民合作社、家庭农场、农业社会化服务组织等新型农业经营主体的金融支持力度，构建以农户家庭经营为基础、合作与联合为纽带、社会化服务为支撑的立体式复合型农业经营体系。

要建立分层分类的农业经营主体金融支持体系，针对新型农业经营主体和小农户的经营特点，在贷款期限、利率、额度、还款方式、业务流程等方面积极创新，适当降低贷款门槛，简化贷款手续，拓宽有效担保抵押物范围，探索将大型农机具、土地附属设施、土地承包经营权、存货、现金流、应收账款、大额订单等纳入抵押或质押范围，为新型农业经营主体和小农户提供高效便捷的融资服务。

要大力发展农业供应链金融，以农业产业化龙头企业为核心，依托企业与上下游签订的购销、服务协议等，积极支持整个产业链条，健全"企业＋合作社＋农户""企业＋专业大户""企业＋家庭农场"等农业供应链金融服务模式，将小农户纳入现代农业生产体系，依托龙头企业提高小农户和新型农业经营主体融资可得性。

4. 做好农村产权制度改革金融服务

文章提出，推动土地规模化、集约化经营，是促进新产业、新业态、新模式发展，实现乡村产业振兴的前提基础。

做好农村产权制度改革金融服务，要支持农村土地"三权分置"改革，配合农村土地制度改革相关部署，加快推动确权登记颁证、价值评估、交易流转、处置变现等配套机制建设，探索开展农村承包土地的经营权抵押贷款业务、农民住房财产权抵押贷款业务等，对利用闲置宅基地和民房发展新产业新业态的项目加大信贷支持力度。

要支持农村集体产权制度改革，引导鼓励农村集体资产、资源入股参与农村新产业新业态新模式发展，加大对私人定制、会展农业、农业众筹、共享农庄、田园综合体等项目的金融支持力度，探索创新集体经营性建设用地使用权、集体资产股份等多种抵押模式，促进农村土地资产和金融资源的有机衔接。

要加强农村金融风险管理，创新金融风险分担模式，立足农村规模化、集约化经营特点，健全信贷担保机制和农业保险机制，深化农村信用体系建设，结合农村集体经济组织登记赋码，探索推进村集体经济组织征信体系平台建设，全面建立激励机制和失信约束机制。

第三节　乡村振兴战略丰富普惠金融的内涵

（一）普惠金融在服务乡村振兴中实现规模报酬递增

1. 普惠金融服务乡村振兴需要合力

2018 年 6 月 12 日，在中国人民大学举办的"普惠金融与乡村振兴研讨会暨中国普惠金融发展监测报告发布"活动上，来自政府监管部门、行业从业机构、行业协会、研究机构的嘉宾受邀进行演讲，发表了他们对"普惠金融与乡村振兴"这一话题的真知灼见。会议认为，金融机构提出发展普惠金融、绿色金融，实际也是看到了乡村振兴战略中所蕴藏的巨大的规模报酬递增的潜力。在乡村振兴这样大的背景下，多层次、多样性是未来农村金融的重要特征。

乡村振兴战略里，针对小农这块，目标是帮助他们增加收入、实现生活富裕。开展金融扶贫过程当中，如果把贷款通过供应链等相对封闭的方式来提供，比如提供给龙头企业或供应链上关键的主体，会比分散地给到各个农户能取得更好的效果。未来农村金融，可以通过更好的方式，实现小农和大农之间的融合。

怎样把金融工作做到位，除金融机构要加强自身能力建设外，政府在这当中的角色定位要调整。过去政府做金融政策、信贷政策、财政政策、奖补政策等，很大程度上带有选择性和政府的分配性在里面。现在看来，无论从效果还是从各种各样的道德风险来说，是需要引起重视的。因此，不光是经济发展方式要转型，政策实施的方式也要从选择性向功能性转型。

2. 乡村振兴的普惠金融需求对监管提出新要求

围绕乡村振兴的农村金融，近年来我们涌现了不少模式，取得良好的效果。但是总体而言，仍然存在以下工作难点。

一是新型经营主体的金融需求是金融供应方面临的难点。大型农业企业不缺质押品，农户的需求金额比较小，很多可以通过信用放贷形式解决，最难解决的是农村新型经营主体的金融需求。这类主体一般缺乏抵质押物，信贷需求在几十万元到几百万元之间。为解决这一问题而建立的国家信用担保联盟，对担保范围有着严格的限定，担保范围就是针对 10 万元至 300 万元之间的群体。

二是成本偏高。金融机构开展这项业务投入的成本比较高，因此农户和新型经营主体承担的资金成本也比其他企业经营贷款更高。

针对以上情况，金融监管部门可以对金融政策进行适当调整，比如，进一步推进农村金融立法工作，服务内容、方式方法上最好有更高的定位，形成可持续的监管框架。再如，可以加强宣传，用好用足现有的扶持政策。抓紧建立金融机构服务乡村振兴考核办法，早日形成一套包含信贷供给、信贷成本、信贷效率、客户覆盖率等因素在内的考核评估办法，并将其制度化，督促金融机构认真落实。

前几年，就有业内人士提出，应引导金融机构主动服务"三农"和乡村振兴战略。一是要坚持支农支小的战略定位。2014 年，监管部门就出台了加强农村商业银行"三农"金融服务机制建设的监管指引，要求在股权结构、公司治理、发展战略、组织架构、业务发展、风险管理、人才队伍、绩效考核八个方面建立"三农"金融服务的长效机制，这个机制现在还有效，今后还应该继续下去。二是解决普惠金融的商业可持续问题。为此，国家层面的金融监管部门做了两方面工作，存量方面，按成熟一家审批一家的原则推动农村信用社改革。增量方面，2007 年国家开展以引进村镇银行为主的新型农村金融机构的建设。截至 2019 年 9 月末，全国已组建村镇银行 1633 家，其中 2/3 的机构开设在中西部地区。

（二）数字普惠金融在乡村振兴中的作用越来越大

2019 年 7 月，农业农村部印发了《关于 2019 年度金融支农创新试点政府购买服务有关事宜的通知》，要求总结可复制、易推广、贴近农民需求的金融支农模式，破解农业农村金融瓶颈制约，促进金融更好地服务乡村振兴和农业农村现代化建设。

全面实施乡村振兴战略离不开真金白银的持续投入，需要解决"钱从哪来"的问题。为此，党中央部署加快形成财政优先保障、金融重点倾斜、社会积极参与的乡村振兴资金多元投入格局。发展面向小农户及新型农业经营主体的普惠金融，不仅是乡村振兴的内在要求，也是深化金融供给侧结构性改革，建设现代化经济体系、实现经济高质量发展的题中之义。

2020 年 4 月 10 日，习近平总书记在中央财经委员会第七次会议上指出："我国线上经济全球领先，在这次疫情防控中发挥了积极作用，线上办公、线上购物、线上教

育、线上医疗蓬勃发展并同线下经济深度交融。我们要乘势而上，加快数字经济、数字社会、数字政府建设，推动各领域数字化优化升级，积极参与数字货币、数字税等国际规则制定，塑造新的竞争优势。"

1. 数字普惠金融为抗击疫情作出了较大贡献

世界正进入数字经济快速发展的时期，5G、人工智能、智慧城市等新技术、新业态、新平台在全球各地蓬勃兴起，深刻影响世界各国的科技创新、产业结构调整、经济社会发展。近年来，我国积极推进数字产业化、产业数字化，推动数字技术同经济社会发展深度融合，数字化、网络化、智能化为经济社会发展增添了无尽动力。

在疫情最严重时期，基于便捷的电商平台和社交网络，社区、居民、本地商家自发组织了各种"云团购"，让突如其来的强隔离生活少了些慌乱、多了些从容。所有这些运作的背后都得到了数字支付系统的强力支撑。

2020年2月，中国人民大学中国普惠金融研究院发起了"诊断疫情对微弱经济体金融健康的影响与政策建议"课题，通过引入"金融健康"分析框架，在全国范围内展开调查，力图了解疫情中微弱经济体在收支管理、债务管理、应急管理、风险管理、资产管理以及未来规划和信心等方面的情况。

针对微型企业、个体工商户、家庭作坊、流动商贩等微小经营主体的调查结果显示，疫情确实带来了生存挑战，但纯线上经营模式表现出强韧的抗险能力，并更有可能从数字金融平台获取融资。

与此同时，互联网银行和非银行金融服务商及时有效地服务于微小经营主体"短、小、急、频"的贷款需求。部分受访企业主表示更愿意通过互联网银行、网络小贷平台等渠道解决现阶段的资金困难，即使这些渠道的资金成本更高。因为申请银行贷款他们可能面临流程复杂、缺少抵押物、财务状况差、放款周期长等障碍，难以缓解疫情期间的"燃眉之急"。针对中低收入工薪阶层的调查结果显示，73%的家庭会面临入不敷出的情况，近六成受访工薪家庭的自有应急资金仅足以维持3个月以内的疫情前同等水平生活，可维持半年以上的仅占两成。

从线上工具为应对疫情提供的帮助来看，线上购物、线上办公、线上教学分别为23%、22%、16%的受访工薪家庭提供了帮助。但在除数字支付之外的金融服务方面，线上金融服务仅为4%的受访工薪家庭提供了帮助。基于2017年中国家庭金融调查数据进行实证分析，我们发现家庭越充分地使用各类数字金融服务，越有可能持有能够支持3个月以上家庭消费的流动资产。

疫情中的调查数据实际反映出，除支付外的线上金融服务在中低收入工薪阶层中的渗透率还较低。因此，普惠金融机构面临的现状是，我国数字支付的普及度、便捷性以及与数字经济生活的融合度已经远远超过绝大部分发展中国家甚至发达国家。疫情当中，线上线下商业活动均由数字支付无缝衔接，居民之间的风险分摊、政府与居民间的转移支付都可以通过数字支付轻松完成。

虽然疫情暴发以来我国各类金融服务供应商为应对隔离生活场景迅速开发出所谓

"无接触"的生活服务和金融服务产品，但仍然有大量微弱经济体在信贷、保险、理财等方面的潜在金融需求没有得到满足。这意味着数字普惠金融的供给与需求之间的磨合尚需时日。

我们在看到数字普惠金融发展的巨大潜力时，也看到了不同市场主体在应对挑战、拥抱机会过程中的期待与困惑。数字时代赋予我们的机会似乎唾手可得，但要将美好愿景落到实处，还需要回答与此相关的若干重大问题，金融机构如何提高整体数字化服务水平？微弱经济体如何才能适应并拥抱数字普惠金融的时代机遇？从政府和监管者角度来看，如何有效建立数字普惠金融的生态体系？这些都值得我们在疫情之后进行认真的战略思考。

2. 疫情倒逼数字普惠金融的发展

2020 年第 9 期《中国金融》刊登的中国人民大学中国普惠金融研究院贝多广、曾恋云的文章《疫情后数字普惠金融的发展战略》。文章认为，数字普惠金融的发展趋势可以从两方面来观察。

（1）银行的数字化转型。

这场百年之最的疫情让中国银行业意识到完成数字化转型已刻不容缓，疫情也无情地暴露出不同银行在数字能力上的差距。在 2020 年 1 月 26 日疫情暴发初始阶段，银保监会即在对各银行保险机构的通知中要求"加强线上业务服务，提升服务便捷性和可得性"；2 月 14 日，又进一步通知强调"提高线上金融服务效率""优化丰富'非接触式服务'渠道"。可以看出，"提高"和"优化"是当前银行数字化服务的重点，因为大大小小的银行似乎都已在形式上开发了数字应用，但真正从发展战略、组织架构、业务流程、盈利模式、风控模式和运营模式等方方面面完成了数字化转型的银行还在少数。

中国普惠金融的主力军就是银行业，银行业的数字化程度直接关系到国家数字普惠金融的整体能力。当然，不同的银行面临不同的制约条件，因此需要探索形成银行数字化转型的多种可循路径。

国有大银行如何发挥资金成本和综合实力优势，提升智能化运营的决策效率？股份制银行如何调整战略、重塑模式，追赶已经走在前面的同业？中小银行如何克服资金、人力、技术的多重障碍，找准本地市场、核心客产群，实现跨界融合？进一步看，天生数字基因的互联网银行如何长远地解决资金成本问题，发挥出"长袖善舞"的功能？针对这些不同银行的突出问题，已有一些解决路径。

例如，作为数字化转型需求最为迫切的中小银行类别之一，农商行（农信社）数量众多，是服务县域以下微弱经济体的重要力量，但普遍面临规模相对较小、难以独立形成技术优势的局面。一些省份的农信联社通过与金融科技公司合作搭建全云化中台，赋能系统内各农商行（农信社）店铺化"百行百面"运营，在数字化转型的同时也使差异化发展得以实现。相应地，城市商业银行、村镇银行等独立性更强的中小银行如何突破技术限制，还需要银行、金融科技公司、地方政府和监管部门创新思路、

推动合作来探索解决。这方面更多地反映了金融资源与科技资源的合作或融合的特征。

（2）充分发挥非银行金融服务供应商的功能。

非银行金融服务供应商是除商业银行之外的所有金融服务机构，包括保险、资本市场、信托、小贷公司等地方金融机构以及各种网络金融服务平台。将非银行金融服务供应商纳入普惠金融服务体系中，有利于不同类型供应商发挥比较优势，促进竞争，优化服务，形成多元化的普惠金融服务生态体系。

对微弱经济体而言，低成本的银行资金固然可贵，来自非银行信贷服务供应商的便捷、微小、期限灵活的资金亦是生产生活中不可或缺的支持。包容的金融体系需要商业可持续地惠及最广泛的需求者，而不是一味地追求"优惠"而挤出市场中自然形成的供给和需求。

在此次抗疫过程中，大量非银行金融服务供应商发挥数据优势、客户优势和决策优势，为微弱经济体，特别是仍然坚持在抗疫第一线的餐饮、超市和运输等行业的小微企业和外卖骑手等弱势人群，提供了应急贷款、保险等及时有效的服务，为保障人民基本生活功不可没，同时也彰显出这些机构在普惠金融服务体系中的独特价值。

3. 提升数字金融能力

"数字鸿沟"的存在意味着部分群体的需求处于数字金融服务供应商的"雷达"范围之外，这也会导致他们错失使用数字金融服务的机会。因为无论形式如何变化，金融部门都是经济资源配置的枢纽。随着经济活动、金融活动愈加数字化，"数字鸿沟"造成的将是资源配置渠道和效率的不公平。

当越来越多的数字应用变成了家庭生活、经营活动的必要环节，只要存在"数字鸿沟"，就会导致"数字剥夺"。虽然不排除主动排斥数字产品和服务的情况，但在国内近年来大力"提速降费"的背景下，仍旧受到"数字鸿沟"影响的大多是真正的弱势群体。如媒体报道的延迟开学期间农村学生为上网课而面临的窘境。

因此，虽然近年来我国信息技术基础设施建设已经取得了瞩目成就，我们还需进一步关注普及层面的问题，向消除"数字鸿沟"迈进。上述数字应用的可触达性都离不开三个基本条件——环境有信号、家庭/手机有宽带、设备要智能，分别对应网络通达率、互联网普及率以及智能设备普及率三个指标。

工信部数据显示，截至2020年3月，我国约69万个行政村光纤通达率、4G通达率都超过了98%。相较而言，不同地域、不同群体的互联网普及率和智能设备普及率还存在一定差距。

旨在消除"数字鸿沟"的战略举措需要从大刀阔斧的基础设施建设，延伸到对微弱经济体数字意识的启发、数字行为的培养和数字权益的维护上，为所有愿意融入数字生活的微弱经济体创造机会。金融科技的发展既给弱势群体带来了提升福利水平的契机，也对他们的金融能力提出了更高的要求。

4. 构建农村数字普惠金融发展的良好生态圈

2019年7月30日《经济日报》刊发中国农业科学院农业经济与发展研究所宁爱

照、郭君平的文章《发展数字普惠金融助力乡村振兴》。文章提出，在全面实施乡村振兴战略的新时期，应充分发挥金融科技的作用，促进金融科技技术外溢，调动各类金融市场主体主动服务乡村振兴的积极性，构建农村数字普惠金融发展的良好生态圈，使农村数字普惠金融成为乡村振兴的助推器。

一是充分发挥财政对农村数字普惠金融发展的基础引导作用。构建财政与政策性金融在实施乡村振兴战略中的互动融合机制，加大普惠金融业务开展的奖励和补贴力度。加快"数字乡村"建设，为数字普惠金融发展提供完善的硬件条件；协同金融机构及金融科技企业等主体，推进乡村信用体系建设，为数字普惠金融发展提供良好的软件环境。支持包括政府各部门在内的各相关主体建立涉农基础数据平台，在确保数据安全与隐私保护的前提下，促进基础数据共享，降低各类农村普惠金融供给主体的数据获取难度和成本。

二是发挥商业性金融机构在农村数字普惠金融发展中的主力军作用。基于雄厚的资金实力、较完善的法人治理机构、丰富的管理经验和风控能力，无论是在城市还是农村地区，商业性金融机构始终都是金融资源的主要供给主体。当前，商业性金融机构应充分认识发展普惠金融的时代意义，主动进行经营战略调整。尤其是国有大型商业银行在坚持商业可持续的前提下，应主动承担发展普惠金融的社会责任和服务国家战略的时代使命，积极推进金融科技创新，借鉴同业先进技术和模式，到农村广泛拓展和深度挖掘"长尾市场"，主动服务农村地区的"长尾客户"，不断降低精准化、差异化获客和授信成本，持续创新服务和产品，加快探索并推广普惠金融可持续发展的模式。

三是发挥金融科技企业在农村数字普惠金融发展中的创新先导作用。各类金融科技企业是金融科技创新、投入和发展的先行军。一些金融科技企业借助宽松的监管环境，通过云计算、区块链、大数据及人工智能深度挖掘通过电商、社交、搜索获取的巨量数据，突破了困扰普惠金融发展的障碍，实现了降低人工和交易成本的"双降"和工作效率与风控能力的"双升"，加速了我国数字普惠金融发展的进程。因此，在管控金融风险的同时，对金融科技企业到农村发展普惠金融应坚持包容审慎监管原则，大力支持金融科技企业开展业务及产品创新，并与具有网点和资金优势的农村信用社和邮储银行等金融机构优势互补开展合作，共同拓展农村普惠金融市场。

四是发挥政策性金融在农村数字普惠金融发展中的支撑开发作用。大力支持国家开发银行和中国农业发展银行与商业性金融机构合作，创新以支农转贷、批发贷款、金融债券等形式，支持农村数字普惠金融发展。此外，实体经济是金融发展的基础，离开乡村产业发展的普惠金融难以持续发展。政策性金融机构应面向农村地区提供融资融智服务，围绕当地特色产业、资源禀赋和发展条件等，不断加大长期信贷投放力度，发展产业链和供应链金融，促进农村产业振兴，为农村数字普惠金融健康发展提供内生动力。

5. 数字普惠金融的重要性越来越突出

以"疫"为鉴，数字与非数字的管理机制、商业模式乃至生活方式的差别之大，

映射出数字社会所蕴藏的巨大效率优势。隔离生活所激起的数字创新浪潮应成为完善以数字化为导向的国家发展战略的加速器。

贝多广、曾恋云在《疫情后数字普惠金融的发展战略》中认为，一方面，要着力完善数据产业生态体系。所有的数字化、智能化机遇都离不开数据的积累和应用，而目前国内数据产业尚未发育完全，数据应用仍然存在割裂，数据产业生态体系亟待协调和完善。另一方面，要为数字生活和数字文化提供更加全面的支持体系。从消费到社交，从教育到娱乐，与民生紧紧相连的数字生活和数字文化是数字经济、数字金融发展的根基。相关部门需要不断推进大数据、云计算、物联网、人工智能等技术的创新和应用，同时完善相关法律法规，优化监管技术，为数字生活和数字文化发展提供充分的技术支持和制度土壤。从这一意义上说，以5G、数据中心等为代表的新基建也是数字普惠金融向纵深发展的基础条件。

从本质上说，数字普惠金融发展就意味着要建立和完善以数字科技为基础的普惠金融生态体系。疫情催化了信贷、理财、保险、信托等各种金融业务的全流程数字化探索。贷后管理、催收、保险调查、信托募集等从前更多由线下渠道完成的业务流程都"被逼"上线，或将成为更多数字化尝试的开端。

完善以数字科技为基础的普惠金融生态体系意味着不囿于已有的机构体系和业务模式，而是从数字科技的成本效率优势出发，真正将普惠金融生态体系建立在数字生活场景中，建立在弱势群体的需求上，建立在商业可持续的前景下，回归到金融服务实体经济的本源。在这样的生态体系之中，银行和非银行是相互配合的，信贷与资本市场是可以证券化的，保险产品和其他金融产品是交叉销售的，传统业务将通过科技的加持焕发出新的生命力。

经过多年的发展演变，我国的金融结构正在从服务高净值客户自然下沉，主动拥抱中小微弱等从前受到排斥的群体，以探寻新的业务增长点。因此，当前以及未来普惠金融工作的重心应该是为市场力量的探索与创新提供健全的金融基础设施，为消费者权益保护建设完善的法律法规和执行机制，为弱势群体提供能力建设项目。

如果说近年来金融科技的发展催生了数字普惠金融，那么此次疫情则是给供应方带来了数字化转型的强烈紧迫感，给需求方带来了全方位、全流程数字服务的体验和启发，也为政府和监管部门进一步推动数字普惠金融发展提供了新的契机和思路。

6. 非接触式金融将成为金融服务的趋势

非接触式金融，是指基于电脑、互联网、手机应用程序、客户服务电话等载体，不与银行等金融机构发生物理接触的金融服务形式。

新冠肺炎疫情让非接触式金融逐渐兴起，并成为2020年以来金融业务中的主要方式。虽然新冠肺炎发生前，一些金融机构也在使用和推广非接触式金融服务，但是不成体系，没有形成完整的概念。这种金融服务形式，在新冠肺炎疫情期间备受关注，成为传统金融服务的重要补充，比网络银行、网络金融的概念更全面。

业内人士表示，非接触业务从某种程度上进一步加速了银行以客户为中心进行全渠道建设和转型的进程。在数字化转型加速的态势下，如何以客户体验为中心进行渠道整合将成为银行与各类金融服务参与者竞争的核心能力之一。

2020 年 11 月初《金融时报》刊登的记者李国辉《金融业数字化转型进阶在即》一文，对非接触式金融给予了详细介绍。所谓全渠道建设，是指借助科技的力量让客户无论是通过线上渠道还是在线下网点都可以在无感知的状态下拥有业务的连续性体验。银行借助科技手段，通过对客户所关心的金融服务及场景的精准分析，以满足银行价值最大化及提升客户体验旅程为目的，对银行资源能进行有效投放。疫情的发生进一步触发了银行如何从全渠道客户管理的角度来做线上线下体验的无缝隙衔接，而 AI、5G、大数据、物联网等技术都在这背后起到了促进作用。

近年来，新兴技术方兴未艾，与金融行业深度融合，孕育了各种创新的金融服务模式，推动金融业态发生深刻变革。在传统金融业务受到冲击、市场竞争加剧、客户习惯变化的背景下，金融业数字化转型早已成为行业共识，疫情更是让金融行业感受到，数字化转型不仅仅是"大势所趋"，而且是"必不可少"。

2019 年，央行发布了《金融科技（FinTech）发展规划（2019—2021 年)》，引导推动金融和科技深度融合协调发展，也为金融业数字化转型指明了方向。2020 年 2 月 1 日，中国人民银行等五部门印发《关于进一步强化金融支持防控新型冠状病毒感染肺炎疫情的通知》，要求金融机构加强线上服务，引导企业和居民通过线上方式办理金融业务。2 月 15 日，中国银保监会办公厅印发《关于进一步做好疫情防控金融服务的通知》，要求银行业和保险业优化丰富"非接触式服务"渠道，提供安全便捷的"在家"金融服务。这是金融监管部门首次提及"非接触"式金融服务。

2020 年 10 月以后，金融监管部门负责人频繁就此发声，数字化转型的紧迫感愈发凸显。人民银行党委书记、银保监会主席郭树清强调，所有金融机构都要抓紧做好数字化转型。人民银行有关负责人表示，数字化转型是提升金融服务质效、补齐传统业务短板的迫切需要，也是发展数字金融、推动新旧动能转换的重要内容。金融业要将数字化转型作为金融供给侧结构性改革的抓手。

（1）非接触让金融服务更快捷。

业内人士认为，新冠肺炎疫情的暴发或将深刻改变公众思维观念和行为模式，进而有望加快金融业务结构和服务模式变迁。受疫情影响，非接触式金融服务开始在全球金融机构盛行，各家金融机构结合小微智慧平台，主动强化网上银行、手机银行、微信银行等线上渠道，推广非接触式金融服务。总体来看，主要体现在以下几方面。

一是线上信贷。表现为金融机构利用科技手段让客户足不出户即可办理贷款业务。微众银行、新网银行等互联网银行，充分发挥线上优势，贷款受理、审批、发放照常进行。一些金融机构引导客户使用 App、公众号等自助办理业务，并不断优化线上服务能力，为客户提供互联网自助渠道、无地域限制、24 小时无节假日的全自动服务，有效解决了客户对消费信贷服务"快"和"急"的问题。

二是支付结算。在人民银行支持下，银行业放开小额支付系统业务限额，延长大

额支付系统时限，7×24 小时满足各类资金汇划需求；梳理柜面常见业务，对必须到银行柜面办理的业务，逐项提出替代解决方案；对跨境汇款等复杂程度较高的业务，部分银行加强上下联动，通过跨境支付系统（CIPS）提高办理时效。

三是远程支持。部分银行为客户提供非接触式理财咨询、定存到期自动延期等服务。

此外，部分金融机构还将金融科技能力运用到疫情防控中。"将区块链技术运用于供应链金融也是服务的一大创新，通过充分发挥区块链技术信息共享可信、不可篡改、不可抵赖、可追溯的技术特征，我们首创'应收款链平台'，并结合不同应用场景陆续研发推出区块链订单通、仓单通、分销通等，可为核心企业上下游的小微企业提供灵活、高效金融服务。"一家银行普惠金融事业部相关负责人表示，在符合监管部门要求前提下，该银行以在线方式为客户开立银行账户，线上签署借款合同，线上提供还款服务，让非接触式金融服务有了更广阔的运用空间。

随着线上渠道的快速扩展，客户对金融机构物理网点渠道的依赖度越来越小。截至 2019 年年底，全国银行业离柜率近 90%。2020 年以来，已有超过 2700 个银行网点终止营业。未来，银行网点将呈现智能化、轻型化、特色化、场景化特征，与线上渠道角色分明、互为支持，走出自己的特色化经营路线。

（2）非接触要求防范新的金融风险。

2020 年 6 月 5 日，新华社刊发了《"非接触式金融"能火多久——对新冠肺炎疫情期间金融服务的调查》，记者钱箐旎较为详细地介绍了相关金融服务问题。文章认为，得益于近两年来智能机器人的开拓创新，疫情期间，招联消费金融公司不断加快迭代 AI 人工智能研发，并启用了约 5000 个招联智能机器人服务，尽可能地覆盖对客户提醒等多场景服务。据介绍，招联金融自主研发的智能机器人具有低成本、多场景、高产出、高效能、易追踪等特点，能以高达 99% 的准确率识别 200 余种用户意图，承担了该公司 95% 的客户服务与贷后资产管理工作，有效提升了服务质量和客户体验。

不过，看似强大的非接触式金融服务，其实还面临许多难题。多位业内人士表示，由于目前基础数据不完善，外部大数据覆盖人口范围有限。很多数据只适用于区域市场，金融机构需要通过吸引技术支持方加快人员、设备的铺设，以渐进方式予以改进。不仅如此，由于个体工商户或小企业主分布零散，客户类型、信用资质差异较大，在非接触前提下，金融机构要设计高效便捷又能控制操作风险的业务模式面临较大挑战。同时，由于小微信贷的风险控制方式具有场景化特点，与普通消费信贷目标客群同质化程度高，如何兼顾开发成本和风险控制之间的平衡，也对金融机构提出考验。

引发新的金融风险。数字化能力是非接触式服务的基础，数字化转型是金融服务发展的主流趋势。新冠肺炎疫情暴发催化了这一进程加快发展，但这对企业技术能力也提出了更高要求。专业人士表示，非接触式金融服务的兴起引发了新风险控制需求，智能风险控制能力是保障业务发展的基础，"智能风控技术是帮助金融企业提升风控效率、降低风险管理成本、平衡金融创新和风险的关键"。

基于此，金融科技对技术综合能力的要求更高。专家表示，金融的核心是风险控制，风控的核心来自信用。目前，中国仍有大量征信未覆盖人群，这就需要用技术方式挖掘信息，并给出个人信用评级。银行要形成持续服务普惠客户的商业模式，必须解决"资金成本降低、风险成本控制、操作成本节省、可复制性提高"四大难题。非接触式金融，不仅是客户服务模式的变化，更是银行内部流程重塑、经营理念转变的重大调整。目前，各类银行都在探索非接触式金融服务模式，但总体处于发展初期，效果仍需时间检验。

实际上，数字化转型意味着要改变金融机构现有组织架构以及现有系统能力，整个非接触金融对于业务模式和运营模式都提出了新挑战，这对很多机构来讲困难重重。同时，非接触金融对系统安全性、稳定性以及风控能力提出较多挑战，大多机构很难支撑全面的线上运营。

（3）非接触要求创新金融科技。

非接触式金融服务尽管困难重重，但业内普遍认为，此次疫情在一定程度上改变了公众参与金融活动的方式，由此催生的非接触金融服务理念和需求，不会随着疫情减轻而消失，反而会进一步深化。这对金融服务提出更高要求，也为普惠金融的发展带来了新的机遇。对金融机构来说，应从战略上重视非接触金融服务，及时完善与非接触金融服务冲突的内部制度，构建符合机构能力的非接触金融服务体系，提高服务能力，提升客户体验，促进业务发展。

经过几个月的疫情，越来越多的客户已经养成了线上办理业务的习惯。非接触式服务加速金融行业线上化发展，将服务在数字世界中全面延伸，不再受传统线下业务的限制，真正让金融实现数字化转型。

多位业内人士判断，线上化运营能力可以获取更多的私域流量以及更多活跃客户，围绕以客户为中心的个性化服务将成为金融行业的核心服务。比如，过去办理信用卡需要客户前往银行柜台，而现在一半以上的申请都可以在线上完成；理财业务更是可以通过网银办理。未来，对金融机构来说，客户留在机构内的相关数据将是极具价值以及区分度的信息。如何利用人工智能等数据分析手段，对客户进行精细刻画，进而采取差异化、个人化的行动，实现多业务、跨场景、全链条客户生命周期的精准营销和运营，与客户建立更深刻的联系，将成为金融机构的主要发力点。以银行为例，智能化大数据应用是银行在未来十年制胜的核心能力。

不仅如此，发展非接触金融业务具备更低的成本优势，随着各项技术的不断成熟，以及5G应用环境的不断改善，未来还会涌现出更多新场景。疫情暴发加快了非接触金融发展，非接触金融会逐步提高金融普遍性，市场对金融业数字化的转型需求从未如此强烈，银行的数字化转型成为大势所趋，非接触金融的逐步发展壮大将是新经济时代的重要标志之一。

第四节　优化乡村振兴中的"三链"

（一）我国要重视"三链"重塑

新冠肺炎疫情严重冲击着全球产业链、供应链、价值链（简称"三链"）的有效运转，"掉链子"的情况也不可避免地发生。因此，如何应对疫情下"三链"布局重新调整是当前需要认真思考的问题。

上海商学院教授贺瑛撰写《积极应对全球"三链"重塑与再造》一文，发表于2020年5月14日《光明日报》上。作者认为，认清"三链"不同状况是重塑和再造"三链"的根本保证。"产业链、供应链、价值链的全球布局是基于经济全球化的背景，然而席卷全球的新冠肺炎疫情的暴发使原本已经脆弱的经济全球化遭遇'反全球化''逆全球化'的围攻。我们看到，受疫情影响，有的国家游轮、会展等产业链断裂，旅游、体育、餐饮等产业链暂时休克，也看到汽车、电子行业原材料、零部件断供造成的供应链断裂，航空、运输业停摆产生的供应链休克，以及由此引发的价值链的扭曲和失效。

"与此同时，疫情也使全球产业链、供应链、价值链出现'逐渐复苏''更加优化'等走势。比如医疗产业、在线教育、在线会议、电子商务等行业的产业链更加强化；边检、海关等特殊供应链环节更加有效衔接；餐饮、旅游等产业链逐渐复苏；特殊关键价值链作用凸显。

"全球化态势势不可当。疫情只是使全球产业链、供应链、价值链暂时受损，经过精心救治及加强自我免疫，'三链'修复是必然的。毕竟，经过几十年的布局和运转，大部分全球产业链、供应链上产品与服务在各国之间交易复杂度都比较高，经过长期磨合，各国在全球产业链上分工位置出现较大范围更替难以在短期内发生。

"面对疫情后'三链'重塑与再造的机会窗口，我们应该主动作为、主动谋划。

"产业链、供应链、价值链全球布局是跨国公司基于全球资源配置形成的，受强大的市场力量主导，资本将在全球范围内进行最优化的资源配置，包括追逐廉价资源、廉价劳动力等。由于资本和技术要素可以在全球自由流动，这就使资本和技术不断地从资源和劳动力'相对高地'移出，移至资源和劳动力'相对洼地'。作为研发、销售方的发达经济体处于高回报区间的'U'形两端，而作为生产、加工方的发展中经济体则处于低回报区间的'U'形底端。因此，我们一方面应实施资本、技术出海战略，在全球范围内寻找资源和劳动力'相对洼地'；另一方面也应阻断国内'冷钱'无序'出海'和国外'热钱'的'一锤子买卖'，通过创新实现价值链向上迁移。

"要突破'三链'布局瓶颈，实现'三链'可持续发展，即有效平衡'三链'布局中的效率和韧性关系，做有韧性的'三链'。效率导向推动了跨国公司过去30年的外包大潮，预计跨国公司在未来全球产业链、供应链布局过程中，不会完全追求利润、效益最大化，避险考量将是题中应有之义。这就意味着中国先前具有的劳动力和资源优势不再那么明显。对此，我们应通过叠加'增值因素'来留住原有'链条环节'。目前，中国防疫成效显著，这可能成为外资加速向中国布局产业链、供应链的重要力量，对此我们要以开放的态度拥抱这一布局，承接这种转移。同时，应遵循'韧性导向'原则加强自身在全球'三链'中的布局。

"要通过区分不同链条特性，积极抢占'三链'布局高点。中国的'三链'已经深深嵌入世界'三链'之中。就产业链而言，全球产业链'三足鼎立'状况业已形成，目前全球基本形成以美国为中心的北美产业链，以德国为中心的欧盟产业链，以中国为中心的亚洲产业链。面对疫情带来的空前挑战，我国要进一步扩大对外开放，在深化国际合作中稳住产业链供应链，确保'三链'畅通。

"首先，区别对待不同时期、不同情形、不同链条具体情况，实施差别化策略。疫情暴发期重在防止'三链'断裂，疫情稳定期要做好'三链'修复，疫情结束后要完善'三链'布局，关键在于提高产业链的现代化水平，加速产业升级进程；加大供应链闭合考量，提升供应链安全系数；拉长价值链高端延伸，决胜价值链中端市场。

"其次，要把握'三链''四化'趋势。对于关键产业、关键产业环节和关键核心企业，要促进产业链、供应链的本地化和区域化；对于一般产业、环节和企业，要促进产业链、供应链的多元化；对于价值链布局，则依据全球价值链业已缩短，而区域价值链日益加强的基本态势，走区域化之路。同时要注重'三链'的数字化转型，主动搭建数字平台和相关的生态系统，降低'三链'管理和交易成本，为高效、灵活的跨界价值传递提供新渠道、新载体，为促进全球经济发展提供技术支撑。

"再次，要积极参与全球产业链、供应链、价值链国际合作与治理，通过发表供应链安全联合声明，建立供应链安全体系，探索'供应链合作计划'，由此打造富有弹性的'三链'"。

（二）供应链在金融系统开始应用

2020年以来，我国金融系统开始应用供应链为客户提供服务。2021年8月，《金融时报》报道山东省推动供应链金融创新规范发展，主要提到以下做法。

明确支持重点，加强多层次、差异化金融供给。把握供应链金融的支持重点，重点支持符合国家产业政策方向、主业集中于实体经济、技术先进、有市场竞争力的产业链企业，优先满足产业链上下游小微企业融资需求。加强银行机构融资供给，支持银行机构调整优化供应链金融业务授信政策，适当提高应收账款、应收票据、订单融资、存货与仓单质押等业务的融资比例。鼓励保险机构嵌入供应链环节，积极开展营业中断险以及抵押质押、纯信用等多种形式的保证保险业务，鼓励保险机构积极开发仓单财产保险产品。强化财务公司作用，支持符合条件的财务公司稳步开展延伸产业

链金融服务试点业务。

加强创新推动，提高供应链金融服务质效。积极推动金融机构与供应链核心企业对接。创新供应链金融产品和服务方式，加强供应链金融产品个性化、特色化设计，鼓励金融机构开展存货、仓单融资，支持金融机构针对产业链供应链"一链一策"。大力发展应收账款融资。大力推动供应链票据发展，支持核心企业建立信息平台接入上海票据交易所供应链票据平台。提升金融服务便捷度，进一步压缩精简供应链金融业务办理的时间、环节，持续优化业务办理流程。加强金融科技应用。支持打通和修复跨国产业链。

完善供应链金融基础设施。推动商业汇票信息披露，及时、准确、完整地向社会公众披露票据承兑信息和承兑信用信息，优化票据市场信用环境。提高动产权属信息透明度，鼓励市场主体充分利用统一的动产和权利担保登记公示系统查询和登记应收账款、存货仓单和租赁标的物等动产权属情况，支持地方性法人金融机构通过接口方式批量办理查询和登记。加强融资服务系统整合和资源共享，强化"省金融辅导系统"作用，推动产业链核心企业加强与"省金融辅导系统"联动。

加强供应链金融政策保障，用好再贷款再贴现货币政策工具和财政金融政策融合促进供应链金融发展的财政奖补政策。其中，人民银行济南分行每年设置不低于50亿元的再贴现专项额度，引导金融机构积极为供应链票据提供贴现、质押融资服务；对供应链金融发展成效突出的法人金融机构，优先给予再贷款、再贴现和常备借贷便利等央行资金支持。

在做好供应链金融的监管约束和风险防控方面，人民银行济南分行、山东省工业和信息化厅、省司法厅、省财政厅、省商务厅、省国资委、省市场监督管理局、银保监会山东监管局联合印发《关于推动供应链金融创新规范发展的实施意见》强调，要注重全链条风险控制，推动银行业金融机构建立健全面向产业链的风险控制体系，合理确定核心企业、上下游企业融资的整体合作额度，积极探索运用联合授信机制加强核心企业授信管理。强化核心企业责任义务，指导银行业金融机构积极推动核心企业主动提供上下游企业名单及真实贸易信息，推动核心企业落实信用责任和增信措施。加强交易真实性审查，认真审核核心企业融资需求和贷款用途，严格贸易背景真实性审查，加强对信贷资金流向的有效监控。严格执行风险控制关键措施，银行业金融机构加强对保理专户及应收账款回款的监管，加强押品管理，提升智能风控水平。

第四章　乡村振兴战略的意义

2020 年 6 月，农业农村部、国家发展改革委会同规划实施协调推进机制 27 个成员单位编写的《乡村振兴战略规划实施报告（2018—2019 年）》（以下简称《报告》）出版发布。《报告》显示，两年来，《乡村振兴战略规划（2018—2022 年）》实施稳步推进，各方面重点任务取得显著成效，乡村振兴实现良好开局。

乡村振兴新格局加快构建，城乡布局结构不断完善，村庄分类发展有序推进。《报告》显示，我国乡村富民产业蓬勃发展，农村一二三产业加快融合，农产品加工转化率接近 68%，乡村休闲旅游的游客数量和营业收入大幅增长；美丽乡村正展现出新风貌，全国具备条件的建制村全部通上了硬化路；98% 的村制定修订村规民约，建成 54.9 万个村综合文化服务中心；自治、法治、德治相结合的乡村治理体系基本建立。

乡村振兴战略支持强农惠农，进一步推动藏粮于地、藏粮于技。《报告》显示，我国现代农业根基进一步巩固，全国粮食总产量连续 5 年稳定在 1.3 万亿斤以上，2019 年农业科技进步贡献率达到 59.2%，主要农作物耕种收综合机械化率超过 70%。农业发展方式加快转变，化肥农药使用量保持负增长，秸秆、畜禽粪污利用率分别达到 85%、74%，农产品质量安全例行监测合格率保持在 97% 以上。

我国脱贫攻坚取得决定性成就。《报告》显示，我国 97% 的贫困人口实现脱贫，94% 的贫困县实现摘帽，贫困发生率降至 0.6%，全国农村居民人均可支配收入达到 16 021 元，提前一年实现比 2010 年翻一番目标，贫困县农村居民人均可支配收入年均增长 9.7%，比全国平均水平高 2.2 个百分点。

2020 年 12 月 28 日至 29 日，中央农村工作会议在北京举行。会议指出，在向第二个百年奋斗目标迈进的历史关口，巩固和拓展脱贫攻坚成果，全面推进乡村振兴，加快农业农村现代化，是需要全党高度重视的一个关系大局的重大问题。全党务必充分认识新发展阶段做好"三农"工作的重要性和紧迫性，坚持把解决好"三农"问题作为全党工作重中之重，举全党全社会之力推动乡村振兴，促进农业高质高效、乡村宜居宜业、农民富裕富足。

中国共产党自 1921 年成立以后，充分认识到中国革命的基本问题是农民问题，把为广大农民谋幸福作为重要使命。1978 年改革开放以来，中国共产党领导农民率先拉开改革大幕，不断解放和发展农村社会生产力，推动农村全面进步。党的十八大以来，党中央坚持把解决好"三农"问题作为全党工作的重中之重，把脱贫攻坚作为全面建成小康社会的标志性工程，组织推进人类历史上规模空前、力度最大、惠及人口最多的脱贫攻坚战，启动实施乡村振兴战略，推动农业农村取得历史性成就、发生历史性变革。农业综合生产能力上了大台阶，农民收入较2010年翻一番多，农村民生显著改善，乡村面貌焕然一新。贫困地区发生翻天覆地的变化，解决困扰中华民族几千年的绝对贫困问题取得历史性成就，为全面建成小康社会作出了重大贡献，为开启全面建设社会主义现代化国家新征程奠定了坚实基础。

从中华民族伟大复兴战略全局看，民族要复兴，乡村必振兴。从世界百年未有之大变局看，稳住农业基本盘，守好"三农"基础是应变局、开新局的"压舱石"。构建新发展格局，把战略基点放在扩大内需上，农村有巨大空间，可以大有作为。

脱贫攻坚取得胜利后，要全面推进乡村振兴，这是"三农"工作重心的历史性转移。要坚决守住脱贫攻坚成果，做好巩固拓展脱贫攻坚成果同乡村振兴有效衔接，工作不留空当，政策不留空白。要健全防止返贫动态监测和帮扶机制，对易返贫致贫人口实施常态化监测，重点监测收入水平变化和"两不愁三保障"巩固情况，继续精准施策。对脱贫地区产业帮扶还要继续，补上技术、设施、营销等短板，促进产业提档升级。要强化易地搬迁后续扶持，多渠道促进就业，加强配套基础设施和公共服务，搞好社会管理，确保搬迁群众稳得住、有就业、逐步能致富。党中央决定，脱贫攻坚目标任务完成后，对摆脱贫困的县，从脱贫之日起设立5年过渡期。过渡期内要保持主要帮扶政策总体稳定。对现有帮扶政策逐项分类优化调整，合理把握调整节奏、力度、时限，逐步实现由集中资源支持脱贫攻坚向全面推进乡村振兴平稳过渡。

全面实施乡村振兴战略的深度、广度、难度都不亚于脱贫攻坚，必须加强顶层设计，以更有力的举措、汇聚更强大的力量来推进。一是要加快发展乡村产业，顺应产业发展规律，立足当地特色资源，推动乡村产业发展壮大，优化产业布局，完善利益联结机制，让农民更多分享产业增值收益。二是要加强社会主义精神文明建设，加强农村思想道德建设，弘扬和践行社会主义核心价值观，普及科学知识，推进农村移风易俗，推动形成文明乡风、良好家风、淳朴民风。三是要加强农村生态文明建设，保持战略定力，以钉钉子精神推进农业面源污染防治，加强土壤污染、地下水超采、水土流失等治理和修复。四是要深化农村改革，加快推进农村重点领域和关键环节改革，激发农村资源要素活力，完善农业支持保护制度，尊重基层和群众创造，推动改革不断取得新突破。五是要实施乡村建设行动，继续把公共基础设施建设的重点放在农村，在推进城乡基本公共服务均等化上持续发力，注重加强普惠性、兜底性、基础性民生建设。要接续推进农村人居环境整治提升行动，重点抓好改厕和污水、垃圾处理。要合理确定村庄布局分类，注重保护传统村落和乡村特色风貌，加强分类指导。六是要推动城乡融合发展见实效，健全城乡融合发展体制机制，促进农业转移人口市民化。要把县域作为城乡融合发展的重要切入点，赋予县级更多资源整合使用的自主权，强化县城综合服务能力。七是要加强和改进乡村治理，加快构建党组织领导的乡村治理体系，深入推进平安乡村建设，创新乡村治理方式，提高乡村善治水平。

这次会议还指出，要加强党对"三农"工作的全面领导。各级党委要扛起政治责任，落实农业农村优先发展的方针，以更大力度推动乡村振兴。县委书记要把主要精力放在"三农"工作上，当好乡村振兴的"一线总指挥"。要选优配强乡镇领导班子、村"两委"成员特别是村党支部书记。要突出抓基层、强基础、固基本的工作导向，推动各类资源向基层下沉，为基层干事创业创造更好条件。要建设一支政治过硬、本领过硬、作风过硬的乡村振兴干部队伍，选派一批优秀干部到乡村振兴一线岗位，把乡村振兴作为培养锻炼干部的广阔舞台。要吸引各类人才在乡村振兴中建功立业，激发广大农民群众积极性、主动性、创造性。

第一节　接续推进全面脱贫与乡村振兴有效衔接

习近平总书记在决战决胜脱贫攻坚座谈会上指出："接续推进全面脱贫与乡村振兴有效衔接。""要针对主要矛盾的变化，理清工作思路，推动减贫战略和工作体系平稳转型，统筹纳入乡村振兴战略，建立长短结合、标本兼治的体制机制。"开展普惠金融改革创新是帮助贫困人群脱贫增收的关键举措，是以金融推进乡村振兴战略的逻辑起点。

根据国务院扶贫总体部署，在确保如期打赢脱贫攻坚战的基础上，接续推进脱贫攻坚与乡村振兴有机衔接，让脱贫群众过上更加美好的生活。脱贫攻坚任务完成后，要以消除绝对贫困为新起点，把脱贫攻坚与乡村振兴的接力棒交接好，确保平滑过渡。要按照产业兴旺、生态宜居、乡风文明、治理有效、生活富裕的总要求，借鉴脱贫攻坚经验，建立健全支持乡村振兴的政策体系，推动脱贫摘帽地区走向全面振兴、共同富裕。

一、以普惠金融创新推进全面脱贫与乡村振兴有效衔接

近年来，我国普惠金融改革创新以完善基层服务体系和数字金融为突破口，建立了普惠金融与金融扶贫有机结合的工作模式，不仅保障了人民享受基本金融服务的权益，赋予百姓运用金融脱贫致富的机会，也为稳定脱贫奔小康和乡村振兴战略实施提供了有力支撑。

2020年3月24日《光明日报》刊发温涛的文章《以普惠金融创新推进全面脱贫与乡村振兴有效衔接》。文章认为："目前，我国脱贫攻坚进入关键时期，对普惠金融发展提出了新要求，普惠金融领域的产品开发、基础设施建设、征信体系完善、公共平台打造、利益共享和风险分担机制构建等一系列问题也逐渐凸显，推进全面脱贫与乡

村振兴有效衔接亟待进一步深化普惠金融改革创新。"其文如下。

1. 把握脱贫攻坚和农村产业发展新动态，推动金融与现代科技在乡村有效结合，破解普惠金融创新难题

农村资金需求的特征是周期性、短频快、缺乏抵押及信息不对称，而基于数字化技术和现代信息技术发展起来的数字金融能够有效实现借贷双方的供需匹配及资金交换，有助于降低农户融资门槛（免抵押物）和农村信息不对称程度，助力金融服务贫困弱势群体，缓解农村融资难、融资贵、融资慢问题。当前，以现代科技推动普惠金融创新的重点内容包括以下几个方面。

推进政府协同金融机构联合创新，破解普惠金融发展的制度和技术瓶颈。通过合理设置贷款门槛、优化金融服务程序、完善金融监管制度，特别是发挥现代信息技术优势，采用电子签名、视频签约、人脸识别等合法形式，推动线上普惠授信落地。依托普惠金融服务平台，开设农村产业融合发展绿色通道，促进金融科技、智慧金融在农村金融市场规范发展。

提升普惠金融产品与服务创新能力，满足市场多元化需求。将金融科技与本地产业特色相结合，实现金融产品与服务的多样化与实用化，有效对接不同主体、不同行业、不同规模与不同期限的金融需求。积极开展金融管理服务、贷款手续办理、财务规划制订、产业链整体包装服务、融资计划设计等多项金融咨询和经营辅导服务。

增强数字普惠金融的深度与广度，开发数字金融产品与服务。以市场需求为导向推动数字金融与脱贫攻坚、乡村振兴需求有机融合，设计操作简单、交易便捷的数字金融产品与服务，实现金融产品生产数字化、消费网络化、交易信息化，提高农村金融服务效率，降低金融交易成本。

2. 推进农村金融基础设施建设，实现征信体系和信息互联互通，改善普惠金融基础环境

推动乡村网络体系、移动手机终端等信息基础设施建设，能够为贫困地区农户破除地理障碍，获取高效的数字金融、智慧金融服务提供现实可能。而良好的征信体系能够有效降低金融服务过程中借贷双方的信息不对称问题，避免道德风险与逆向选择，从而有利于降低交易费用与信用风险。为此，优化普惠金融基础环境应当做到以下几点。

大力推进农村信息基础设施建设。加大农村地区网络提速降费优惠力度，加大投入推行物联网、云平台体系建设，强化农村数据采集渠道建设等，为金融科技的深度应用和智慧农村建设提供良好的基础服务。加快普惠金融服务点配套设施建设，围绕数字普惠金融群体的业务需求、客户定位、风险控制等，不断进行技术升级和创新，塑造技术支持路径。

不断完善农村征信体系建设。依托中国人民银行与国家市场监督管理部门协同构建涵盖政府职能部门、市场主体的信息共建共享机制与平台，采用大数据与人工智能等信息技术建设统一的贫困农户、普通农户、小微企业和新型农业经营主体的信用信

息系统。完善农村市场主体信用画像，并通过依法开放共享相关涉农数据来构建信用信息共享平台。

及时更新和完善客户信用信息。按照地方政府数据管理部门主导、地方金融机构牵头、村级组织参与、各方协同、服务社会的整体思路，通过多元化信用信息收集渠道，不断对农户的信用数据进行整合。有效整合工商、税务、司法、环保、医保、社保、水电缴费等信息，凭借大数据、云计算技术降低金融市场主体的信息搜集成本，建立健全农户信用档案，保障信用体系时效性。

打破市场主体信息鸿沟。基于农业农村信用信息大数据，构建透明的基层信用评价系统，在普惠金融与其他日常金融业务中收集与更新信用信息系统，实现数据的直连对接、共享使用，强化地方政府各部门间信息互联互通，打破各主体信息分割格局，缓解金融市场主体之间信息不对称问题。

3. 统一建设村级普惠金融服务站，多渠道降低改革创新成本，打造农村金融公共服务平台

普惠金融服务站利用基层信息优势，搜集农户的信用信息及各类金融服务需求，将有效的需求信息反馈给金融机构，从而形成"金融机构＋乡村普惠金融服务站＋农户"的服务模式，有利于实现金融精准扶贫。科学建设这一平台需要重视以下问题。

统一建设标准。村级普惠金融服务站数量众多，建设投资大，可以依托商业银行、村镇银行、信用合作社、社会资本等进行资金投入，地方政府财政资金给予合理配套。对于具体建设标准，则应当由各级政府统一规划明确，具体确定相关基础机具设备要求，并委托第三方专营机构进行统一管理和维护。

降低金融交易成本。整合财政涉农资金，建立县域普惠金融支农专项基金，免除贫困农户小额存取款跨行手续费，对新型农业经营主体大额支付手续费按比例给予一定补贴。通过规范服务站金融交易、业务监管、网络信息安全等降低风险成本。

增强服务功能。不断丰富金融服务内容，推动农村地区服务升级，丰富助农取款点服务功能，加快线上网络渠道建设，努力满足农村居民各项基础金融服务需求，实现基础金融服务不出村、综合金融服务不出镇。

完善村级联动机制。引导驻村干部、村两委及村里经济能人参与服务站工作，鼓励各类金融机构以协议方式积极对接服务站，并给予服务站工作人员一定比例的管理费用。服务站要利用基层信息优势，将有效的需求信息反馈给金融机构，从而实现金融精准服务。完善激励和监督制度体系建设，建立健全协管员考核评估机制，逐步提高协管员待遇，提升其服务脱贫攻坚和乡村振兴的社会责任感、工作获得感。

4. 建立政府与各类金融机构风险分担的长效机制，提升金融服务脱贫攻坚和乡村振兴的积极性稳定性持续性

从金融扶贫理论与实践来看，传统农业信贷业务风险只能由银行自担，从而导致银行类金融机构对农村金融风险极为敏感。金融服务脱贫攻坚和乡村振兴亟待构建长效机制，推动保险、担保、期货期权市场及产品的发展与财政的协调配合，从而形成

合力，有效降低农村金融服务成本和分担农村金融风险，实现农村金融可持续发展。相应的内容主要包括以下几个方面。

健全财政金融协同机制。切实推动现行涉农贷款、扶贫贷款财税优惠政策落地见效，加大风险补偿力度，推动金融机构形成可持续发展模式。综合运用多种货币政策工具，增加金融机构支持乡村产业融合发展的资金来源。落实县域金融机构涉农贷款增量奖励政策，完善农村金融机构定向费用补贴政策和税收优惠政策。完善政府支持的担保体系，引导担保机构秉承保本微利经营原则调低融资担保和再担保业务收费标准，为农业经营主体提供有效的贷款担保服务。

建立健全利益共享、风险共担机制。形成政府与银行、保险公司、担保公司等各类金融机构工作合力，拓宽涉农和扶贫贷款风险分担和缓释渠道。积极探索银行与保险公司、担保公司的长效合作机制。创新"信贷＋保险""信贷＋担保"服务模式，提高和扩大农业保险和担保覆盖贷款产品的水平和范围；探索建立涉农信贷与涉农保险的互动机制，商业银行可以将涉农保险投保情况作为授信要素，扩展涉农保险保单质押的范围和品种，保险公司也可为商业银行提供涉农信贷资金保险。

完善金融风险预警和风险监控机制。加快建设和数字经济领域相关的官方权威统计口径和指标，尤其要保障数据的安全性，加强防范借用数字经济领域进行的不良投机行为，加强网络空间的安全治理。针对风险监测识别、评估预警和化解处置三个金融风险防控的重要环节，从机构、客户、资金、市场、区域和重点领域六个维度，构建覆盖乡村实体经济、传统金融体系内及体系外金融的全面防控区域金融风险工作框架。同时，充分发挥存款保险补充监管功能，通过风险差别费率对投保金融机构实施差异化管理。

5. 引导各类金融机构根据自身功能定位和业务范围，分类为农业农村从业主体提供全方位便捷式金融服务

金融体系应在审视农村金融生态、环境和伦理的基础上，提供适应乡土社会经济、文化和历史的现代金融服务，进而实现功能互补与分工协作。为此，可以采取如下具体举措。

根据市场需求调查明确各类金融机构的功能定位。金融支持脱贫攻坚、乡村振兴需要进一步加强银行业金融机构与证券机构、保险公司、租赁公司、担保公司、期货公司等金融同业的互补合作，降低农业农村从业主体金融服务获取成本。进一步厘清政策性、商业性、合作性金融与普惠性金融的功能特色和作用边界，明确各自业务重点并形成多层次、多维度、多类别的服务体系。

多元合力驱动金融分工合作机制完善。加快农村资本市场建设，支持符合条件的大型合作社和龙头企业上市融资、吸引风险投资、发行企业债券和私募债券；完善农村融资租赁市场，将工厂化农业生产设施、农产品加工仓储、农产品冷链运输设施等纳入融资租赁范围；探索发展大宗农产品期货市场，鼓励农业经营主体利用期货市场实现套期保值；鼓励保险公司开发适合农村产业发展特点和实际需求的新型保险产品；

促进担保服务创新，充分利用大数据、信息化手段创新反担保方式，全面盘活农村"沉睡"资产；有效把握村庄共同体及农户知识信息能力特点，引导合作金融以内嵌于农村社会的角色提供金融服务。

积极促进各类金融机构重塑乡村伙伴式产融关系。激励与引导大型金融机构在业务拓展、运作模式、企业文化、风险控制等方面实现服务乡村振兴与自身运行并重。通过面向乡土社会的金融创新促进供需双方协同成长，拓展金融产品和服务手段，提高防范、抵御和化解金融风险的能力，促进农村金融的适度有序竞争，从而使农村金融更好地适应脱贫攻坚和乡村振兴的现实需要，最终实现支农与营利的双赢。

二、扎实推进脱贫攻坚与乡村振兴的衔接

（一）巩固易地搬迁成果，扎实推进乡村振兴

2020 年 4 月 24 日，《河南日报》刊发王琪、夏峰的文章《巩固易地搬迁成果　扎实推进乡村振兴》，就河南省易地搬迁如何开展乡村振兴进行探讨。其观点如下：

2019 年 3 月 8 日，习近平总书记参加十三届全国人大二次会议河南代表团审议并作了重要讲话，要求河南统筹做好乡村振兴和"三农"工作，完成脱贫攻坚任务。新时期易地扶贫搬迁是脱贫攻坚"五个一批"中的重要一批，是"头号工程"。要把易地扶贫搬迁与乡村振兴战略有机结合，做好搬迁"后半篇"文章，扎实推进乡村振兴。

1. 四项举措打造易地搬迁新生活

中共河南省委、河南省人民政府一直高度重视易地扶贫搬迁工作，坚持将其作为脱贫攻坚的"头号工程"、头等大事抓紧抓实，统一安排部署，探索出依托"四靠"搬得出、覆盖"五有"稳得住、围绕"五个一"能致富、实现"五新"生活好的易地扶贫搬迁新路子，为搬迁地区实施乡村振兴奠定了基础。一是"四靠"原则为搬迁群众稳定就业提供便利条件。坚持把好安置选址"最先一公里"，科学选址确保"搬得出"，在安置选址时同步谋划后续脱贫措施，坚持靠县城、靠园区、靠乡镇、靠乡村旅游点"四靠"原则，推动搬迁群众的居住环境和生产生活条件较大改善，为就近就地就业创造条件。二是公共服务"五有"推动有效治理。按照保障基本、缺啥补啥的原则，在每个规模以上安置点同步配建公共服务设施，实现有社区服务中心、有义务教育学校、有幼儿园、有卫生室、有综合文化场所，做到配套设施共建共享、公共服务覆盖到位。三是产业扶贫"五个一"行动促进搬迁地区产业兴旺和搬迁群众生活富裕。"五个一"行动，即在有条件的安置点建设一个村级光伏小电站，因地制宜落实一项产业帮扶措施，引导龙头企业建设一个扶贫车间，有劳动意愿和劳动能力的贫困家庭至少有一人稳定就业，贫困户有一份集中理财、定期返还的稳定收益，累计带动搬迁群众 20.8 万人实现脱贫。四是美好生活"五新"有力推动乡风文明。"五新"，即教育引导搬迁群众饮水思源感恩"新时代"、高高兴兴住进"新房子"、提振精神展现"新气

象"、稳定脱贫实现"新作为"、齐心协力营建"新家园",在共建共享中增强获得感、幸福感。

2. 对接乡村振兴目标任务依然艰巨

尽管河南省易地扶贫搬迁工作取得了较好成绩,但与实施乡村振兴战略的总目标总要求还有一定差距。一是搬迁地区产业发展水平亟待提升。乡村振兴,产业兴旺是重点。目前,河南省搬迁地区的产业发展还比较薄弱,大多处于起步阶段,模式较单一、规模较小、附加值不高、抵御风险能力较弱,需要巩固提升。二是对迁出地的拆旧复垦和生态修复亟待加强。乡村振兴,生态宜居是关键,良好的生态环境是农村的最大优势和宝贵财富。河南省迁出地的拆旧复垦和生态修复还在进行中,需要科学的评估和全面的修复,保护好绿水青山。三是对搬迁群众的教育引导亟待加强。乡村振兴,乡风文明是保障。全面实现乡村振兴,必须物质文明和精神文明一起抓,既要"富口袋",也要"富脑袋"。四是社区管理服务亟待规范完善。新时代乡村善治的目标是构建自治、法治、德治相结合的乡村治理体系。河南省集中安置点的基层党组织、社区服务机构、村民自治委员会成立不久,工作开展不完备,还处于摸索阶段,有待完善提升。五是搬迁群众收入稳定增长机制亟待建立完善。搬迁是手段,脱贫才是目的。搬迁群众从贫困到脱贫、再到富裕,需要一个过程,更需要建立起稳定的收入增长机制,确保实现广大搬迁群众就业增收、脱贫致富。

3. 高质量推动搬迁地区后续发展

深入学习贯彻习近平总书记关于扶贫工作的重要论述和历次考察调研河南的指示要求,必须将易地扶贫搬迁与实施乡村振兴战略有机衔接,以建成的集中安置点为基础,以扎实推进乡村振兴为目标,高质量推动易地搬迁后续发展,助力全省打赢脱贫攻坚战。一是大力发展后续产业,推进乡村产业振兴。搬迁群众稳不稳,产业发展是根本。各地要围绕集中安置点,大力培育主导产业,支持龙头企业,打造支撑地方长久发展的经济基础。二是着力激发内生动力,推进乡村人才振兴。人才缺乏是制约农村发展的重要因素。支持符合条件的安置点建立返乡下乡回乡人员创业创新实训基地,着力打造一批农村创新创业平台。通过乡土人才支持政策,发展一批"土专家""田秀才",扶持一批农业职业经理人和经纪人,培养一批乡村能工巧匠、民间艺人。三是完善教育和文化等公共服务,推进乡村文化振兴。结合"春满中原""百城万场""群星耀中原""书香河南"等活动,把更多优秀的电影、戏曲、书刊、文艺演出、科普活动送到搬迁群众中。深入挖掘农村传统道德教育资源,用好农村基层各类宣传载体和文化阵地,生动活泼地开展社会公德、职业道德、家庭美德、个人品德教育,促进乡村文化繁荣。四是加快实施迁出区拆旧复垦和生态保护,推进乡村生态振兴。搬迁群众入住后,旧房要及时交给当地政府进行分类处置,对符合条件的进行拆旧复垦和生态修复,建设美丽乡村。五是完善安置点治理模式,推进乡村组织振兴。搬迁任务县要加强集中安置社区基层党组织建设,充分发挥战斗堡垒作用和党员先锋模范作用,密切联系搬迁群众,确保搬迁社区和谐稳定发展。

4. 金融保障脱贫攻坚向乡村振兴的过渡

2021 年 8 月下旬，人民银行、农业农村部、财政部、银保监会、证监会、乡村振兴局联合召开"金融支持巩固拓展脱贫攻坚成果　全面推进乡村振兴电视电话会议"。会议强调金融系统要坚决落实党中央决策部署，进一步提高政治站位，全力支持巩固拓展脱贫攻坚成果，提升金融服务乡村振兴能力和水平，为实现第二个百年奋斗目标贡献新的金融力量。

金融系统紧紧围绕"精准扶贫、精准脱贫"基本方略，建立健全金融扶贫政策体系、组织体系、产品体系和服务体系，基本消除金融服务盲区，大幅提升农村金融服务能力和水平。打响脱贫攻坚战以来，金融精准扶贫贷款发放 9.2 万亿元，累计支持贫困人口 9000 多万人次。

要全力做好金融支持巩固拓展脱贫攻坚成果、全面推进乡村振兴工作。过渡期内，要严格落实"四个不摘"要求，保持金融支持力度总体稳定，继续支持脱贫地区和脱贫人口发展。要聚焦保障粮食和重要农产品有效供给等重点领域，以及新型农业经营主体等重点对象，扎实做好金融服务工作。要继续完善支付、征信等农村基础金融服务。大型银行要加快健全乡村振兴金融服务体系，农村中小金融机构要坚持服务当地、服务小微企业、服务城乡居民的"三服务"经营定位，提升乡村振兴金融供给能力。要推动农业保险"扩面增品提标"，在中央明确扩大三大粮食作物完全成本保险和种植收入保险实施范围的基础上，持续扩大地方优势特色农产品保险保障范围。

进一步增强政策合力。运用再贷款再贴现、存款准备金率等货币政策工具，为金融机构服务乡村振兴提供资金支持，做好金融机构服务乡村振兴考核评估工作。更好发挥政府性融资担保的作用，取消或降低对政府性融资担保机构的盈利考核要求。充分挖掘农业农村大数据资源，做好涉农信用信息的整合共享，健全完善新型农业经营主体名单制，搭建农村金融对接平台。

5. 把支持脱贫攻坚的金融力量向乡村振兴转移

2021 年第 15 期《中国金融》刊发的《中国金融扶贫经验和推进乡村振兴的思考》，作者系中国人民银行副行长潘功胜，文章对金融服务乡村振兴提出了自己的观点。文章认为，"要逐步实现由集中资源支持脱贫攻坚向全面推进乡村振兴平稳过渡，推动三农工作重心历史性转移""应准确把握新发展阶段，深入贯彻新发展理念，加快构建新发展格局，坚持共同富裕方向，坚定不移深化金融供给侧结构性改革，构建更高水平的金融支持乡村振兴体系，进一步提升金融服务实体经济的水平，奋力开创金融支持乡村振兴新局面，推动'十四五'时期金融服务乡村振兴高质量发展"。

文章主要观点如下："一是在保持主要金融帮扶政策总体稳定的基础上，分层次、有梯度地优化调整，以市场化、可持续的方式，从金融集中支持脱贫攻坚转向巩固拓展脱贫攻坚成果和全面推进乡村振兴。""二是深化农村金融改革，构建农村金融服务新机制。坚持市场驱动和政策支持相结合，进一步完善与乡村振兴发展相适应的农村金融供给体系。深化涉农金融机构体制机制改革，推动开发性、政策性金融机构加大

对三农领域中长期信贷支持，鼓励商业银行为三农领域提供差别化金融服务，保持县域法人金融机构总体稳定，完善农村金融资源回流机制，增加农村金融资源有效供给。运用金融科技手段赋能乡村振兴金融服务，统筹推动农村金融服务数字化转型，发展农村数字普惠金融。积极发挥保险、资本市场等各类渠道支持乡村振兴的作用，形成与农村经济高质量发展相适应的金融服务新机制。""三是坚持以市场需求为导向，聚焦重点产业发展农村经济。精准把握农村地区特别是脱贫地区产业发展的金融需求，以市场化、可持续的措施加大金融支持力度，丰富金融产品，促进县域经济发展。聚焦国家粮食安全和乡村产业发展，加大对高标准农田建设、粮食全产业链、种业发展等重点领域的融资支持，支持农村地区培育和发展特色优势产业，推动农村三次产业融合发展和绿色发展，着力增强三农领域对金融资源的承载力。""四是有效完善融资配套机制，构建金融服务乡村振兴的可持续运作模式。"

三、乡村"五大振兴"是不可分割的有机整体

2018年3月8日，习近平总书记参加十三届全国人大一次会议山东代表团审议时强调，实施乡村振兴战略是一篇大文章，要推动乡村产业振兴、人才振兴、文化振兴、生态振兴、组织振兴（以下简称乡村"五大振兴"），推动乡村振兴健康有序进行，是贯穿其中的一根红线。我们准确把握乡村"五大振兴"的科学内涵和目标要求，统筹谋划、协调推进，谱写新时代农业农村现代化新篇章。

乡村"五大振兴"涵盖经济、政治、文化、社会、生态文明等方方面面，与实施乡村振兴战略的产业兴旺、生态宜居、乡风文明、治理有效、生活富裕总要求一脉相承。推动乡村"五大振兴"，是"五位一体"总体布局和"四个全面"战略布局在农业农村领域的具体体现，是加快推进乡村治理体系和治理能力现代化、加快推进农业农村现代化的重大举措。

（一）乡村"五大振兴"的内涵要义

乡村"五大振兴"各有侧重、相互作用，必须准确把握其内涵要义。"五大振兴"是乡村振兴战略的核心内容和主要抓手。

产业振兴是乡村振兴的物质基础，事关提供乡村就业机会和拓宽农民增收渠道。推动乡村振兴，必须让农业经营有效益，成为有奔头的产业；让农民增收致富，成为有吸引力的职业；让农村留得住人，成为安居乐业的美丽家园。

人才振兴是乡村振兴的关键所在。推动乡村振兴，必须培养造就一支强大的人才队伍，切实解决农村缺人手、少人才、留不住人等问题，凝聚乡村发展人气。

文化振兴是乡村振兴的重要基石。推动乡村振兴，必须坚持既要"富口袋"又要"富脑袋"，大力挖掘乡村文化功能，提升乡村文化价值，增强乡村文化吸引力，不断提升乡村社会文明程度。

生态振兴是乡村振兴的内在要求，良好生态环境是农村最大优势和宝贵财富。推动乡村振兴，必须推进乡村自然资源加快增值，实现乡村绿色发展，构建人与自然和谐共生的乡村发展新格局。

组织振兴是乡村振兴的根本保障。推动乡村振兴，必须加强农村基层党组织建设，通过基层党组织把广大农民群众凝聚起来，形成强大合力。

实践中，乡村"五大振兴"不可割裂地看，不能顾此失彼，它们相互联系、相互作用、相互促进，必须注重协同性、关联性，整体部署、协调推进。

（二）乡村"五大振兴"的主攻方向

推动乡村产业振兴，应坚持质量兴农、绿色兴农，大力发展现代种养业，推进农产品就地加工转化增值，大力发展乡村现代服务业，促进农村一二三产业深度融合，加快构建现代农业产业体系、生产体系、经营体系。

推动乡村人才振兴，应把农村人力资本开发放在首要位置，加快培养造就懂农业、爱农村、爱农民的"三农"工作队伍，激励各类人才在农村广阔天地大显身手。

推动乡村文化振兴，应加强农村思想道德建设，推动社会主义核心价值观转化为农民的情感认同和行为习惯，焕发乡村文明新气象；传承保护弘扬优秀传统农耕文化，不断赋予其新的时代内涵。

推动乡村生态振兴，应大力推进农业绿色发展，治理农村环境突出问题，不断增加农业生态产品和服务供给，实现百姓富、生态美的统一。

推动乡村组织振兴，应发挥好农村基层党组织的领导核心作用，坚持党组织对农村各类组织的统一领导，建立健全党委领导、政府负责、社会协同、公众参与、法治保障的现代乡村社会治理体制，确保乡村社会充满活力、安定有序。

（三）乡村"五大振兴"的目的是实现农业强、农村美、农民富

习近平总书记强调，农业强不强、农村美不美、农民富不富，决定着亿万农民的获得感和幸福感，决定着我国全面小康社会的成色和社会主义现代化的质量。《乡村振兴战略规划（2018—2022年）》指出，"到2050年，乡村全面振兴，农业强、农村美、农民富全面实现"。推动乡村"五大振兴"，目的是增进农民福祉，实现农业强、农村美、农民富，让改革发展成果更多更公平惠及广大农民。

把促进农民收入持续增长作为重要任务。习近平总书记强调，检验农村工作实效的一个重要尺度，就是看农民的钱袋子鼓起来没有。近年来，农民收入保持快速增长态势，增速持续超过城镇居民收入。但城乡居民收入差距仍然较大，经营净收入、工资性收入等农民增收的传统动力有所减弱，亟待培育农民增收新动能。

为此，应延长农业产业链、提升价值链，实现乡村产业增效。加大职业技能培训，把千千万万农民培养成增收致富能手。发挥好新型农业经营主体的引领作用，完善与农民的利益联结机制，促进小农户与现代农业发展相衔接。注重拓展农业多种功能，

把绿水青山真正变成金山银山。打造坚强有力的农村基层党组织，使之成为带领村民增收就业、脱贫致富的"主心骨"。

把保障和改善农村民生作为根本要求。从解决农民群众最关心最直接最现实的利益问题入手，加强农村基础设施建设，增加农村文化教育、医疗卫生、社会保障等公共服务供给，让农民的获得感、幸福感、安全感更加充实、更有保障、更可持续。加强乡村教师队伍建设，加快培养乡村医生和文化人才，为农民提供更高质量的教育、卫生和文化服务。推行绿色生产生活方式，打好污染防治攻坚战，打造农民安居乐业的美丽家园。

把重塑城乡关系、消除城乡发展差距作为最终目标。城乡发展不平衡、农村发展不充分是我国社会主要矛盾的突出体现。推动乡村振兴，要促进城乡产业双向借力、联合互动，构建分工明确、布局合理、平等互利、融合发展的城乡产业新布局。抓好招才引智，通过人才双向流动带动资金、技术、管理等资源要素城乡互通。适应农村经济社会结构的深刻变化，建立现代化的乡村治理机制，维护农民合法权益，有效促进社会公平正义。

四、乡村振兴需要发展高质量农业

乡村振兴战略是新发展格局形势下解决我国"三农"问题的主题思路，这一战略与以往的"城镇化""新农村建设"一脉相承，但站得更高，看得更远，也更丰富，涵盖农村经济、社会、生态、文化各个方面，是全面建成小康社会的关键点。乡村振兴战略是一项系统工程，产业兴旺是其重要抓手，实现农业产业的兴旺仅靠外部驱动是无法实现高效可持续发展的，因此，以高质量发展理念激发农业产业的内驱活力被提出，理顺高质量农业与乡村振兴的关系具有积极的理论与现实意义。郑州工程技术学院张月华曾经撰写文章《高质量农业与乡村振兴的耦合性分析》，对高质量农业与乡村振兴的关系进行了较为系统的阐释。作者认为，高质量农业不仅是推进乡村振兴的重要引擎，还是实现产业兴旺的重要途径。

（一）高质量农业与乡村振兴的统一性分析

1. 方向一致

高质量发展是以绿色为方向、以创新为动力、以协调为原则、以共享为目标的发展模式，是建立在全要素资源高效利用，产业结构调整与提升，经济社会生态协同发展基础上的可持续发展。"高质量"一词在农业中的应用，其本质仍然是新发展理念的一种体现。农业高质量的内涵既包括产业结构的优化、农产品质量的提升、农业生产效率的提高、资源要素的跨界优化配置、多产业的深度融合，也包括由此带来的农民收入的持续增加、农业的可持续发展。由此可见，高质量农业发展方向包含助推农业产业优化升级，缓解农业资源环境压力，提高农业资源高效利用，达到农业发展、农村繁荣、农民幸福的目的。这与乡村振兴战略"产业兴旺、生态宜居、乡风文明、治理有效、生活富裕"的总体要求高度契合。

2. 主体一致

高质量农业以农业和农民为主体，强调将产业优化升级作为农业高质量发展的内生动力，通过农产品品质的提升、农业产业生产效益的提高、农产品品牌化的形成、农业生产经营体系的完善推动农业产业从高数量向高质量的跨越。同时，高质量农业要通过产业的体制转型提高产业效益、产品质量和市场竞争力，通过农业绿色化、优质化、品牌化提高产业层级和品牌溢价能力，实现产品增值，实现农民收入的持续增加。这与乡村振兴的主体对象一致，首先乡村振兴战略将农业、农村、农民看作一个整合主体，农业兴旺，农村才能繁荣，农民才能富裕。其次是农业农村工作被摆在首位，不同于以前工业反哺农业、以工促农、以城带乡的被动和弱势地位，乡村振兴战略强调要将农业农村放在优先发展的地位。可见，农业和农村发展地位发生了根本改变。第三，明确提升了农民的主体地位，将一切工作的出发点和落脚点归于农民，真正使农民成为乡村振兴战略的参与者贡献者受益者，农民要在乡村振兴战略中主动进场和在场，要成为乡村振兴战略的主力军。

（二）高质量农业与乡村振兴的耦合关系论证

在《河南思客》编辑部举办的一次有关乡村振兴与普惠金融小型座谈会上，郑州工程技术学院张月华提出了自己的观点。她认为，乡村要振兴，普惠金融要开足马力予以支持，以实现农业的高质量发展。

1. 高质量农业是推进乡村振兴的重要引擎

张月华认为，乡村振兴战略的提出是为了解决我国的乡村衰落问题，而乡村衰落主要体现在乡村产业的衰败、乡村文化的凋敝，以及由此引发的乡村人力、资金、土地等资源的流失。城市二三产业的聚集与繁荣发展、二三产业更高的劳动回报、更高的资源利用效率导致城市比乡村更具有竞争力与吸引力，生产要素不断向城市聚集。在市场经济条件下，资源遵循价值规律自由流动，要想实现乡村振兴必须从根本上促进农业产业的发展，提升农业产业的吸引力与竞争力，通过市场手段调节资源向农业产业流动。同时，农业多功能的开发与延伸也为提升农业产业的吸引力提供了支撑。以往，我们仅仅把农业产业等同于种养业，而忽视了土地、环境、人文等资源的多功能性，导致农业产业经济功能的弱化。现在通过发展高质量农业，培育新业态，注重农村产业的多功能性，增强农村产业的竞争力，吸引资源要素回流，实现乡村振兴。

2. 高质量农业是实现产业兴旺的重要途径

（1）高质量农业可转变农业生产方式。

乡村振兴必须让经济发展起来，实现产业兴旺，是站在农村产业发展的角度，在保障产量的同时注重农业的高质量发展。随着时代的发展和人民消费层次的升级，传统的农业产业模式已经无法满足现代消费者的需求，现代农业的高质量发展是以推进

农业供给侧结构性改革为主线，坚持质量兴农、绿色兴农、效益优先，转变农业生产方式，推进农业产业的转型升级，实现农业现代化的发展理念。

（2）高质量农业可推进农业产业升级改造。

高质量农业的实施将推进农业产业的升级改造，实现农业产业高质量的配置、高质量的效率、高质量的供给、高质量的需求、高质量的收入分配和高质量的经济循环。高质量发展要求资源的高效利用，农业高质量发展需要实现农业生产要素（土地、劳动力、资金、技术）的优化配置，以最优投入实现最高收益。要大力提升农业投入产出比率和经济效益，实现资源配置的集约化和专业化，既不浪费也不冗余，资源利用合理高效。

（3）高质量农业可促使农业产业实现可持续发展。

农业高质量发展需要顺应绿色消费需求，革新生产方式，注重生产管理，将绿色理念贯穿于农业生产全过程，实现资源利用的绿色化、生产管理的绿色化、最终产品的绿色化、污染排放的绿色化。一方面充分利用乡村的天然生态属性大力发展生态经济，提供更多更好的绿色产品。另一方面，以现代科学技术为支撑，建立起生态环保的农业经营模式；同时，要尽量减少生产过程中的污染排放，合理利用化肥、农药等农用物资，促使农业经济与农村生态实现良性互动。高质量农业能充分发挥农业产业的地域优势、资源优势和市场优势，通过优化资源配置，充分调动农业资源，形成独具特色的可持续的产业体系。

3. 高质量农业为实现农民生活富裕提供坚实保障

（1）高质量农业有助于提高农民的经济收入。

乡村振兴的最终目的是实现乡村居民生活水平的提高。现代农业高质量发展是解决"三农"问题的主要途径，在发展过程中通过农业的高质量发展实现农业产业的提升、农村社会的繁荣和农民收入的提高。

（2）农业高质量发展是实现农民生活富裕的重要途径。

通过农业高质量发展带动农产品品质的提升，提高产品溢价率，提高农民的经济收入水平，引导资源要素的回流；通过产业的融合发展激发农村资源要素的活力，确保广大农民安居乐业；通过产业的高质量发展改善农村生态环境，提升农民居住环境的幸福感；通过生产、生活和生态的全面振兴，实现农民生活富裕的总体要求。

（3）高质量农业是提升农民获得感和幸福感的重要保障。

无论是乡村振兴还是高质量农业，其根本目的都是要让农民能够充分公平分享改革发展成果，提升农民的获得感和幸福感，实现农民生活富裕。让农民共享经济发展和现代化的成果，增强乡村居民的获得感。高质量农业助推农民从这次变革中共享收益，提升农民的获得感和幸福感，突破城乡边界，让全体民众共享发展成果。谋求公平共享是新时代中国特色社会主义实现现代农业高质量发展的基本要求及特色所在。

（三）实践验证——以河南省为例

河南省通过促进发展家庭农场和农民合作社来带动农业高质量发展，据河南省农业农村厅官方网站发布的信息，目前，河南省家庭农场发展到 5 万家，占全国总数 60 万家的 8.3%，居全国第 7 位。平均经营规模达到 117 亩，其中粮食产业占比 70%；农民合作社发展到 18 万家，居全国第 2 位，占全国总数 220 万家的 8.2%，入社农户 527 万户，占承包农户总数的 30% 以上，超过 50% 的合作社有能力为成员提供农业生产性服务。据农业农村部门统计，2018 年 138 944 个合作社按交易总量返还成员总额 40.33 亿元，按股分红 17.43 亿元，平均带动每个合作社成员增收 1445.6 元，比全国平均水平 1135.3 元高出 310 元。

河南省积极推动标准化生产、农产品质量认证和品牌建设，全省有 4800 多家家庭农场和农民合作社拥有注册商标，2400 多家通过了农产品质量认证。郑州市蜜乐源养蜂专业合作社建立了蜂蜜包装车间和蜂产品快速检测系统，获得了 QS 生产许可证和有机认证，并注册"蜜乐源"商标，产品远销韩国、日本等国家。三门峡市宝地高山蔬菜专业合作社引进名特优新蔬菜品种，制定标准化生产技术规程和生产全程监控规范，建成了全国首家适地高山蔬菜育苗基地，比普通种苗亩增产 3000 斤以上。

近年来，随着"互联网 +"现代农业的兴起，河南省积极推进农业经营组织和公司联合建设了网上销售平台，3 年已累计销售桃果 3000 多万斤，销售收入 6500 万元；另外，与美淘电商合作，形成了"电商企业 + 合作社 + 基地 + 农户"的运营模式，拓宽了农产品销售渠道，年销售 800 万斤，销售收入 1600 万元，销售收入比普通产品增值 5% 左右。

实践证明，高质量农业的发展为产业的升级改造、农村资源的高效率利用、农民收入的提高起到了直接推动作用，是激发农业、农村、农民内生动力，实现乡村振兴的有效途径。

第二节　普惠金融贯穿乡村振兴始终

中国要强，农业必须强；中国要美，农村必须美；中国要富，农民必须富。坚持农业农村优先发展总方针，高水平推进农业农村现代化，让农业成为有奔头的产业，让农民成为有吸引力的职业，让农村成为安居乐业的家园。金融系统、财政部门就要把农业农村作为财政优先保障领域和金融优先服务领域，打通"三农"发展资金瓶颈，谱写新时代乡村全面振兴的新篇章，为实现中华民族伟大复兴奠定坚实基础。

一、普惠金融为乡村振兴中的中小微企业强筋健骨

（一）普惠金融与中小微企业互为支撑

国家统计局官方网站 2020 年 4 月底公布的企业复工复产情况显示，全国中小企业

复工率为84%，虽然较2月底三成左右的比例有很大进展，但与同期规模以上工业企业99%的平均开工率相比，仍有一定差距，特别是小微企业聚集的住宿和餐饮业、文化体育和娱乐业等复工率较低，微型企业复工复产难度较大。

乡村振兴中，中小企业是中坚力量，普惠金融一定要为中小企业强筋健骨，增强中小企业"免疫力"。中小企业创造的最终产品和服务价值相当于国内生产总值的60%左右。更为重要的是，中小企业提供了80%的就业岗位，创造了75%以上的技术创新。中小企业发展好不好，不仅影响当前经济发展的成色，也影响着就业和居民收入等目标的实现。

因此，加大对中小企业的帮扶力度，提升其应对疫情冲击的"免疫力"，事关经济社会发展大局。国家提出，要着力帮扶中小企业渡过难关，加快落实各项政策，推进减税降费，降低融资成本和房屋租金，提高中小企业生存和发展能力。

疫情防控中，为帮助中小企业纾困解难，有关部门从财税、金融、社保、外贸、就业等多个方面频频发力：减税费，对小微企业和个体工商户减免增值税、社保费；增信贷，通过3次降准、再贷款再贴现向金融机构提供了3.55万亿元低成本资金；降成本，减免中小企业房租、降低运营成本；缓期限，到3月底已对8800亿元企业贷款本息实行延期……一系列政策"组合拳"为企业减压释负，有效改善了中小企业生存状态。

但也要看到，与"大块头"的规模以上企业相比，中小企业特别是一些小微企业规模小、实力弱，"免疫力"也相对较低，一笔贷款、一张订单，都可能直接决定企业的生死。加之大量中小企业广泛分布于餐饮、旅游、娱乐等生活服务业，受到的冲击相对更大。

随着复工复产达产进程的推进，供应链受阻、资金链紧张、订单减少、销售困难等新问题，都可能让已经复工复产的中小企业重新陷入困境。要让中小企业真正渡过难关，还需要因地制宜、因时制宜出台帮扶举措，有效破解复工复产中的难点、堵点，提高其生存和发展能力。

要增强政策有效性，让好政策既"看得见"也"摸得着"。中小企业往往处于经济循环的末梢，要得到"阳光雨露"的滋养、增强抵御冲击的能力，尤其需要疏通好政策传导"最后一公里"。

以企业融资为例，媒体调查显示，尽管3月份一般贷款利率较2019年高点下降了0.62个百分点，但一些小微企业依然觉得不够"解渴"，加上担保费等，综合融资成本负担仍然不轻。好政策要真正变成企业发展红利，关键还在于抓实抓细抓落地。

要增强政策针对性，实现精准助力复工复产、精准"滴灌"中小企业。中小企业数量众多、覆盖面广，面临的困难也涉及方方面面、情况千差万别，很难用一套政策、一种方案解决所有问题。在复工复产进程中，各地要及时掌握中小企业具体情况，有针对性地为中小企业量身定制配套措施，"一企一策"推动政策落地。企业成本高，就抓紧落实税费房租减免；企业缺订单，就帮助对接线上市场；企业用工难，就开辟招工"绿色通道"……只有设身处地、千方百计为中小企业着想，才能让好政策真正成为中小企业的"雪中炭"。

还要增强政策创造性，发挥政府部门自身优势和主观能动性，帮中小企业解难题。比如，疫情影响下，企业经营风险上升，一些银行出于防风险考虑，更加注重抵押和担保，这让中小企业融资难度加大。而税务和银保监部门联手推出的"银税互动"，则可以有效化解这一难题。以真实可信的纳税信用为贷款依据，既降低了银行经营风险，又解了企业燃眉之急，同时，纳税信用转化为融资信用，又进一步鼓励企业诚信纳税，真正发挥出"1＋1＞2"的成效。类似这样的"发明创造"多一些，中小企业发展环境就能更好。

"我国中小企业有灵气、有活力，善于迎难而上、自强不息，在党和政府以及社会各方面支持下，一定能够渡过难关，迎来更好发展。"在看清眼前困难和挑战时，我们更要看到，许多中小企业正在攻坚克难、逆境突围，只要多一分支持与关爱，多一点实招与硬招，广大中小企业定能穿越风雨，焕发出勃勃生机。

（二）普惠金融要帮助中小微企业渡过难关

近50%的税收、60%的国内生产总值、70%的技术创新和80%的就业……中小企业是扩大就业、改善民生、促进创业创新、稳定产业链、供应链的重要力量。

2020年4月17日召开的中共中央政治局会议强调保市场主体，要求着力帮扶中小企业渡过难关，提高中小企业生存和发展能力。特殊时期，中小企业发展受到了新冠肺炎疫情带来的冲击，帮助其渡过难关是落实"六保"任务的关键一环。当前，一系列政策组合拳出招驰援，不少中小企业迎难而上，为经济恢复发展按下加速键。"六保"，指保居民就业、保基本民生、保市场主体、保粮食能源安全、保产业链供应链稳定、保基层运转。

我们要注意，2018年7月，中共中央政治局召开会议，首次提出要做好"六稳"，就是"稳就业、稳金融、稳外贸、稳外资、稳投资、稳预期"，并把"稳就业"放在首位。而2020年4月17日，中共中央政治局会议将"保居民就业"摆在"六保"任务的突出位置上，这体现了党中央稳住经济基本盘，兜住民生底线的坚定决心。

"稳"是基础，"保"是底线。

2020年4月20日至23日，中共中央总书记习近平在陕西考察时强调，要全面落实党中央决策部署，坚持稳中求进工作总基调，坚持新发展理念，扎实做好"六稳"工作，即"稳就业、稳金融、稳外贸、稳外资、稳投资、稳预期"；全面落实"六保"任务，即"保居民就业、保基本民生、保市场主体、保粮食能源安全、保产业链供应链稳定、保基层运转"，努力克服新冠肺炎疫情带来的不利影响，确保完成决战决胜脱贫攻坚目标任务，全面建成小康社会，奋力谱写陕西新时代追赶超越新篇章。

2020年3月10日，国务院常务会议上，李克强总理的态度斩钉截铁，"只要今年就业稳住了，经济增速高一点低一点都没什么了不起的"。

3 月 20 日，李克强总理考察国务院复工复产推进工作机制"现场办公"时再次强调，2020 年做好"六稳"（稳就业、稳金融、稳投资、稳外资、稳外贸、稳预期）工作的头等大事就是稳就业，而中小微企业和个体户是就业最大的"容纳器"。

如前所述，中小微企业这个最大的"容纳器"，吸纳了 80% 以上的就业。我们来看两组具体的数据：

第四次全国经济普查数据显示，截至 2018 年年末，我国 1807 万家中小企业法人单位吸纳就业人员超 2.33 亿人，占全部企业法人单位就业人员的比重为 79.4%。

目前我国登记在册的个体工商户有 8353 万户，带动了超过 2 亿人就业。每 7 个中国人就有 1 个是个体户。

在中短期内，为了更好地支持乡村振兴，对金融机构抗疫采取一些措施：

一是针对经济领域新出现的问题，完善对金融机构的监管制度，扎好监管"篱笆"。

二是要建立商业银行支持实体中小企业纾困贷款的损失补偿和风险分摊机制。既然政府要求商业银行参与支持纾困中小企业，政府应该对商业银行信贷在未来可能出现的损失和风险补偿、分摊等作出政策性安排。

三是加快房地产长效机制建设和要素市场建设，让实业投资和其他投资比房地产投资更有比较利益。

四是在较密集出台优惠政策时期，税收立法或执行部门在制定解读税收优惠政策时，应该尽量通俗易懂。中小企业要及时学懂用好新政策。同时，加强各方面对税收执法的监督，既要"应收尽收"，更要"应享尽享"。

（三）中小银行进行金融创新助力乡村振兴

实施乡村振兴战略，需要解决资金问题。习近平总书记强调，要在资金投入、要素配置、公共服务、干部配备等方面采取有力举措，加快补齐农业农村发展短板。实现这一要求，金融创新应发挥重要作用。

中小银行（包括城商行、农商行、农村信用社、农村合作银行、村镇银行等）是农村金融的主力军和联系农民的重要金融纽带，与乡村振兴战略有着天然的紧密联系。充分发挥中小银行的地缘、人缘优势，完善市场体系、组织体系、产品体系，创新服务模式，优化服务渠道，将有效化解农村市场主体融资难问题，为乡村振兴注入金融力量。

我们在河南省各地调研中了解到，对中小银行来说，优化组织架构，构建金融服务体系，有助于打通农村金融服务的"最后一公里"。比如，中原银行于 2016 年提出金融"下乡"战略，不断完善县域支行、乡镇支行、普惠金融服务站"三位一体"的金融服务体系，已在河南全省设立了 127 家县域支行（含县域二级支行），50 家乡镇支行，近 5000 家普惠金融服务站。同时，对中小银行来说，丰富金融产品，加大信贷投放，也能为"三农"经济引入金融活水。比如，河南省农信社采取支持产业扶贫、创新普惠金融支农产品等多种手段，发挥支农资金主渠道的作用。

对中小银行而言，推动数字技术应用，通过上线惠农 App 等方式，有助于化解"三农"融资难题。实践中，一些中小银行聚焦场景化建设、渠道平台拓展，搭建农村金融生态圈，实现服务场景的线上线下融合，优化客户体验，让农民足不出户就能享受正规化的金融服务；通过服务创新、模式创新等手段，优化完善支付和服务渠道，适应及参与农村社会治理。比如，郑州银行将大数据、人工智能、物联网等技术运用到"三农"金融服务中，高效准确地获取服务对象的相关信息，为贷前调查、审查审批提供依据，提升"三农"贷款审批效率，降低服务成本。

与此同时也要看到，受自身内部机制及相关制度不健全等因素影响，中小银行服务"三农"的积极性仍有待进一步提高，金融供给、金融服务、金融创新等方面也存在难以满足现实需求的情况，亟待在改革创新中予以破解。为此，要进一步创新金融产品，加大信贷投放，研发特色产品，定制专属产品，精准匹配最适合的融资产品，将信贷资金切实用到"刀刃"上。同时，丰富产品体系，降低"三农"获得金融服务的难度。

此外，还应进一步创新服务模式，缓解融资难题，有效盘活"三农"存量资产、解决其缺乏抵押物问题，保农业供应链产业链。以惠农支付服务为依托，持续优化"县乡村"服务网络，丰富金融服务种类，提升基础金融服务的可得性和均等化水平；加快金融科技赋能乡村振兴，进一步扩大"三农"金融服务覆盖面；创新考核机制，健全激励体系，等等。通过一系列创新，让中小银行更好担负起服务乡村振兴战略的作用，助力乡村全面振兴。

（四）国家出台的有关支持中小微企业发展的金融服务措施

疫情发生后，国家出台的有关支持中小微企业发展的金融服务的主要措施有以下几项。

1. 中小微企业贷款阶段性延期还本付息政策

对于 2020 年 6 月 1 日至 12 月 31 日期间到期的普惠小微贷款，包括单户授信 1000 万元及以下的小微企业贷款，以及个体工商户和小微企业主经营性贷款，要"应延尽延"。对于此期间到期的普惠小微贷款本金，还本日期最长可延至 2021 年 3 月 31 日；对于此期间普惠小微贷款应付利息，付息日期最长可延至 2021 年 3 月 31 日，免收罚息。"应延尽延"的具体要求是，只要企业提出延期还本付息申请，根据商业原则保持有效担保安排或提供替代安排，且承诺保持就业岗位基本稳定，银行业金融机构就应当予以办理。

2. 普惠小微信用贷款支持政策

人民银行使用再贷款专用额度，通过创新货币政策工具，对符合条件的地方法人银行业金融机构于 2020 年 3 月 1 日至 12 月 31 日期间新发放普惠小微信用贷款本金的40％予以支持，普惠小微信用贷款合同期限不少于 6 个月。地方法人银行所在地人民

银行分支机构与符合条件的地方法人银行签订信用贷款支持计划合同，按照合同执行支持计划，促进小微企业信用贷款投放。

3. 进一步强化中小微企业金融服务的指导意见

从落实中小微企业复工复产信贷支持政策、开展商业银行中小微企业金融服务能力提升工程、改革完善外部政策环境和激励约束机制、发挥多层次资本市场融资支持作用、加强中小微企业信用体系建设、优化地方融资环境、强化组织实施等7个方面，提出了30条政策措施。通过长短兼顾、综合施策，进一步强化中小微企业金融服务。

（五）河南：实施普惠特别帮扶计划

疫情发生以来，人民银行牵头出台了一系列金融支持疫情防控和促进经济社会恢复发展的政策措施，在河南省的落地情况如何？2020年6月11日，人民银行郑州中心支行党委书记、行长徐诺金在接受媒体专访时，围绕一些热点问题回答了记者提问。

徐诺金说，人民银行郑州中心支行在人民银行党委和河南省委、省政府的正确领导下，带领全省金融系统众志成城，创新举措，快速投放疫情防控优惠贷款，积极对接企业复工复产，为保证经济社会平稳运行提供了有力的金融支持。

在总量方面，超预期投放流动性。2020年以来，全省人民银行通过1次全面降准、2次定向降准，共向银行体系释放流动性596.9亿元。同时，还为地方法人金融机构备案2020年同业存单、大额存单发行额度4227亿元。流动性的大量投入，营造了相对宽松的货币金融环境。1至5月，河南省本外币贷款新增4459.4亿元，同比多增416.6亿元；一季度社会融资规模新增5350.4亿元，同比多增663.2亿元，居全国第六位、中部六省首位。

在融资价格方面，有序引导货币、信贷等金融市场利率下行。河南省金融系统积极落实贷款市场报价利率（LPR）改革要求，持续加大贷款市场报价利率运用，目前已实现新发放贷款主要参考贷款市场报价利率定价。同时，结合国家政策导向，各金融机构纷纷出台措施，降低评估、保险、抵押等收费，合理降低贷款利率，推出各具特色的无还本续贷产品，主动让利企业。4月份，河南省金融机构新发放贷款的加权平均利率为6.23%，自2019年8月总行推动LPR改革以来累计降低0.65个百分点。

在结构方面，加大再贷款再贴现定向支持。一是围绕3000亿元疫情防控专项再贷款，12家承办银行密切对接疫情防控重点企业，设立信贷审批快速通道，确保了相关专项资金快速、精准投入了疫情防控领域。至6月7日，河南省运用防疫再贷款向292家疫情防控企业发放优惠贷款81.6亿元，平均利率低至2.65%。二是围绕5000亿元再贷款再贴现专用额度和10 000亿元普通额度，河南省法人机构瞄准复工复产、春耕备播、脱贫攻坚等经济发展重点领域，切实加大了信贷支持力度。至5月末，河南省再贷款和再贴现余额达493亿元，同比增长36.8%。

在支持政策方面，强力推动"百千万"行动计划和"861"金融暖春行动。河南省各级人民银行和各金融机构实施普惠特别帮扶计划，打造河南金融品牌。"百千万"行动推出一年多来，惠及全省12 000余家优质民营小微企业，已成为河南省小微金融的一张名片。2020 年以来，人民银行郑州中心支行联合省发改委、金融局又推出了"861"金融暖春行动，围绕先进制造、脱贫攻坚、春耕备耕等八大领域的中小微企业加强金融定向支持。这两项行动，符合"六稳""六保"工作要求。下一阶段，郑州中心支行将联合有关部门印发专项文件，在全省实施"支持市场主体普惠特别帮扶计划"，把金融支持稳企业保就业工作引向基层，引向深入。全省金融系统要围绕普惠特别帮扶计划，实施主办银行制度，搭建"一对一"服务机制，根据不同企业的行业特点、成长阶段、财务状况等，积极创新个性化、差异化的金融产品和服务方式。要重点推动创新"复工贷、复产贷、复市贷、春耕贷"等品种，并持续提高信用贷、续贷、中长期贷款份额和比重，努力做到应贷尽贷、应延尽延、应减尽减，持续改善相关重点领域市场主体的融资状况，力争将"普惠特别帮扶计划"打造成新的河南金融名片。

二、乡村振兴战略为农村普惠金融提供发展空间

2017 年12 月7 日，由世界储蓄与零售银行协会发起，中国邮政储蓄银行承办的"第一届农村普惠金融研讨会"在北京召开。研讨会的主题是实现农村普惠金融可持续发展。中央农村工作领导小组有关负责人指出，尽管农村金融的发展取得了非常重要的成就，但是总体而言中国现在农村金融依然是金融体系中间一个薄弱的环节。乡村振兴战略的实施，需要汇聚广泛的金融资源和社会力量，这对农村普惠金融发展是一个难得的机遇。

解决"三农"问题，包括农村中小企业贷款难、贷款贵问题，是世界各国普遍面临的困难和挑战。2016 年金融统计的数据，包括涉农贷款余额占全部金融机构贷款余额的比重，以及农户的贷款、农林牧渔产业的贷款金额，该负责人认为都和当前农业在整个国民经济活动中的比重和地位，农村地区的经济活动在整个国家的经济体系中的地位是不相称的、不匹配的。主要金融机构在农村还呈现出资金净流出的一个态势，这种现象还没有从根本上改变。

但是从另外一个角度看，农村各类主体对金融服务的需求却日益增长，农民的金融意识也在不断增强，旺盛的农村金融需求也更加突显了农村金融服务供给的不足。整体上看，当前农村金融服务的水平难以满足农业、农村、农民现代化的要求。要实现全面建成小康社会，迫切需要充分发展农村金融，让它起到很好的支持作用。

为了推动普惠金融的发展，提高金融服务的覆盖率、可得性和满意度，增强所有市场主体和广大人民群众对金融服务的获得感，国务院也制定了《推进普惠金融发展规划（2016—2020 年）》。我国政府强调发展普惠金融的目的，就是要提升金融服务的覆盖率，满足人民日益增长的金融需求，特别是要让农民、小微企业，当然也包括城镇的低收入人群、贫困人口、老年人，及时获得价格合理、便捷、安全的金融服务。

近年来，中央积极推动深化农村金融改革，不断完善扶持政策，积极引导金融机

构加大创新的力度，这方面无论是推进的深度和广度，都有显著的提升，也取得了显著的成效。

第一，我们进一步完善了"三农"服务的金融机构体系建设。2008 年，为了确保有专门的机构、人员和资源专心服务"三农"，首先是农业银行开始实施了三农金融事业部的改革试点，经过这几年的持续深化改革，农行三农金融事业部在提升"三农"金融服务能力，推动农村金融体系建设上发挥了较好的示范引导作用。在认真总结推动已有经验的基础上，2016 年中央一号文件又对邮储银行组建三农金融事业部提出了明确的要求，这是中央确定的做强做专三农金融工作的又一个重大举措。2016 年、2017 年这两年，邮储银行的三农金融事业部改革全行推广工作在各地积极有序推进，有 27 家邮储银行三农金融事业部分部先后成立，已经初步形成了邮储银行特色的专业化为农服务体系。

第二，积极推进金融创新，满足各类主体多样化产品的服务需求。为了进一步加大对"三农"的金融支持力度，2015 年由相关部门颁发了文件，开展土地承包经营权和农民住房财产权的抵押贷款试点，现已在 200 多个县推进试点。2016 年还开展了农村集体经营性建设用地入市抵押融资的试点。

第三，持续加大政策支持的力度。为了引导县域金融机构加大金融贷款的投放力度，财政部出台了关于县域金融机构贷款的政策，农村金融机构定向费用补贴等一系列的扶持政策，人民银行也落实定向降准的政策，充分发挥支农再贷款、扶贫再贷款对"三农"和贫困地区信贷投放的导向作用。

尽管农村金融的发展取得了非常重要的成就，但是总体而言中国现在农村金融依然是金融体系中一个薄弱的环节。随着乡村的各种价值和功能重新认识、重新定位和发掘，农村经济产业链和价值链也在不断延伸，农村的第一、第二、第三产业的深度融合发展，这些都将为农村普惠金融的发展提供广阔的市场空间。

专家认为，乡村振兴战略的部署是新时代"三农"工作一个总的抓手，而乡村振兴不仅仅是一个农村产业的振兴、经济的振兴，也包括农村的文化、生态、社会等各个方面的振兴，是一个全方位的振兴。实施这样一项宏伟的国家战略，没有强有力的资金支持做后盾是难以实现的。乡村振兴战略的实施，需要汇聚广泛的金融资源和社会力量，这对金融领域，尤其是农村普惠金融的发展来说是一个难得的机遇。

第三节　统筹推进新型城镇化与乡村振兴协调发展

实施乡村振兴战略，是党中央在中国特色社会主义新时代和奋力实现"两个一百年"目标的历史进程中，对我国城乡关系的准确研判和重大部署。在这个过程中，推进乡村振兴要特别注重处理好与新型城镇化的关系。以河南省为例。2018 年，《中共河

南省委 河南省人民政府关于推进乡村振兴战略的实施意见》明确提出，"促进城乡融合发展"是六项重点任务之一。那么，两者融合发展的重要性和紧迫性表现在哪些方面，内涵有哪些，以及如何从机制上保障、促进融合发展？

一、两者相辅相成互为促进

河南省社科院城市与环境研究所王建国认为，新型城镇化和乡村振兴从根本上讲是相辅相成、互动联动的关系，我们应从更深层次理解二者的内在联系，科学把握，从而为乡村振兴的有效实施和新型城镇化的高质量健康发展奠定理论基础。

1. 乡村振兴是新型城镇化的基本动力

农业人口向城镇转移是城镇化的核心要义，农业转移人口市民化是新型城镇化的本质要求；农产品不仅是城镇人口的最基本生活资料，也是轻工业维持生产的原材料。如果没有农业人口向城镇转移，城镇化将成为无源之水、无本之木，也就无从谈起；没有农业转移人口的市民化，新城镇化的质量将不会高，也难以实现健康发展，也不能使城镇化促进经济社会发展的强大功能和作用充分发挥出来。没有农产品为城镇人口提供基本生活资料、为轻工业生产提供生产资料，农业人口就会因为缺衣少食无法在城镇中生存下来，轻工业就不能为居民提供更充分的生活资料，直接导致城乡居民生活水平的下降。

而要破解这一难题，就必须实施乡村振兴战略，通过加大对乡村的倾斜，投入完善乡村的基础设施和公共服务设施，不断改善乡村的环境条件，吸引更多的生产要素向乡村流动。加快农业农村发展，一方面可以大幅度提高农业农村的生产效率，使农民得以从土地上解放出来，加入城镇化的时代洪流之中，另一方面可以增加农民收入，使农民具有进城成为市民的"原始积累"，可以在城镇定居下来；同时，农业的发展也将有效地保障不断增加的城镇人口的生活需要，并保障相应的工业生产及其转型升级的原料需求，由此可见，农业的发展是城镇化的基本动力，也是第一推力。

2. 新型城镇化为乡村振兴创造条件

城镇化为工业化提供承载，工业化为城镇化人口提供就业，正是城镇化与工业化的互动发展为乡村振兴创造了良好的条件，也拉动乡村走向繁荣。

城镇如火如荼的基础社会和公共服务设施建设，改善了城镇的生产生活条件，为工业的发展及其转型升级搭建了更加完备的平台和载体，为日益扩大的城镇化人口提供了更多更高层次的就业岗位，同时，城镇良好的公共服务也使得外来务工人员愿意定居下来成为市民。农业劳动力进城务工，也为城镇的发展，乃至整个国民经济的发展和进步作出了贡献。

随着愈来愈多的农业人口转向城镇定居和生活，农业人口相对愈来愈少，原本细分小块化的土地资源才可以集中连片化，大型农业机械有了更好的施展空间，农业的产业化规模化经营才可以有效推进，农业效率越来越高，市场化进程不断加快；同时，

国民经济的发展使得国家和政府有更多财力加大对农业农村的投入，并引导社会资本和生产要素向农业农村转移，为实施乡村振兴战略创造了良好条件。

3. 两者互促共进

不管是从理论上看，抑或是从世界发展史看，城镇化与农业现代化不仅是相互关联、不可分割的，而且也必然是互促共进、协调同步的，统一于经济社会发展的全过程。城镇化与农业现代化协调的基础在于同步，也只有同步才可以协调，二者的同步协调形成了推进经济社会发展的最佳合力和强大动力。所以，党的十八大报告提出要推动城镇化和农业现代化相互协调，促进工业化、信息化、城镇化、农业现代化同步发展；党的十九大进一步强调，坚持新发展理念，推动新型工业化、信息化、城镇化、农业现代化同步发展。从城镇化和农业现代化相互关系看，二者都是实施乡村振兴，促进农村、农业发展的路径和手段，相互依托，相互促进。仅仅依靠城镇化，忽视农业现代化，很难从根本上改变农村的落后面貌，而且容易导致农业萎缩和引发"城市病"；反之，农村将不能获得加快发展的良好条件，成为"一潭死水"，延缓农业现代化进程。

就目前看，我国城镇化与农业现代化相互关系的最大症结恰恰在于：二者发展的不同步不协调，核心问题则在于农业现代化发展水平相对较低，滞后于城镇化。所以，科学处理新型城镇化与农业现代化的关系，关键在于实施乡村振兴战略，从战略和全局的高度重视农业、农村和农民问题，并提出全面、系统和根本性解决方案及路径，引导农村一二三产业深度融合发展，促进农业发展、农村进步、农民富裕，加快提高农业现代化水平，推进农业现代化与城镇化以及工业化、信息化同步协调发展。

二、构建协调发展机制

河南省社科院城市与环境研究所王新涛认为，新型城镇化与乡村振兴的相互关系是内在的、紧密的，二者相辅相成、协调同步发展是本质的、必然的。但从我国的现实看，由于种种原因，新型城镇化与乡村振兴在一定程度上被割裂，突出表现为农村发展滞后于城镇，农业现代化滞后于城镇化。为此，必须贯彻落实党的十九大关于实施乡村振兴战略的决策部署，重新构建新型城镇化与乡村振兴的协调机制，统筹推进新型城镇化与乡村振兴战略协同实施。

1. 重构城乡一体化发展

从 20 世纪 90 年代开始，我国不断加快城镇化进程，城镇建设不断加快，城镇发展水平大幅提高。但随着我国发展进入中国特色社会主义新时代，社会主要矛盾发生变化，不少城市原有基础设施和公共服务设施历史欠账较多，产业承载能力较弱，无法满足城镇原有居民的生产生活需要；加上农业转移人口市民化步伐的加快，城镇居住人口快速增长，人均基础设施和公共服务设施占有量更低，居民需求与城镇供给之间的矛盾更加凸显。

与此同时，农村人口相对减少，为推进农业规模化经营、提高生产效率提供了可能，但和如火如荼的新型城镇化发展相比，农村的建设和发展显得相对落后。在此背景下，必须将城市与乡村、城镇居民与农村居民作为一个整体纳入全面建成小康社会和现代化建设的全过程中，根本上改变乡村长期从属于城市的现状，明确乡村在全面建成小康社会和现代化建设中的突出地位和在城乡关系中的平等地位，在实施乡村振兴战略的大框架下，重新构建城乡产业互补链接、生态环境共建共治、空间布局统筹融合、基础设施互联互通、公共服务平等均等、社会文明与社会治理协同建设等"一体化"发展，赋予实施乡村振兴更多更新更具操作性的内容，在加快推进乡村振兴中实现城乡一体化发展。

2. 促进城乡要素双向流动

随着社会主义市场经济体制的不断完善，在中国特色社会主义新时代，生产要素城乡双向流动成为必然趋势。但是，从目前的现实情况看，由于农村条件相对较差，生产要素的逐利性决定了其由农村单向流入城市的惯性并没有甚至难以改变，不管是人还是资金等由乡到城的流向依然如此，在相当程度上不利于乡村振兴战略落地实施。

基于此，这就要求在政策上重构推动要素双向流动的机制，促进城乡要素融合和协同发展。首先，必须解决好人的问题，通过出台更加科学的政策，使农村人口愿意"留下来"建设家乡，也能够吸引城市人口愿意"走进来"建设农村。其次，政府财政要加大向农村倾斜投入的力度，同时积极引导城镇工商资本进入农村农业领域，确保实施乡村振兴对资金的需求。再次，深化土地制度改革，以农村土地所有权、承包权、经营权分置为契机，统一城乡土地市场，使广大农民的合法权益得到合理的价值体现。

3. 精准高效反哺"三农"

进入21世纪以来，国家高度重视城乡差距问题，相继出台了一系列统筹城乡一体发展的政策措施，不断明晰"以城带乡、以工促农"的发展思路，明确提出要城市反哺农村、工业反哺农业，采取"多予、少取、放活"等举措支持农村发展，对农村面貌的改变发挥了积极作用。但是，城乡发展差距拉大、乡村发展活力不足等问题并未得到根本性解决，实现"两个一百年"奋斗目标的"三农"薄弱环节依然存在。因此，在实施乡村振兴战略的背景下，要立足新阶段和新问题，重构系统科学、分层细化的反哺"三农"机制，既要实行工商业对农业、城镇对乡村、城市居民对农村居民精准对口支援；还要从人力物力、物资资金、信息技术等方面，全面具体支援；也要根据实际，打破行政区划，按照经济发展规律科学高效支援，真正把反哺"三农"的机制变成促进"三农"发展进步的现实生产力。

三、城乡失衡亟待解决

河南省社科院城市与环境研究所易雪琴认为，农村的发展离不开市的辐射和带

动，城市的发展也不能缺乏农村的促进和支撑。新型城镇化与乡村振兴是互促共赢的关系，但长期以来城乡发展的不平衡不协调也是不争的事实。城乡失衡、城乡两极分化已成为当前最大的社会结构性矛盾之一，统筹推进新型城镇化与乡村振兴战略进而实现城乡融合发展已迫在眉睫。

1. 城镇化质量不高乡村发展滞后

长期以来，城乡"一头热、一头冷"的发展，加剧了二元结构的固化，造成了城镇化质量不高与乡村发展愈益滞后的双重困境。一方面，随着城镇化的快速推进，城镇数量不断增加，城市建设规模不断扩大，我国常住人口城镇化率已突破50%，但同时，户籍人口城镇化率远落后于常住人口城镇化率，农业人口"转而不移"的不完全城镇化和多数城市运行发展的亚健康状态并存。另一方面，尽管近年来国家不断加大对"三农"的支持力度，但固化的城乡二元结构在短期内难以打破，农业发展明显滞后于工业发展、农村建设明显滞后于城市建设、农村居民收入明显滞后于城市居民收入，乡村与城镇的发展差距愈拉愈大。

2. 破局城乡经济发展失衡

在工业化、城镇化加速发展的过程中，人、地、钱等资源要素从农村转向工业、从农村流入城市，符合市场经济发展规律，但从统筹城乡的角度考虑，这种单向的要素流动导致城乡经济发展的严重失衡。

从人的方面看，工业化和城镇化吸引了人口不断向城市集聚，这种长期的人口单向流动导致农村优质劳动力资源日益匮乏，农村经济难以振兴，久而久之会形成恶性循环。从地的方面看，现阶段大多数城市及其周边的建设用地指标已供不应求，与之相对应的是，农村特别是偏远农村地区的大量建设用地处于闲置状态。在城乡建设用地市场没有统一的前提下，土地增值收益分配明显向城市和非农部门倾斜，农民土地权益得不到有效保障。从钱的方面看，长期以来的"抽农补工"的财政收入分配政策，将农村财富向工业和城市转移，同时资本的趋利性使金融机构从农村吸收的资金大量流向城市，在农村形成巨大资金缺口。

这种长期以来形成的城市对农村的吸附效应与资源单向汲取格局，使农村失去了现代生产要素的有力支撑，导致农村经济明显滞后于城市经济，农业现代化明显滞后于城镇化。要破解城乡经济严重失衡的局面，就必须统筹推进新型城镇化与乡村振兴，促进各种资源要素在城乡之间的合理高效流动，通过城市经济带动农村经济，进而实现一二三产业融合发展。

3. 缩小城乡建设的巨大差距

长期以来，我国基础设施和公共服务体系建设的投资重点一直在城镇，农村则严重不足。这样一来，城市在基础设施和公共服务体系建设方面取得长足发展，城市居民获得较高的生活质量，而农村地区的基础设施建设严重滞后，公共事业发展缓慢，农民的生活条件和生活质量远不如市民。

这种城乡建设面貌的巨大差距，促使农业人口过度涌向大中城市，给城市承载能力带来严峻考验。只有加快推进新型城镇化与乡村振兴协调发展，实施城乡公共资源相对均衡配置，不断缩小乡村建设面貌的差距，推动城乡生产生活条件的均等化，才能实现城市良性运行和农村健康发展。

4. 增强农业人口的获得感

无论是城镇化还是乡村振兴，其出发点和落脚点都在于人。从农业转移人口来看，当前仍有不少城镇化人口既有自然的农民身份又是职业的产业工人，处于"城镇挣钱乡村消费、闲时进城务工忙时返乡务农"的"两栖"状态，他们在就业、就学、就医、社保等方面也不能完全享受与城镇户籍人口同等的待遇，在社会行动上与城市社会有着明显的隔离，缺少对城市社会的认同感。"回不去的农村、融不进的城市"已成为很多农业转移人口尤其是新生代农民工的真实写照。

从留守农村的农业人口来看，由于当前土地产权制度改革滞后，与市民拥有的不动产权利相比，农民的财产性收益迟迟得不到保障，加之农村经济发展滞后，农民收入与市民收入的差距正在进一步拉大。与此同时，农村基础设施和公共服务体系建设滞后，留守农民的幸福感、获得感远不如市民。因此，只有加快推进新型城镇化与乡村振兴协调发展，努力提升农业人口的幸福感和获得感，才能真正实现高质量的城镇化，也才能真正实现农业强、农村美、农民富的战略目标。

四、多策推进乡村振兴

河南省社科院城市与环境研究所郭志远认为，当前，我国经济社会发展中最大的不平衡是城乡发展不平衡，最大的不充分是农村发展不充分。"小康不小康，关键看老乡"，只有大力实施乡村振兴战略，强力推动新型城镇化与乡村振兴同步协调发展，小康社会才能如期全面建成，现代化建设才能早日实现。

1. 推进城乡产业融合发展

推进新型城镇化与乡村振兴协调发展的关键在于实现城乡产业的融合发展，这也是实施乡村振兴战略的首要任务。推进城乡产业融合发展，就是要把乡村产业纳入城乡产业发展的大格局之中，逐步实现城乡产业的对接连接错位互补发展，从而为乡村振兴提供强有力的支撑。

为此，必须树立"今日的城市经济业态，就是明天的农村经济业态"的发展理念，用工业的理念发展农业，以城市经济发展模式推进农村经济转型升级，加快以城镇化带动农村产业业态升级。

农业产业业态的升级，要主动对接城市经济的辐射，在确保国家粮食安全的基础上，促进城市的现代物流、电商、休闲旅游等产业在乡村合理布局，壮大新产业新业态，拓展农业产业链价值链，加快农业发展由数量扩张向质量提升转变。

2. 推进城乡要素市场一体化

当前，城乡要素正在从单向流动转向双向互动，将促进城乡之间各种资源要素按

照市场价值规律进行合理配置，将为乡村振兴的实施创造公平的市场条件和有利的发展环境，进而实现新型城镇化与乡村振兴的良性互动和协调发展。

实现城乡要素双向融合互动和优化配置的关键在于促进城市资本、技术、人才下乡。为此，一要引导工商企业积极参与乡村振兴，将更多的城市金融资本投入乡村的产业发展、基础设施建设、公共服务供给和生态环境改善。二要重点培育种粮大户、家庭农场、农民合作社等新型农业经营主体，带领群众落实好关键技术，全面提升农业一二三产业融合发展水平。三要大力培育新型职业农民，建立有效激励机制，以乡情乡愁为纽带，吸引支持企业家、专家学者、医生教师等技能人才，通过下乡担任志愿者、投资兴业、包村包项目、行医办学、捐资捐物等方式服务乡村振兴事业，同时，鼓励农村人才回流，支持农村青年和妇女创业以及大学生回乡创业。

3. 推进城乡基础设施互联互通

当前，我国已经成为世界第二大经济体，业已具备了城市反哺农村的能力；同时，随着农村生产生活条件的改善和农民收入的增加，满足农村居民对美好生活的需要客观上也要求基础设施建设向乡村地区倾斜，由"城市偏向"转向"乡村侧重"，这些基础设施不仅包括道路、供水、供气、环保、电网、物流等生产性基础设施，还包括村内道路建设、自来水供给、污水处理、河道治理、垃圾收集处理、改厕、路灯亮化、公共交通、有线电视等生活性基础设施，力求做到"无缝对接"、互联互通，让城乡居民共享现代文明的成果。

4. 推进城乡公共服务均等化

应按照抓重点、补短板、强弱项的要求，推动城镇公共服务体系向农村延伸。抓重点主要是优先发展农村教育事业，推动建立以城带乡、整体推进、城乡一体、均衡发展的义务教育发展机制，全面改善薄弱学校基本办学条件。补短板主要是健全覆盖城乡的公共就业服务体系，大规模开展职业技能培训，大力发展文化、科技、旅游、生态等乡村特色产业，培育一批家庭工场、手工作坊、乡村车间，促进农民多渠道转移就业，提高就业质量。强弱项主要是完善基本公共卫生服务项目补助政策，加强基层医疗卫生服务体系建设，推进健康乡村建设。

5. 推进城乡生态环境共建共治

新型城镇化与乡村振兴，都是为满足城乡居民对美好生活的需要和对宜居环境的追求。但在生态环境的建设和治理上，城乡二元化依然存在，突出表现在对城镇生态建设的重视和对乡村生态建设的忽视。

为此，必须牢固树立和践行"绿水青山就是金山银山"的理念，落实节约优先、保护优先、自然恢复为主的方针，运用现代科技和管理手段，着力为社会提供更多更好的绿色生态产品和服务，促进生态和经济良性循环，筑牢新型城镇化与乡村振兴协调发展的生态屏障。

五、乡村振兴与脱贫攻坚

2020 年年底，我国脱贫攻坚目标任务完成后，"三农"工作重心从 2021 年 1 月开始历史性地转向全面推进乡村振兴。

习近平总书记在 2020 年 12 月的中央农村工作会议上强调，全面实施乡村振兴战略的深度、广度、难度都不亚于脱贫攻坚。这一重大论断，指明了全面推进乡村振兴的复杂性、艰巨性和长期性。

在深度上，脱贫攻坚主要解决农村贫困人口"两不愁三保障"问题；全面实施乡村振兴战略则着眼于解决发展不平衡不充分问题，全方位改善提高乡村发展条件和发展能力，促进农业高质高效、乡村宜居宜业、农民富裕富足。

在广度上，脱贫攻坚集中解决现行标准下农村贫困人口脱贫、贫困县摘帽问题；全面实施乡村振兴战略，要求东中西部全域推进，立足农业农村现代化总目标，推进乡村产业、人才、文化、生态、组织等全面振兴，着力让广大农民群众共享现代化成果。

在难度上，脱贫攻坚主要是瞄准 2020 年这个时间节点，咬定既定目标，打攻坚战、歼灭战；全面实施乡村振兴战略需围绕产业兴旺、生态宜居、乡风文明、治理有效、生活富裕的总要求，着力缩小城乡差距，力争用 3 个五年规划期让农业农村在现代化进程中逐步赶上来。

全国要立足新发展阶段、贯彻新发展理念、构建新发展格局，充分利用脱贫攻坚伟大实践创造的制度成果和精神财富，奋力推进乡村全面振兴。

六、普惠金融、乡村振兴的目的是实现共同富裕

中国共产党自成立之日起，就把实现共同富裕作为矢志不渝的奋斗目标。共同富裕是社会主义的本质要求，是中国式现代化的重要特征，要坚持以人民为中心的发展思想，在高质量发展中促进共同富裕；金融是现代经济的核心，关系发展和安全，要遵循市场化法治化原则，统筹做好重大金融风险防范化解工作。

中央财经委员会第十次会议明确提出，要促进农民农村共同富裕，巩固拓展脱贫攻坚成果，全面推进乡村振兴，加强农村基础设施和公共服务体系建设，改善农村人居环境。

1. 十八大以来"共同富裕"多次被提及

综观官方媒体报道，我们发现，其实自党的十八大以来，"共同富裕"被多次提及。2012 年 11 月 15 日，在十八届中共中央政治局常委同中外记者见面时，习近平总书记强调，"坚定不移走共同富裕的道路"；2017 年 10 月，党的十九大对实现第二个百年奋斗目标作出了两个 15 年的战略安排，两个阶段都对推进共同富裕提出了具体的要

求；2020 年 10 月，党的十九届五中全会明确提出，到 2035 年，"全体人民共同富裕取得更为明显的实质性进展"；2021 年全国人民代表大会审议通过的"十四五"规划和 2035 年远景目标纲要中，把"全体人民共同富裕迈出坚实步伐"列入"十四五"时期经济社会发展主要目标；2021 年 6 月，《中共中央　国务院关于支持浙江高质量发展建设共同富裕示范区的意见》正式发布，选取浙江省先行先试，为全国其他地方促进共同富裕探索路径、积累经验、提供示范；2021 年 7 月 1 日，在庆祝中国共产党成立 100 周年大会上，习近平总书记庄严宣告"全面建成了小康社会"，强调新的征程上，"推动人的全面发展、全体人民共同富裕取得更为明显的实质性进展"；2021 年 8 月 17 日，中央财经委员会第十次会议研究扎实促进共同富裕问题，研究防范化解重大金融风险、做好金融稳定发展工作问题。

2. 官方解读"共同富裕"

一些人听到"共同富裕"这个词，心理上就起了微妙变化，一些先富起来的人担心国家政策发生变化，少数在经济地位上处于弱势的人又可能对"共同富裕"产生不切实际的联想。在人们对"共同富裕"四个字产生认识偏差时，中央财办召开新闻发布会，对"共同富裕"进行了深入细致的解读，释疑有助于人们摆脱片面认识，全面准确地理解共同富裕。

2021 年 8 月 26 日，中共中央宣传部就发布文献《中国共产党的历史使命与行动价值》举行新闻发布会。在会上，中央财办有关负责人表示，共同富裕要靠共同奋斗，这是根本途径，不搞"杀富济贫"。

什么是共同富裕？该负责人表示，共同富裕是社会主义的本质要求，是中国式现代化的重要特征，也是人民群众的共同期盼。该负责人认为要从三个方面来把握好共同富裕。第一，要把握什么是共同富裕。我国已经全面建成小康社会，在这个基础上，要继续把做大蛋糕和分好蛋糕两件事情办好，大力推动高质量发展，普遍提高城乡居民收入水平，逐步缩小分配差距，坚决防止两极分化。共同富裕是全体人民的富裕，不是少数人的富裕；是人民群众物质生活和精神生活双富裕，不是仅仅物质上富裕而精神上空虚；是仍然存在一定差距的共同富裕，不是整齐划一的平均主义同等富裕。

第二，如何实现共同富裕？该负责人表示，要把握中国人民靠什么来实现共同富裕。共同富裕要靠共同奋斗，这是根本途径。要鼓励勤劳致富、创新致富，鼓励辛勤劳动、合法经营、敢于创业的致富带头人，允许一部分人先富起来，先富带后富、帮后富，不搞"杀富济贫"。要坚持在发展中保障和改善民生，为人民提高受教育程度、增强发展能力，创造更加普惠、公平的条件，畅通社会向上流动的通道，给更多人创造致富的机会。要扎实推进基本公共服务均等化，坚持尽力而为、量力而行，防止落入福利主义的陷阱，我们不能等靠要，不能养懒汉。同时，要构建初次分配、再分配、三次分配协调配套的基础性制度安排，加大税收、社保、转移支付等调节的力度，扩大中等收入群体，形成中间大、两头小的橄榄型分配结构。第三次分配是在自愿基础上的，不是强制的，国家税收政策要给予适当激励，通过慈善捐赠等方式，起到改善分配结构的补充作用。

第三，共同富裕不可能一蹴而就。该负责人表示，要充分估计实现共同富裕的长期性、艰巨性、复杂性。我国正在全面建设社会主义现代化国家，由全面小康迈向共同富裕，由中等收入国家发展成为高收入国家，实现共同富裕是一个在动态中向前发展的过程，不可能一蹴而就，也不可能齐头并进。我们要坚持稳中求进、循序渐进、久久为功，一件事情接着一件事情办，一年接着一年干，在新时代促进人的全面发展、使全体人民共同富裕取得实质性进展。

2021 年 8 月 27 日，证券时报网对中央财办的解读进行了再次解读，首先，共同富裕不是不再做大蛋糕而专门从事分蛋糕，共同富裕是要把这两件事同时办好，在大力推动高质量发展的过程中，逐步缩小分配差距。共同富裕也不是追求分配结果的绝对公平，重新回到吃大锅饭、搞平均主义的老路上去，即使将来实现了共同富裕，也不是说人们之间就不存在差距了。其次，提倡三次分配并不是要否定一次分配和二次分配，而是要一、二、三次分配协调配套，各司其职，共同推动共同富裕目标的实现。一次分配就是按要素分配，承认一次分配是改革开放的重大突破，是过去 40 多年来经济繁荣的基础，否定一次分配等于否定市场经济，必将让社会各方失去奋斗的动力，让经济运行失去活力，最后让我们奋斗的目标落空。二次分配是借助国家权力进行的再分配，主要手段是财政收支，当前最重要的是完善税制，让资本与劳动、财富与收入合理地承担税收负担，同时合理公平地支出这些收入，避免收支过程因制度设计不当加剧分配失衡。三次分配主要是通过相应的激励措施，鼓励先富者通过慈善捐赠等方式将其财富惠及全社会，但三次分配应该建立在自愿基础上，不能搞强制。三次分配的制度安排目前是个短板，应该及早予以补齐。

3. 普惠金融加快乡村振兴，乡村振兴是全民共同富裕的关键途径

促进全体人民共同富裕是一项长期任务，也是一项现实工作，迫切需要运用好被实践证明行之有效的改革方法论，选取部分条件相对具备的地区先行先试，把顶层设计和基层探索紧密结合起来。通过部分地区先行先试，进一步丰富共同富裕的思想内涵和政策体系，探索破解新时代社会主要矛盾的有效途径，及时形成可复制推广的经验做法，为其他地区分梯次推进、逐步实现全体人民共同富裕作出示范。

2021 年 5 月 20 日《中共中央　国务院关于支持浙江高质量发展建设共同富裕示范区的意见》的发布，标志着浙江省率先成为建设共同富裕示范区的"探路先锋"。虽然没有现成的经验可学，没有教科书可以参考，但是在全面准确理解共同富裕深刻内涵的基础上，朝着正确方向探路前行，就一定能够绘就亿万人民幸福生活的美好图景。

我国农村人口占总人口 56%，实现共同富裕应首先保证农村地区实现富裕，要完成这一目标，无论是普惠金融还是乡村振兴，都是实现全民共富、全面富裕的重要抓手，都需要各地不遗余力地先实现乡村振兴。

4. "三次分配"是实现共同富裕的有效途径

2021 年 8 月 18 日中央财经委员会第十次会议提到的"三次分配"，就像一只促进

社会公平正义的"温柔之手",是建立在自愿性的基础上,以募集、自愿捐赠和资助等慈善公益方式对社会资源和社会财富进行的分配,是对初次分配和再分配的有益补充,有利于缩小社会差距,实现更合理的收入分配。

第三次分配是相对于第一次分配和第二次分配而言的。

市场主导的分配是"第一次分配",是指在市场发挥调节作用情况之下,参加工作或进行投资的人,按市场规律取得自己的那一份收入。但由于每个人获得的收入多少不一,总会形成收入的差距,而收入差距过大是不利于社会和谐的,于是就会有"第二次分配"。

政府主导下的收入分配是"第二次分配",是指政府依据法律、法规和规章制度、政策等进行收入调节。总的来说,对于收入少的人征收个人所得税、企业所得税等,对于财产较多的人征收财产税(如房产税),对于贫困户则给予津贴、补助等,都属于"第二次分配"。政府通过调节收入来缩小社会上的收入差距。通过这种方式,每个人的收入都成为税后收入,而低收入人群不仅不用缴纳所得税、财产税,而且还能得到政府发给的津贴或补助。

第二次收入调节以后,社会上还存在较大收入差距,这时就进入"第三次分配"。

"第三次分配",通常是指基于道德力量作用的收入再分配,包括通过社会公益事业把人们捐赠的钱财用于帮助低收入家庭,也包括人们自愿从事的帮助低收入家庭脱贫的捐献,如帮助孤寡老人、病人、残疾人、儿童,还包括人们自愿提供的各级各类学校的奖学金等。此外,在针对洪水、地震、泥石流、长期干旱的地区救灾活动中,也会有不少人或向慈善机构捐献,或自行向受灾群众捐款,这些都属于"第三次分配"的范畴。

收入分配问题,事关人民切身利益,也关乎改革发展稳定之大局。第三次分配也越发受到高层和各方关注。此次中央财经委员会会议再次释放出重要信号。要进一步扩展"第三次分配"的范围,增加个人捐赠的规模和总量,将潜力发挥出来,还需要制定好相关的制度和政策。

2021年8月25日《中国青年报》刊发张天潘的文章《三次分配怎样实现"先富带后富"》,文章提出了新颖的观点。文章指出,"三次分配"之所以引起强烈关注,"可能因为大众对此都很陌生。初次分配大家比较熟悉,主要通过居民收入实现,多劳多得,注重效率。再分配则是通过财政税收等手段,以社会福利等方式给公民提供保障。三次分配可以理解为鼓励个人和社会组织通过慈善捐赠的形式,以扶贫、助学、救灾、济困、解危、安老等公益形式,对初次分配和再分配形成补充"。

"对于中国来说,2020年打赢脱贫攻坚战,全面建成小康社会后,下一步就是促进共同富裕,而初次分配、再分配、三次分配都是围绕着这个大目标进行的。第三次分配的被重视,意味着公益行业将迎来全新的时代,对其定位和期待将提升到前所未有的高度。……数据显示,截至2020年年底,中国基金会数量上涨至8417家,其中北京、广东、江苏三地基金会拥有量占全国基金会数量的36.07%,三地基金会资产规模占全国整体规模的 60.49%，市场集中度较高。这虽然很好地体现了先富地区的三次分配水平较高，但同时反映出全国整体慈善力量不均衡，中西部地区力量相对薄弱，缺乏资源。公益服务是需要深入到基层一线的事业，大量机构和人员集中在东部沿海地区，就会产生很多执行和落实上的问题，出现水土不服、不接地气的现象。对于个人来说，根据社科院杨团研究员主编的《中国慈善发展报告（2019）》，2018 年中国捐赠总额预估为 1128 亿元，慈善捐赠占 GDP 总值约为 0.12%，人均捐赠金额为 80.86 元，与世界发达水平相差甚远。这不是说中国人缺乏爱心，从互联网公益来看，近年来，通过民政部指定的 20 家互联网公开募捐信息平台，慈善组织募集的善款每年增长率都在 20% 以上，2020 年募集金额更是达到 82 亿元，比 2019 年增长了 52%。2019 年和 2020 年，连续两年有超过 100 亿人次点击、关注和参与了互联网慈善。……我国慈善捐赠的主要来源是企业，已有 1000 多家企业成立了基金会。2019 年，企业捐赠款物价值 931.47 亿元，同比增长 4.56%，占捐赠总量的 61.71%。但目前很多企业参与三次分配的出发点和方式，还是以慈善捐赠最为普遍。……总而言之，构建初次分配、再分配、三次分配协调配套的基础性制度安排，亟须以第三次分配来帮助实现缩小收入差距的目标，真正让先富带后富、帮后富。"

5. "共同富裕"体现了"普惠"的精神实质

在实际工作中，我国的金融机构应当按照央行统一部署，切实把思想和行动统一到党中央对促进共同富裕和金融稳定发展的重大决策部署上来，坚持稳中求进工作总基调，保持宏观政策稳定性，在为促进共同富裕提供有力的金融支持的同时，坚决守住不发生系统性金融风险的底线。

2021 年 8 月 20 日，中国人民银行党委书记郭树清主持召开党委（扩大）会议，传达学习中央财经委员会第十次会议精神，研究部署人民银行系统贯彻落实工作。其要点如下：一是把促进共同富裕作为金融工作的出发点和着力点。综合运用多种货币政策工具，保持流动性合理充裕，引导贷款合理增长，保持货币供应量和社会融资规模增速同名义经济增速基本匹配，保持宏观杠杆率基本稳定。要不断提升金融服务实体经济能力，继续扎实做好金融支持中小微企业工作，引导金融机构加大对小微企业、"三农"、制造业、绿色发展等重点领域和薄弱环节的支持力度。要提高金融支持区域发展的平衡性和支持行业发展的协调性，促进各类资本规范健康发展，坚决防止资本无序扩张。要持续做好金融服务乡村振兴和金融帮扶工作，加强农村金融基础设施和金融服务体系建设，促进农民农村共同富裕。二是统筹做好重大金融风险防范化解工作。要坚持底线思维，遵循市场化法治化原则，毫不松懈防范化解各种金融风险。夯实金融稳定的基础，处理好稳增长和防风险的关系，巩固经济恢复向好势头，以经济高质量发展化解系统性金融风险。要密切监测、排查重点领域风险点，落实重大金融风险问责、金融风险通报等制度。

6. 共同富裕不是吃大锅饭

2021 年 8 月 25 日，新华网刊发中国（海南）改革发展研究院院长迟福林的文章

《在形成合理分配的格局中实现共同富裕》，迟福林就如何扎实促进共同富裕提出了自己的看法。

迟福林认为，实现共同富裕，一是要围绕促进全体人民的共同富裕做文章。促进全体人民的共同富裕是适应我国社会主要矛盾变化的基本目标，是适应全体人民日益增长的美好生活需求的战略任务。我国是一个发展中大国，实现共同富裕是一个长期过程，不是一蹴而就的。14亿人的大国推进共同富裕，在人类发展史上没有先例。因此要充分估计共同富裕的长期性、艰巨性、复杂性。

怎么办？就要适应我国社会主要矛盾变化，促进全体人民共同富裕。进入新发展阶段，改革发展的重要目标就是基本实现全体人民的共同富裕。老百姓追求的不仅是物质生活，还有精神文化生活。共同富裕的内涵，不仅是物质生活的富裕，也包括精神生活的富足。要在教育、医疗、健康、文化等方面为全体人民创造条件，使得城乡居民不仅能够有机会享有，而且水平大致相当。要分阶段促进共同富裕。到2035年我国基本实现社会主义现代化，重要目标就是使人民生活更加美好，人的全面发展、全体人民共同富裕取得更为明显的实质性进展。我国是一个大国，一方面，正处在由高速增长的发展向高质量发展的转换时期，实现全体人民的共同富裕，要分阶段实现。在每个阶段，共同富裕有不同的目标、不同的任务。

例如，党的十九大提出到21世纪中叶"全体人民共同富裕基本实现"，党的十九届五中全会进一步提出，到2035年"全体人民共同富裕取得更为明显的实质性进展"，当前，我国中等收入群体大约有4亿人，若到2035年中等收入群体实现倍增，则有8亿人左右。总体来看，到2035年全体人民共同富裕取得更为明显的实质性进展，这将是在共同富裕的道路上走出的决定性的一步，这一步将为实现更高水平的共同富裕打下坚实基础。所以，不能把阶段性目标作为终极目标。要看到共同富裕是长期目标。当前主要任务是实现第一步，并且走出一条实现共同富裕的中国之路。不仅如此，还要走出更符合基本国情的共同富裕之路。共同富裕不是整齐划一的平均主义，也不是少数人的富裕。我国实行改革开放以来，打破传统体制束缚，允许一部分人、一部分地区先富起来，推动解放和发展社会生产力，这是符合我国社会主义初级阶段基本国情的重大选择，是在特定发展阶段下改革发展的路径选择。强调实现共同富裕绝不是少数人的富裕，也绝不是平均主义的富裕。实现共同富裕，就是要鼓励、支持全体人民通过勤劳致富、创新致富、发展致富、改革致富。

迟福林还有一个观点，就是构建初次分配、再分配、三次分配协调配套的基础性制度安排。改革开放40多年来，我国经济快速增长，社会财富明显增大。与此同时，城乡间、区域间、群体间的收入差距仍比较突出。究其原因是收入分配改革滞后于经济社会发展实际需求。进入新发展阶段，深化收入分配制度改革，成为促进共同富裕的重大任务。①深化以正确处理效率与公平关系为重点的收入分配改革。②初次分配要更加注重生产要素的公平分配。③以城乡居民基本公共服务均等化为重点进行再分配。④以社会为主体的三次分配在共同富裕中扮演重要角色。

7. 共同富裕、乡村振兴都离不开数字经济

2021 年 8 月 24 日《光明日报》刊发了中国社会科学院财经战略研究院刘诚、夏杰长的文章《数字经济助推共同富裕》，文章对数字经济如何助推乡村振兴、共同富裕进行了分析。文章认为："从时间上看，中国努力进入共同富裕的时代正好与数字经济快速发展的时期相吻合，推进共同富裕需要嵌入和依托于数字经济发展。从目标来看，发展数字经济与共同富裕目标高度契合，实现共同富裕需要解决普遍增长和发展不平衡不充分的问题，推进共同富裕必须坚持均衡共享的发展方式，而数字经济的高技术特征和分享性特征，既为经济增长提供了动力，也为均衡发展提供了共享机制，可以助力在高质量发展中促进共同富裕。"

"数字经济能够助推乡村振兴。农村是共同富裕的洼地，乡村振兴是共同富裕的必经之路。数字经济是农业农村发展的新引擎，它以信息流带动技术流、资金流、人才流、物资流向乡村地区流动，促进资源配置优化，促进农村全要素生产率的提升。以5G、大数据、人工智能为代表的新一代信息技术日益深入赋能农业农村各个领域和环节，正在深刻改变着农业生产方式和农民生活方式。数字经济不仅促进了一、二、三产业深度融合，而且推动了农业供给侧结构性改革，有效带动了现代农业、创意设计等相关产业的全面崛起，催生了电商企业、网点微商、农民专业合作社、种植大户、农产品加工企业等多个行业的就业岗位。通过电商平台、社交网络、在线旅游和外卖平台等渠道，将本地的特色商品、自然风光、文化旅游资源及时发布出去，带动乡村旅游、餐饮及民宿等产业的发展。数字技术改变了农村居民的消费方式、休闲方式和社交方式，使乡村具有媲美城市的现代产业和现代生活水准，促进了城乡一体化发展。农村数字经济发展有利于绿色发展理念的贯彻落实。绿水青山主要集中在偏远农村地区。在数字经济时代，绿水和青山的旅游价值更容易被推广，成为创收的重要资源，农民可以在不破坏自然环境的情况下从外部获取农业生产技术并向外推销农产品。"

当然，与数字经济发展相伴随的"低技能人口结构性失业""数字鸿沟"问题，"对于农民、老人、中小企业等数字化程度较低的人群和企业，可以考虑进行定向财政扶持，拓展数字经济应用场景，提高数字经济的普惠性和共享性"。

第五章　乡村振兴和普惠金融融合发展的新机遇

世界格局在加速演变。应对疫情的各项措施催生并推动了许多新产业新业态的快速发展。以互联网、大数据等技术为支撑，电子商务、在线教育、智慧农业等新产业新业态便利了日常生活，推动了经济增长，为高质量发展注入了新动能。

中国经受住了新冠肺炎疫情这场严重的公共卫生危机的考验，经济形势"风景这边独好"。这是制度优势的体现，也是宏观调控体系和国家治理能力日益成熟的表现。

第一节　区块链技术助力乡村振兴

一、区块链的概念

区块链是一种新型的分布式数据库，也称为分布式账本。区块链技术利用块链式结构验证与存储数据，采用共识算法生成和更新数据，借助密码学保证数据和权属安全，并通过可编程脚本代码实现数据的协同计算。

普惠金融中的难题，也是核心问题，是缺乏真实可信的数据。解决这一难题，需要"区块链＋大数据"的征信技术，构建新型的普惠金融生态圈，这不仅可以解决普惠金融发展存在的问题，也为乡村振兴的健康发展注入了新的活力。

二、区块链的重要性

2020 年 4 月 9 日，中共中央、国务院发布了《关于构建更加完善的要素市场化配置体制机制的意见》，明确将数据作为与土地、劳动力、资本和技术并列的第五大生产要素。习近平总书记强调"把区块链作为核心技术自主创新重要突破口"，为我国数字经济发展和产业创新实践提出了新的要求。近几年，区块链凭借其独有的信任传递机制，逐渐成为金融科技领域的热门技术，有助于业务数据可信共享，加速参与主体多方协作,实现监管穿透管理,蕴含着加速我国数字化转型、激发数字经济发展的潜力。

三、区块链技术的优势特点

2020年第4期《中国金融》刊发中国人民银行数字货币研究所区块链课题组文章《区块链技术的发展与管理》,课题组成员包括穆长春、狄刚、吕远、钱友才、卿苏德。文章提出了区块链的三大优势:业务数据可信化、参与主体对等化、监管手段多维化。

小微企业贡献了我国60%以上的国内生产总值、50%以上的税收以及80%的城镇就业岗位,是我国经济的重要组成部分。然而,长期以来,我国中小微企业融资难、融资贵的问题未得到根本性解决。中国人民银行贸易金融区块链平台于2018年9月4日在深圳试点成功上线,陆续开展了供应链应收账款多级融资、对外支付税务备案表、再贴现快速通道和国际贸易账款监管四项业务。通过与香港金管局的贸易联动平台签订合作备忘录,人民银行贸易金融区块链平台开启了国际化对接,未来将联合境外同类贸金平台,共同构建生态化体系。

中国人民银行贸易金融区块链平台应用已上链运行供应链应收账款多级融资、跨境融资等多项业务,业务量超过900亿元。

四、区块链产业需要有序发展

《区块链技术的发展与管理》一文,还对区块链的发展前景提出了建议。

一是要去伪存真,"币"和"链"不能混为一谈。虽然区块链发端于比特币,但区块链并不等同于比特币。区块链是密码学、对等网络、共识机制等多种传统技术的集成创新,要客观理性对待。为坚决打赢三大攻坚战,要对打着区块链幌子进行非法集资、诈骗等违法行为保持高压态势,加快市场的优胜劣汰和激浊扬清。

二是要务实推进,不能为了区块链而搞形象工程。对任何先进技术的作用,要相信但不迷信。正确认识区块链技术的适用场景,不是所有的项目都需要区块链,也不是所有的数据都需要上链。现阶段,区块链技术仍不成熟,面临性能、安全、标准、合规等多方面挑战,各方应冷静思考、潜心探索,切实利用区块链化解行业痛点,深度服务实体经济。

三是要立足长远,认识到区块链技术应用的系统性、长期性和复杂性特征。目前,区块链能否做到链上链下账实相符、安全合规是行业关注的焦点。参与各方应综合考虑市场发展、风险管控、法律合规等多个维度的要求,实现链上链下联动、技术业务结合、创新与管理并重,以充分发挥"区块链+"的数字赋能潜力。

四是要标准先行,引导区块链产业规范有序发展。充分借鉴互联网金融风险专项整治中的经验教训,避免"先污染后治理",特别是要关注外部性风险可能对金融安全产生的影响。制定技术标准和业务规范,可提升我国在金融区块链领域的国际话语权

和规则制定权，有利于厘清区块链的"是与非"和"真伪应用"，有利于维护市场秩序和金融稳定，促进行业健康有序发展。

目前，国家鼓励社会各方积极参与，促成区块链与大数据技术深度融合，赋能普惠金融和乡村振兴。政府应当鼓励各行业与各企业积极发展区块链技术与大数据技术，将行业数据化发展上升到国家战略高度。可以对头部企业提供技术支持，加强与国内外的交流，包括出国考察、邀请行业专家讲座等。同时，对从事大数据与区块链技术应用于普惠金融的企业提供科研资金，以保证其持续投入。此外，应当以包容的心态看待金融创新，鼓励将包括区块链、大数据等在内的前沿技术应用于普惠金融实践中，给创新提供宽松的发展土壤。

第二节　新经济思维引领普惠金融和乡村振兴新一轮发展

一、普惠金融与农村经济未来在国内生产总值中的成分会更足

国内生产总值是指按国家市场价格计算的一个国家（或地区）所有常驻单位在一定时期内生产活动的最终成果，常被公认为是衡量国家经济状况的最佳指标。

2020年4月17日，国家统计局官方网站发布了2020年一季度国民经济运行数据。初步核算，一季度国内生产总值206 504亿元，按可比价格计算，同比下降6.8%。这里的6.8%，意即增长为-6.8%，或者叫负增长6.8%。

近年来，经济学界一直对国内生产总值发出不同的声音，其中批评的声音居多。但是，这次疫情导致的国内生产总值巨幅下滑，却又引起了国民的关注，毕竟疫情对经济的影响需要一个参照物，下滑的国内生产总值很能说明疫情对经济社会的影响。

通过系统介绍国内生产总值，我们可以了解一下普惠金融、农村企业在国内生产总值中的分量，而且我们讨论普惠金融、乡村振兴避不开国内生产总值这个话题。需要说明的是，如果是往常年份探讨普惠金融，国内生产总值会一笔带过，但是，发生了新冠肺炎疫情的2020年不一样。我们可以通过对国内生产总值的对比，知道疫情对世界各国经济的影响，对"三农"工作、对普惠金融、对中小微企业的影响，或者叫冲击有多大。同时，也为我国的普惠金融、乡村振兴工作提出了问题，并从中找准努力的方向。

（一）新中国成立后国民经济的成长情况

2020年5月初，求是网刊发中央党校（国家行政学院）马克思主义学院院长张占斌的文章《【中国稳健前行】夺取"双胜利"的强大经济基础》。文章指出，我国国民

经济持续快速增长，经济总量连上新台阶。

新中国成立 70 多年来，特别是改革开放 40 多年来，我国从一个低收入国家跃升为上中等收入国家。作为世界第二大经济体、制造业第一大国、货物贸易第一大国、外汇储备第一大国，我国正从高速增长向高质量发展转变，从经济大国向经济强国迈进，在世界经济中的重要性显著上升。

这次抗击新冠肺炎疫情，充分展示了我国能够集中力量办大事的体制优势，也充分表明了我国经济是一片大海，不是一个小池塘，能够经受住大风大浪的考验。我国强大的经济实力是安定天下的重要保障，也是维护经济全球化的重要力量。

新华社报道，2019 年 9 月 24 日上午，庆祝中华人民共和国成立 70 周年活动新闻中心在北京梅地亚中心二层新闻发布厅举办第一场新闻发布会，国家发展和改革委员会副主任、国家统计局局长宁吉喆介绍，1952 年至 2018 年，我国国内生产总值从679.1 亿元跃升至 90.03 万亿元，实际增长 174 倍。经过艰苦努力，我国综合国力持续提升，2016 年、2017 年、2018 年这三年，经济总量连续跨越 70 万亿元、80 万亿元和90 万亿元元大关。

2019 年全国经济总量接近 100 万亿元，人均国内生产总值超过 1 万美元，我国国内生产总值占世界经济的比重超过 16%，稳居世界第二，超过分列世界第三到第五位的日本、德国和英国的总和，与世界第的一美国差距逐步缩小。

近些年来中国对世界经济增长贡献率在 30% 左右，已经成为全球经济的重要引擎，也可以说是全球经济增长的"火车头"。

（二）疫情对经济的影响超乎想象

新冠肺炎疫情对我国经济运行造成了较大影响，2020 年一季度，我国国内生产总值同比下降 6.8%。政府加大力度帮扶企业，在税收、费用、资金等方面给予支持，帮助它们更好地渡过难关尤为重要。

2020 年一季度，我国国内生产总值同比下降 6.8%。这是我国开展季度国内生产总值核算以来首次出现同比下降。其中，第一产业增加值同比下降 3.2%，第二产业下降 9.6%，第三产业下降 5.2%。

疫情虽然对经济运行造成了较大影响，不过，对一季度经济增速还要进行客观分析。看待一季度经济形势，要综合疫情冲击、外部环境变化、自身产业体系优势长期向好的基本面来分析。

首先，要看到疫情带来的严重冲击。新冠肺炎疫情是新中国成立以来在我国传播速度最快、感染范围最大、防控强度最大的突发公共卫生事件。面对疫情，我国坚持把人民的生命安全和身体健康摆在第一位，采取了强有力的防控措施，在比较短的时间内较好地控制住了疫情传播。当然，这也不得不付出一些短暂的经济代价。

其次，要看到全球经济贸易大幅下降的背景。新冠肺炎疫情在全球 200 多个国家和地区蔓延扩散，全球跨境投资、货物贸易和人员往来大幅减少，一些国家机构纷纷

下调增长预期。在此背景下，中国很难独善其身。

第三，要看到我国产业体系的优势。我国产业生产能力强大，配套设施有较强优势。尽管经济增速放缓，但整个产业体系是健全的，生产能力是充裕的，经济恢复产能就能逐步释放出来。

此外，要看到我国经济长期向好的趋势没有变。疫情是突发公共事件，支撑我国经济长期向好的基本条件和基本因素没有变。我国市场规模大、成长快、潜力充裕的基本特点不会改变。从要素支撑看，产业基础较好，配套能力较强，劳动力较充裕，人力资本不断积累，物流、交通设施等效率较好，这些能够有效支撑经济的中长期增长。同时，我国持续不断深化改革开放，推动创新，不断激发经济的内生动力、潜力和活力。

此外，脱贫攻坚扎实推进。2020 年一季度下达中央的扶贫资金 1396 亿元，全国中西部 22 个省超过 26 万个扶贫项目已开工建设。从收入看，贫困人口较多的一些地区，一季度居民人均可支配收入名义增长明显高于全国水平。

国际货币基金组织（IMF）预计，2020 年全球经济增长为 -3%，而中国增长 1.2%，是全球主要经济体里少数预计为正增长的国家之一。我国基础工业保持正常增长，防疫物资供应和生活必需品供应保障有力，基本民生得到了较好保障，社会大局是稳定的，主要是要帮助企业渡过难关，包括普惠金融企业。

（三）国内生产总值首次同比下跌

2020 年一季度国内生产总值 206 504 亿元，按可比价格计算，同比下降 6.8%。疫情严重前所未有，全球经济萧条。即便有思想准备，当下跌数据确凿无疑出现时，还是引起了不小震动。

严格意义来说，这是中国国内生产总值数据有史以来第一次同比下跌。也就是说，没有上次。中国系统完整的国内生产总值核算体系，始于 1992 年。我们能看到标准的国内生产总值数据，1992 年才开始出现。

从 1992 年一季度到 2019 年四季度，中国的名义国内生产总值经历了 28 年共 112 个季度的连续增长。直到 2020 年一季度，掉头向下。

在此期间，中国曾经历了 2003 年"非典"的冲击，但当年国内生产总值增速仍然维持在 9%。

2008 年国际金融危机期间，中国的国内生产总值季度增速最低降至 6.4%，但随后还是走出了一个大"V"，迅速实现反弹。

如今，我们遭遇第一次同比下跌，而且是从 2019 年四季度的增长 6.1% 直落到 -6.8%，呈现出断崖式下跌，充分说明了疫情对经济的破坏之严重，防控疫情措施代价之沉重，中国与世界经济捆绑渗透之紧密。

二、疫情倒逼各国寻找经济新方位

2020年5月8日晚，美国劳工部公布的数据显示，受新冠肺炎疫情影响，4月美国非农就业岗位减少2050万个，当月美国失业率环比飙升10.3个百分点至14.7%，为20世纪30年代经济大萧条以来最高值。4月劳动参与率下降至60.2%。此外，3月非农就业岗位减少数量被上修至87万个。

疫情冲击之下，欧美国家失业人数规模不断扩大，英国央行预计该国二季度失业率也将翻一番。业内人士称，欧美国家失业潮或会对全球经济产生一定的负面溢出效应，在其他经济数据短期也将进一步恶化的预期下，各国应联合起来采取积极措施应对。

习近平总书记指出："要危中寻机、化危为机，把这次疫情防控中暴露出来的短板和弱项加快补起来，把疫情防控中催生的新业态、新模式加快壮大起来……"

（一）加快壮大新业态、新模式

新华社在2020年4月疫情期间发布的消息称，随着疫情下中国社会的数字化进程加速，线上购物、在线办公、远程医疗等需求激增，数字经济被进一步激活，给发展注入了新动能。

"云端"会议、远程办公、智能施工、直播卖货、机器人配送……这不是科幻电影里的片段，而是当下中国经济的剪影，是网友口中"辛勤耕'云'""努力种'数'"的智慧春天。

2020年的春天不一般。新冠肺炎疫情突如其来，对我国经济社会发展带来前所未有的冲击，打乱了正常的生产生活节奏，人员聚集和流动减少。然而，疫情既带来了严峻挑战，也为新经济的成长提供了机遇。化危为机，迎难而上，中国企业就能闯出一片新经济的蓝海，让新经济成为统筹疫情防控和经济社会发展的有力支撑。

将疫情防控作为"试金石"，新经济让科技抗疫如虎添翼。有的人工智能诊断技术在20秒内对疑似病例的CT影像进行判读，准确率高达96%；有的算法将新冠病毒全基因组二级结构预测时间从55分钟缩短至27秒，提速120倍；医疗服务机器人、无人防疫车等5G智能设备，服务全国数千家医疗机构；健康码集纳各类数据，直观显示亿万人的旅行轨迹和人员接触情况……云计算、大数据、人工智能等新技术让疫情防控"耳聪目明"，而疫情防控客观上创造了新技术更多元、更丰富的应用场景。

将复工复产作为"大舞台"，新经济让堵点难点迎刃而解。居家办公、"云端"会议，移动产品助力"停班不停工"；智能工厂、云监工，智能制造支撑"人休机不休"；无人配送、非接触采购，互联网平台满足"宅生活"；订单共享、非接触定制，工业互联网平台承接企业需求，赋能全国多地企业复产复工……以高效、便捷、共享为特点的新经济，不仅"四两拨千斤"助力复工复产，更为柔性转产和产能共享"添

薪加柴"，彰显了中国产业体系的完备度、适应性与创造力，使中国经济韧性十足。

这些在疫情防控中涌现的新业态、新模式，看似"应急之举"，实则是经济增长的强大引擎。2020年3月，高技术制造业增加值同比增长8.9%，新经济为制造业恢复元气送上满满能量。一季度，信息传输、软件和信息技术服务业与金融业增加值，合计拉动服务业增加值增长1.2个百分点；全国实物商品网上零售额增速比同期社会消费品零售总额增速高24.9个百分点，线上消费服务迅速补位，对疫情造成的经济活动收缩形成了对冲作用。表现活跃的新经济，既形成高品质产业供给，又满足消费升级的需要，激荡出高质量发展的汩汩动能。

事实上，新经济不仅为应对疫情冲击提供支撑，更为中国经济转型升级发挥了引领作用。数字技术、人工智能等新技术、新业态，其意义不仅在于自身从无到有的创新，更在于它们对其他领域的渗透性和溢出效应，能够对经济发展的各个领域发挥牵引作用，促进更多从有到优的升级。政府部门要通过深化改革措施，进一步打破体制机制障碍，加速新经济与传统产业"大融合"，构建产业链协同复工的"高速路"，为新技术、新业态的勃兴创造更好的制度环境，培育壮大新的增长点、增长极。企业要主动克服"不敢转""不会转""不能转"的问题，积极拥抱变化、主动推动创新。唯有咬定"创新"不放松，坚持"升级"不泄劲，中国经济才能真正实现高质量发展，在狂风骤雨中站稳脚跟、向上生长。

危和机总是同生并存的，克服了危即是机。经受住疫情考验的我们，更应学会危中求机，牢牢把握化危为机的主动权，努力让新经济壮大为高质量发展的新支撑、动力源。

（二）提升供给率，优化供应链

2020年5月5日《人民日报》在"经济新方位·新产业新业态"栏目发布文章《新型浪费　扩围正当时》。随着国内疫情防控形势持续向好，消费市场潜力迎来集中释放。在餐饮、零售领域，新型消费正显现出强大的生命力。直播带货、社区团购、无接触服务等消费新模式快速发展，实体商业数字化转型步伐加快。国家统计局数据显示，2020年前3个月，网络零售对消费的促进作用进一步提升，实物商品网上零售额在社会消费品零售总额中的比重达23.6%，较上年同期提升5.4个百分点。

1. 线上线下加速融合

受疫情影响，餐饮、超市、商场等线下门店遭遇冲击，客流量大幅缩减，线下门店纷纷发力线上渠道，加快线上线下融合发展，入驻电商平台、直播带货、经营会员微信群、提供无接触服务，通过开拓多元消费场景，为消费者提供更好服务。

商务大数据监测显示，一季度电商直播超过400万场，其中家居用品、厨具、健身器材等受到消费者青睐，同比增长超40%。

"人们的消费方式和消费习惯正在改变。"……以前家里的老人不会考虑网购生鲜商品，但现在经常在线买菜，对网购生鲜的接受度明显提高。国家统计局数据显示，在实物商品网上零售额中，吃类和用类商品分别增长 32.7% 和 10.0%。

应对疫情催生并推动了许多新产业新业态快速发展，生鲜配送、新零售、在线医疗等消费需求呈爆发式增长，让越来越多的人享受到便利。一季度，我国移动互联网累计流量同比增长 39.3%，2020 年 3 月户均移动互联网接入流量达到 9.5GB，为近 12 个月以来的最高点。

为顺应居民消费升级趋势，国家发改委等 23 个部门联合印发《关于促进消费扩容提质加快形成强大国内市场的实施意见》，提出从市场供给、消费升级、消费网络、消费生态、消费能力、消费环境等 6 个方面促进消费扩容提质，稳定和扩大居民消费。工信部近日也表示，正在加快 5G 技术推广应用，推进 "5G + VR" 全景虚拟导购云平台等应用场景，助力新型消费发展。

中国社会科学评价研究院院长荆林波认为，新消费模式的出现不仅满足了消费者的基本需要，为生活带来便利，促进国内消费市场潜力释放；而且消费模式的创新也为整个社会提供了新型工作岗位，起到了稳就业的作用；同时，新模式极大地激发了企业活力，中小微企业通过线上线下融合、直播带货等新供给方式不断提升供给效率、优化供应链。

2. 实体商业转型升级

2020 年 3 月中旬至 4 月中旬，便利蜂在北京和上海两地推出 6 家樱花主题门店，不仅有樱花元素装饰、拍照墙，还上架大量樱花口味零食产品及樱花香型洗手液等日用品，消费者可以边购物边赏"花"，吸引了不少周边居民前往。

苏宁易购平台运营集团副总裁范春燕表示，尽管疫情悄然改变了消费者的部分生活方式与消费习惯，但注重体验与追求个性化依旧是不变的主题。零售企业应回归市场本质，洞察用户需求和变化，调整营销和渠道布局，展开主动而积极的变革。

实体门店要想留住消费者，一方面要不断满足消费者对品质、文化娱乐等享受附加值的追求，推出个性化的服务和产品，提供安全健康、沉浸式的购物体验；另一方面，也要加快从"到店消费"转变为"到店 + 到家消费"，提升末端物流配送能力。

商务部印发《关于应对新冠肺炎疫情做好稳外贸稳外资促消费工作的通知》，提出要鼓励电商、快递等企业与实体店、商务楼宇和小区物业等合作，开展末端配送服务合作。

为满足社区居民日常消费需求，打造家门口的百货商超，菜鸟驿站和大润发、欧尚等全国连锁商超合作，推出驿站团购服务。菜鸟驿站负责解决"最后一公里"配送问题。与大卖场合作，意味着社区居民有超过两万种品类商品可选择，包括新鲜食材、日用百货等，消费者只需用手机向社区菜鸟驿站下单，预订好商品就可在家等着收快递。

国家邮政局统计，2020 年第一季度，全国快递服务企业业务量累计完成 125.3 亿件，同比增长 3.2%。尤其是 3 月份，随着快递业服务能力的全面恢复，全国快递服务企业业务完成量同比增长 23%。国家邮政局市场监管司副司长边作栋表示，电子商务

与快递物流是互相促进、紧密联系的，目前快递业所支撑的实物商品网络零售额已经占到社会消费品零售总额的 1/5。现在，每天快递量已超过 2 亿件，基本恢复到正常水平。

3. 政策发力提振需求

2020 年 4 月，商务部发布了关于统筹推进商务系统消费促进重点工作的指导意见，提出要加快零售创新转型，鼓励零售企业数字化发展，打造沉浸式、体验式消费，促进消费新业态、新模式、新场景普及应用。做大做精"双品网购节"活动，引导电商企业以数据为依托，精准匹配网络消费新需求，大力发展个性化定制、柔性化生产，加快线上线下融合。

通过网上摇号的方式，南京市公开发放 3.18 亿元餐饮、体育、乡村旅游等品类电子消费券。互联网平台发放的电子消费券，可以由消费者在线申领后，支付时直接抵扣相应金额，使用更方便，进一步激发消费热情；同时，政府可以在线动态调整消费券发放策略，精准提振消费。

2020 年 4 月以来，各地出台了一系列举措，激活新型消费潜力。上海市推出"云直播""云逛街""云上快闪店"等"云购物"模式，深圳市发起"微视鲜粉节"助力企业拓宽电商销售渠道，杭州市武林商圈开启"云购武林"活动，全国 100 多位县长、市长走进直播间为当地产品"代言"……

"下一步将围绕培育发展新消费，加快以 5G 网络和数据中心为重点的新一代信息基础设施建设，努力推进信息服务全覆盖。鼓励发展线上线下融合消费新模式，促进传统销售和服务上线升级。"国家发改委就业收入分配和消费司司长哈增友透露。

商务部消费促进司负责人王斌也表示，将进一步支持电商平台创新服务模式，鼓励实体零售业数字化转型，推进线上线下深度融合，促进消费新业态、新模式、新场景的普及应用。

28 个省市累计发放消费券达到 190 多亿元。2020 年 5 月 8 日上午，国务院联防联控机制举行新闻发布会，介绍"五一"小长假期间交通、消费、旅游和疫情防控有关情况。商务部有关负责人表示，据初步统计，疫情发生以来，有 28 个省市、170 多个地市统筹地方政府和社会资金，累计发放消费券达到 190 多亿元，这些促销措施取得明显效果，实现了聚焦人气、增强信心、提振消费的目标。具体表现在：一是拉动消费增长，有效提高了受疫情影响的消费信心，促进人气回升、市场回暖，增强消费动力。促消费活动对拉动消费增长发挥了四两拨千斤的作用。二是保障和改善民生。一些地区面向困难家庭和低收入群体，定向发放了消费券，让消费者有实实在在的获得感。三是帮扶了疫情影响严重的行业发展。这些促消费活动重点针对受疫情影响比较大的餐饮、零售等行业，为这些企业带来了明显的客流量，增加了实际收入，对稳定企业和行业发挥了重要作用。

4. "直播带货"创新消费方式

当下，"直播经济"加速向我们走来，各行各业的工作人员，包括导购、企业高管、银行柜员甚至央视主持人、各级干部等，纷纷变身主播登上屏幕，成为经济社会发展中的一道新风景。"直播带货"作为一种创新的、接地气的商业模式，对提振各地经济动能有着十分重要的意义。

央广网报道，2020年4月25日，"全国100位县长'文旅助农'直播大会，助推当地农特产品走向全国；上海一家报社的记者悉数出动，为在疫情中蒙尘的好产品吆喝卖货；同时，一些公众人物、明星纷纷光顾直播间，不断刷新着"直播带货"交易额的纪录。仿佛一夜之间，全民都是主播，万物皆可直播。

"直播带货"的能量是巨大的，效果也十分显著。作为一种新型线上商业形式，"直播带货"在关注度、参与人数和带货能力方面，都在不停地创造新的纪录。苏宁拼购现场直播农民挖春笋，两天内吸引了200多万人次观看，累计销售35万公斤春笋，销售额400多万元；拼多多联合多地市长、县长打造了近50场"爱心助农"直播，帮扶18万户受疫情影响的商家和农户渡过难关。

"直播带货"销售内容丰富、形式多样，从田间地头卖农货到直播间售楼、卖车，再到线下实体店架起手机开直播，直播创新方式层出不穷，展现出了强大的生命力。

"直播带货"为什么这么火？相较传统的线下购物方式，"直播带货"能够让购买者产生参与感和体验感。例如在直播间，卖家与买家之间可以进行充分互动、沟通，卖家现场展示商品，即时解答买家疑惑，这样可以对商品进行更直观的展示。再加上有专业人士线上讲解，能够有效地减少时间成本，降低购物试错率。此外，直播现场的"红包雨"、限时秒杀、抽奖免单等优惠活动，吸引更多人下单抢购。

除"直播带货"自身的优势外，线上经济有着成熟的商业模式，为线上直播提供了广阔的平台。再加上受疫情影响，"宅经济"快速发展助推线上购物，很多创业者、商家纷纷转向电商平台谋求发展。有数据显示，作为"直播带货"的代表，淘宝直播在2020年一季度出现井喷式增长，2020年2月新增商家数环比增长719%，3月同比大涨3倍，给商家带来的订单增长超过160%。

2020年3月27日，中央政治局召开会议强调，"保持线上新型消费热度不减"。推动线上新型消费发展，实现线上线下相融合，对提振经济动能具有非常重要的意义。当前，我们在全面复工复产的同时，不妨以"直播带货"为突破口，把被抑制、被冻结的消费需求释放出来。

对企业而言，应积极实现从线下到线上的转型，顺应网络化、数字化的经济趋势；对于政府来说，要创新服务方式，利用网络直播、线上揽客等模式，为直播经济涵养良好生态。我们应该张开双臂，以积极的心态迎接这一销售新业态，让"直播带货"成为经济转型新突破，提振经济发展动能。

地方干部直播带货固然能带来热度和流量，但最能打动消费者的，归根结底还是产品品质和客户体验。疫情防控中，在线购物深受欢迎，也为农产品电商带来发展新机遇。领导干部走进直播间，临时客串带货"主播"，应急助力农产品销售；走出直播间，更要长久谋划，抓住新机会，促进农村电商发展再上新台阶。

农村电商涉及生产、包装、仓储、物流运输、售后服务等方方面面，交通、物流基础设施薄弱，人才、资金等要素短缺，是不少农村面临的困境。各地可将乡村振兴、脱贫攻坚与发展农村电商结合起来，集中资源补上这些短板。而在信息通信等新型基础设施建设、电商主体培育等新课题上，更应提前谋划，大胆探索，在政策支持和资金投入上予以保证，统筹城乡发展，补上农村信息化短板。

发展农村电商，要看"网上"也要看"田间"。电商市场竞争激烈，唯有品质过硬才能持续发展。各地应引导农业经营主体直面市场，深化供给侧结构性改革。立足特色资源，寻求错位精准，解决"种什么"；推广标准化生产，提高科技含量，解决"怎么种"；发展深加工，延伸产业链，打造品牌，解决"怎么卖"。把农业全产业链与互联网深度融合起来，才能真正促进农业产业提质增效，充分释放乡村发展新动能。

更好发展农村电商，不仅考验地方干部"带货"技能，更考验化危为机的治理能力。顺势而为，长短结合，科学应对，就能让一根根网线连接城乡、对接产销，让更多农产品飞出大山，丰富千家万户的餐桌，鼓起亿万农民的口袋。

疫情发生后，"宅"成为很多人工作生活的常态。"云端生活"可更大范围满足文化、娱乐、健康等深层次需要，网络观展、线上教育、网上办公、远程医疗等更加流行。

"云端生活"不仅为很多人枯燥的"宅"生活带来了一抹亮色，也为世界经济打开了新的可能性。疫情给世界经济造成严重冲击。国际货币基金组织预计，2020年全球经济将萎缩3%，为20世纪30年代大萧条以来最大的经济衰退。有分析指出，世界经济本轮衰退源自疫情引发的供给和需求同时收缩。

数字基础设施是推动"云端生活"发展的关键因素。要更好地抓住新产业新业态带来的新机遇，增加数字基础设施投入必不可少。在数字技术上更具灵活性的企业，在这次疫情中所表现出的适应性也更强。这说明，投资数字基础设施建设已不是选择题，而是拓展创新发展空间的必答题。

"云端生活"带来的不仅是一种短期机遇，还是一种长期竞争力。利用"云端生活"为经济打开的新可能，在法律和政策层面创建数字友好型的投资环境，创造条件让传统企业进行数字转型，将是各国在经济层面应对疫情的有效途径之一。

5. 推动农村电商持续发展需要普惠金融

2020年5月7日《人民日报》刊发江苏徐州生物科技与大健康发展研究中心徐锋、刘林青的文章《推动农村电商持续发展 打赢脱贫攻坚战》文章说，农村电商把实体店与电商有机结合，使实体经济与互联网产生叠加效应，是转变农业发展方式的重要手段。通过大众创业、万众创新，发挥市场机制作用，加快农村电商发展，有利于促消费、扩内需，有助于打赢脱贫攻坚战。推动农村电商持续发展，可以从以下几个方面着力。

加强农村网络基础设施建设。完善的网络基础设施是农村电商充分发展的基础。今年中央一号文件提出，基本实现行政村光纤网络和第四代移动通信网络普遍覆盖。

推动农村电商持续发展，需要进一步加强农村宽带、通信等信息化基础设施建设力度，扩大农村互联网建设规模、提高农村互联网传输效率；加快物联网、智能设备等现代信息技术和农村生产生活的深度融合，推广适合农村、方便农民的信息化产品。

加快农村物流仓储体系建设。农产品具有时效性强、季节性强、存储难度大等特点。建立仓储、包装、物流体系特别是冷链物流体系，有利于推动农产品在更广范围快速流动，为农村电商持续发展提供有效保障。可通过整合邮政快递、商贸、交通、供销等资源，加快完善县乡物流体系，鼓励多站合一、服务同网；合理规划冷藏库、冷冻库等设施布局，推动建设一批现代化农产品冷链快递物流基地。

推动农业生产标准化建设。生产标准化是农产品质量和安全的保证，是现代农业品牌建设的重要手段。推动农村电商持续发展，需要制定科学合理的农业生产标准，加强对农业生产、产品加工、市场准入、流通销售等重点领域的监管，推动农业生产标准化建设。以品牌建设为抓手，按照统一标准进行生产组织、监督管理、质量认证，实现产品可追溯、质量有保证、附加值有提升。

加大农村电商人才队伍建设。对农民、合作社人员加强技能培训，提高农民利用网络渠道销售农产品的能力。有条件的地区可以建立专业的电子商务人才培训基地和师资队伍，培养一批既懂理论又懂业务、会经营网店、能带头致富的复合型人才。引导具有实践经验的电商从业者返乡创业，鼓励电子商务职业经理人到农村发展。

以上几个方面，都需要资金支撑，需要普惠金融的支持。

三、疫情拉动新基建

基础设施是经济社会活动的基础，具有基础性、先导性和公共性的基本特征，对国民经济发展至关重要。2020 年 6 月，中央对加快新型基础设施建设进度接连作出重要部署，多地推出了许多投资和建设计划，科技行业特别是数字型科技公司纷纷参与新基建。什么是新基建？新基建新在哪儿？它与传统基建相比有哪些不同？

（一）新基建的基本概念

1. 国家层面在关注和推动新基建

2018 年 12 月召开的中央经济工作会议首次提出"加快 5G 商用步伐，加强人工智能、工业互联网、物联网等新型基础设施建设"，"新型基础设施建设"的提法由此产生。此后，2019 年的《政府工作报告》也要求"加强新一代信息基础设施建设"。2020 年开年首次国务院常务会议也明确提出要"出台信息网络等新型基础设施投资支持政策"。可以说，从一开始，"新基建"这一概念便与 5G、人工智能、物联网等新兴产业紧密相连。

新基建的"新"，不仅仅指新兴产业的新，只要能够发掘出基建领域的新增长点，便能够被纳入新基建的范畴。因此，新基建的概念也适用于传统的基建领域。我们可

以将发掘传统基建领域新增长的过程，称为对传统基建的补短板。

而这补短板可从两方面入手，一是发展传统基建领域的新兴细分子行业，如交通运输短板领域的冷链物流，能源行业短板领域的特高压和充电桩，民生基建领域的公共卫生和医疗等。二是乘城市群建设东风，满足城市群对基础设施建设的新需求。随着我国城市群建设的推进，长三角、粤港澳、京津冀等多个城市群将对轨道交通、城际铁路、教育、医疗等基础设施产生广阔需求。

2020年，从中央密集部署，到资本市场热捧，新基建正式站上风口。相比传统的基建，新基建是立足于高新科技的基础设施建设，主要包括5G基建、特高压、城际高速铁路和城市轨道交通、新能源汽车充电桩、大数据中心、人工智能、工业互联网等七大领域。据统计，目前，已有13个省市区发布了2020年重点项目投资计划，其中8个省份公布了计划总投资额，共计33.83万亿元。

2. 新基建与传统基建的关系

新基建新在哪儿？为何此时按下"快进键"？2020年6月8日《人民日报》发表吴月辉、谷业凯、余建斌文章《为新基建注入强动力 新基建的创新密码（上）》。文章就这些问题进行了深入探讨。"传统基础设施建设主要指'铁公机'，包括铁路、公路、机场、港口、水利设施等建设项目，在我国经济发展过程中具有重要的基础作用。新基建则主要指以5G、数据中心、人工智能、工业互联网、物联网为代表的新型基础设施，本质上是信息数字化的基础设施。"中国科学院科技战略咨询研究院院长潘教峰说。

传统基建解决了物和人的连接，公路、机场的修建，给区域带来繁荣的商业。数字化新基建则解决数据的连接、交互和处理。5G、云计算、大数据、人工智能和量子计算等新技术，作为数字产业化和产业数字化的基础设施，将给产业升级带来更大的空间，推动形成新的产品服务、新的生产体系和新的商业模式。

铁路和高速公路是工业时代的基础设施，信息时代，更多体现出以数据为关键要素的算力、算法等基础设施能力。业内人士形容，从要素上说，如果说数据要素是"石油"，新基建就是"油井和输油管道"，那么数据智能就是"炼油技术和设备"；数据智能把资源加工成可使用的、高价值的产品和服务。

有专家表示，我国的基础建设经历了三个阶段：第一阶段以建立能源与工业品生产体系和生产能力为主要目标，第二阶段以提升"流通能力建设"及"城镇化建设"为主要目标。目前所处的第三阶段以提供产业治理、信息治理、生态治理和安全治理服务的基础设施体系为主要目标，其中重点包括信息治理基础设施。

3. 新基建的前景

这篇文章认为，新基建是对基础设施的创新，可以推动创造新服务、新业态。它可以改变科学研究、研发设计、供应链协同的基本模式。比如，在生产过程中建立基于数据创造的新价值网络，可以实时把消费者需求传递给生产侧。这种数字基础设施可大幅提升全要素的经济效率。

当前，以 5G、数据中心、云计算、人工智能、物联网等新一代数字技术为基础，形成了包括购物、出行、娱乐、政务、智能制造等各类数字平台，这些平台又是数字产业化、产业数字化的基础设施。此外，包括"铁公机"在内的传统基础设施经过数字化改造形成融合型基础设施，加上 3D 打印、智能机器人、AR 眼镜、自动驾驶等科技，新型基础设施将是一个全新的技术图景。

以人工智能为例，过去 40 年，信息时代基础设施三要素——计算、传输和存储，其能力都提高了近百万倍。进入人工智能发展新阶段，算法、数据、计算、传输、存储进一步构成了新型基础设施建设的多个要素。这些要素相互促进、快速融合、循环迭代，以全新基础设施架构实现信息化、互联化、移动化和智能化"四浪"叠加，孕育创新发展的新动能。

4. 新基建的用途

文章认为，运用大数据技术搭建疫情传播模型，对病毒的传染源、传播速度、传播路径、传播风险等进行快速评估和预测；人工智能远程问诊、辅助诊断、影像分析，有效降低医护人员近距离接触感染的风险，大幅度提高诊断效率；众多企业免费开放算力，支持病毒基因测序、新药研发等工作，帮助科研机构缩短研发周期，等等。

在新冠肺炎疫情防控和复工复产工作中，健康码、在线网课、智慧零售等新事物、新业态的背后，是 5G、大数据、人工智能、超级计算等新一代信息技术的投入应用，展现了新型基础设施的强大支撑作用。

新基建把先进的智能科技跟产业深度融合，将加速金融、制造、能源等传统行业的智能化变革。

新基建还能够拉动基础产业尤其是信息技术产业的升级发展，既带动产业本身扩大规模，也能促进产业链上下游发展壮大。

有专家指出，新基建还将推动基础研究的深入，促使云计算、人工智能的算法、芯片等领域取得更多成果，有助于科技领域补上短板。

（二）疫情推动新基建提速

疫情发生后，重振经济的突破口选择力推新基建，经济学界普遍认为其主要原因有以下考量。

短期稳增长，中长期重构创新大时代。

（1）短期：新基建将成为经济稳增长的关键。

2020 年 4 月，兴业证券发布了《新基建深度报告：新基建开启创新新时代，七大行业深度研究报告》（以下简称《报告》），从新基建的内涵谈到为何要大力推进新基建。报告认为，经济增长的"三驾马车"，消费与出口均因此次紧急公共卫生事件受到影响，而投资因一季度淡季受冲击较小。基建投资是投资的重要组成部分，短期内预计将起到稳增长的作用。

基建投资将托底经济，而新基建将为经济增长注入新动能。基础设施投资是固定

资产投资的三大下游之一，对固定资产投资的占比长期保持在20%以上，并以政府投资为主导，因此，基建将起到稳定托底经济的作用。新基建则进一步为基础设施投资扩容，在疫情期间，远程办公、在线课堂、远程护理、送药机器人等新兴产业崭露头角，而这些新兴产业的发展都离不开5G、大数据、人工智能、云计算等新型基础设施的支撑，因此，新基建能够为新兴产业赋能，起到稳增长的作用。

（2）中期：新基建将起到缓解我国社会主要矛盾，助力"十四五"发展规划落地的作用。

我国社会的主要矛盾已转化为"人民日益增长的美好生活需要和不平衡不充分的发展之间的矛盾"，在"十四五"期间，国家致力缓解这一主要矛盾。新基建通过着力提升基础设施水平，改善国计民生，缓解主要矛盾，是"十四五"的重要发展方向。因此，在中期内，新基建依旧将在国民经济中扮演重要角色。

新基建是"十四五"的重要发展方向。2019年11月25日，国务院总理李克强主持召开研究部署国民经济和社会发展第十四个五年规划编制专题会议。李克强总理指出，"十四五"时期，我国正处在转变发展方式、优化经济结构、转换增长动力的关键阶段，将推出一批重大工程和项目，着力提升基础设施水平。2020年有望成为新基建的大举布局之年。新基建将起到承上启下的作用，既助力"十三五"规划妥善收官，又与"十四五"规划发展目标相契合，大概率将成为"十四五"的重要发展方向。

（3）长期：助力经济转型，加速进入创新大时代。

长期来看，无论从全国经济发展还是区域经济建设，都要求开展大规模的新基建。在全国经济的层面上，中国经济将呈现由投资驱动转向创新驱动的发展趋势，5G、云计算、人工智能等新兴产业即将来到"大创新时代"的风口，对5G、数据中心、充电桩等新型基础设施的广阔需求也应运而生。在区域经济的层面上，国家致力于建设多个城市群，推进城镇化进程。这些举措催生了对交通、水利、市政等传统基础设施的需求，拓宽了新型基础设施的应用范围。

发展新基建这一决策，既是应对经济下行压力的客观需要，更是在深刻洞察和把握世界科技与产业变迁大趋势基础上作出的战略抉择。专家认为，面对经济下行压力加大、传统基建投资边际效益下降和产业渗透率下降的挑战，推进新型数字基础设施建设是我国对冲疫情影响、优化投资结构、刺激经济增长的有效方法。

打造经济发展新动能，离不开信息化、数字化、智能化的强力支撑。疫情期间线上需求的集中暴发，展现了人工智能、物联网、大数据、云计算等新兴技术带动社会经济整体发展的潜力，客观上也打开了新基建的窗口期。随着中国经济从高速增长阶段转向高质量发展，原有基础设施体系的不适应问题更加凸显，基于新时代新使命，基础设施体系也必然要进行战略性调整。

加速推动新基建，价值不仅在眼前。5G、数据中心、工业互联网等领域具有一定超前性，投资新基建，实际上是投资未来，服务长远。新基建是围绕科技这一经济新硬核掀起的基础建设浪潮，是为中国经济转型升级注入强大"数字动力"，为高质量发展蓄能。

（三）新基建利好普惠金融和乡村振兴

我国的货币财政齐发力，产业政策落地，层层加码扶持新基建，给普惠金融提供了史无前例的发展机遇，对乡村振兴也是重大利好。

财政政策方面，施行积极的财政政策，为新基建进一步拓宽资金面积极的财政政策导向。2020 年 2 月 21 日，中共中央政治局召开会议，要求积极的财政政策要更加积极有为，发挥好政策性金融作用。这是继 12 月中央经济工作会议提出"积极的财政政策要大力提质增效"后，近期再次对财政政策的力度的正面指示。减税降费、专项债扩容、引导政策性金融债发行等一系列积极的财政政策发力，将持续利好新基建。

而政策性金融债或将进入财政的工具箱。继专项债大幅扩容后，政策性金融或成为基建的又一"长期资金供给"。从历史来看，"政策性金融"能够放大中长期的财政杠杆，提升财政资金的使用效果，是逆周期调节的重要工具。专项建设基金主要采用股权方式投入，用于项目资本金投入、股权投资和参与地方投融资公司基金，资金的久期即持续期足够长，或成为基建的又一"长期资金供给"。

间接融资及货币政策方面，LPR 改革疏通金融支持实体的传导途径 LPR 利率多次下调，持续降低实体企业的融资成本，新基建相关行业将从中受益。

直接融资及资本市场政策，再融资及并购重组政策放松，助力金融支持新基建，直接融资是大势所趋，融资结构转换将有利于新基建。

自 1978 年改革开放以来，支撑中国经济发展的主要融资模式是以银行信贷为主的间接融资。以存量法计算，2017 年中国的直接融资占比仅为 37%。当下，中国经济的产业发展开始以消费服务、科技创新为导向，配套的基础设施建设需求也应运而生。

然而，新兴产业的融资风险偏好需求更高，银行的低风险偏好资金、信贷资金、间接融资模式不利于大面积直接支持新兴产业、民营企业，也对新基建发展造成阻碍。再融资放宽、并购重组政策放松、科创板与注册制试点等将持续推进直接融资发展，进而利好新基建发展。

（四）为新基建注入金融动力

面对新基建、新的经济发展格局，货币政策在做好"六稳"工作、落实"六保"任务方面如何发挥作用？2020 年 8 月 9 日，新华社记者专访中国人民银行行长易纲，就加大货币政策逆周期调节力度，创新货币政策工具，有力支持稳企业保就业等谈了央行的政策取向。

疫情发生以来，面对冲击金融部门果断加大货币政策逆周期调节力度，创新货币政策工具，采取了降低存款准备金率、增加再贷款再贴现额度、对小微企业贷款"应延尽延"以及降低利率等许多政策措施，有力支持了稳企业保就业，为统筹推进疫情防控和经济社会发展提供了坚实支撑。在这些措施作用下，我国经济发展稳定转好，

生产生活秩序稳步恢复，2020年二季度经济增长明显好于预期。

我国货币政策的空间仍然十分充足，工具箱也有足够的储备，能够应对可能出现的风险挑战，这说明我国的宏观调控体制机制日趋成熟。2020年四季度开始的货币政策走向，是根据统筹推进疫情防控和经济社会发展需要适时调整的。货币政策会更加灵活适度、精准导向，既有量的合理增长，又注意结构的持续优化。综合运用多种货币政策工具，保持货币供应量和社会融资规模合理增长，推动综合融资成本明显下降，确保新增融资重点流向制造业和中小微企业。

如今，小微企业的作用比过去任何时候都更为重要。稳企业、保就业，必须稳住上亿市场主体，尽力帮助企业特别是中小微企业、个体工商户渡过难关。因此，货币政策要注重精准导向，提升小微企业的融资可获得性并降低成本。

稳金融是"六稳"工作的重要内容，金融行业最重要的工作是防范和化解金融风险。稳金融既要实现金融业自身的稳定，更要通过金融调控助力经济平稳运行。疫情防控期间，应对疫情冲击、保持经济稳定是第一位的，这离不开货币政策的持续发力。稳住了经济基本盘，才能为稳金融提供基础和前提。业内人士认为，疫情防控期间的金融支持政策具有阶段性。对于可能的风险隐患，金融监管部门有着清醒认识，提出了注重政策设计激励相容、防范道德风险、总量要适度的政策，并随时准备顺应形势的变化，调整政策的方向、力度和节奏等。

在服务实体经济、推动高质量发展过程中，金融业应当推进结构改革和创新。金融是推动经济社会发展的重要力量。要推动我国经济顺利实现结构转型，不断迈向高质量发展，必须坚定不移深化金融业改革开放。一方面，要深化金融业供给侧结构性改革，从机构、市场和产品三个层面发力，持续提升金融服务实体经济的能力。贯彻新发展理念、推动高质量发展、促进发展格局转型，需要与之相匹配的金融体系。在金融机构方面，我们要着力健全商业性金融、开发性金融、政策性金融、合作性金融分工合理、相互补充的金融机构体系，构建多层次、广覆盖、有差异的银行体系，大力发展养老、保险和非银行金融机构。在市场建设方面，建设规范、透明、开放、有活力、有韧性的资本市场。在金融产品方面，以市场需求为导向，积极开发个性化、差异化、定制化金融产品，以满足各类经济主体的需求，改进对小微企业和"三农"的金融服务。另一方面，要继续扩大金融业对外开放，以开放促改革、促发展。近年来，中国履行对国际社会承诺的既定方向和节奏，持续扩大金融开放，取得了显著成效。以准入前国民待遇和全面负面清单管理为基本原则的对外开放制度框架初现端倪。

金融业自身要做大做强，就必须着眼于结构调整和科技创新。当前及今后一段时期，尤其应当大力发展金融科技，充分利用互联网技术、区块链、大数据、云计算、人工智能等，全面改造传统金融业。只有实现了转型，我们超大规模的国内市场才会充分发挥作用，才会展现出极强的发展潜力和竞争能力，我们的金融业和实体经济才会真正强起来。

构建以国内大循环为主体、国内国际双循环相互促进的新发展格局，金融业大有作为。构建新发展格局，应当成为深化改革的过程，并依托市场机制、优化资源配置来实现。这首先要求我们进一步深化市场化改革，特别要大力推进要素市场化改革，进一步改善我国营商环境，充分发挥市场在资源配置中的决定性作用，更好地发挥政府的作用。在社会主义市场经济中，资源的配置和再配置，是通过企业的自主行为实现的，因此，进一步激励企业的积极性至关重要。我们要深化国企改革，推动民营经济更好发展，大力引进外资，充分调动各类企业的积极性，保护各种所有制经济产权和合法利益，使一切有利于社会生产力发展的力量源泉充分涌流。同时，大力推进科技创新，通过优化配置资源，推动重要领域关键核心技术攻关，尽快补齐短板。

在资源配置过程中，金融业具有十分重要的作用。金融界"物随钱走"的规则，说的正是金融在资源配置过程中的关键引领作用。在这个意义上，加快金融业市场化改革，提升金融资源配置效率，持续提高金融服务新发展格局的能力，正是在促进发展格局转型和优化。

在市场经济中，价格是最重要的资源配置信号，因此，提升金融资源配置效率，首先要持续推动汇率、利率和国债收益率曲线等金融价格的市场化改革，以更加精准、灵敏的价格信号引导金融资源配置到最需要、最有效率的地方去，从而更好地服务于新发展格局。其次，要大力发展证券、基金、风险投资和股权投资等非银行金融机构，更好地支持不同类型企业特别是科技创新型企业的发展，更好地满足实体经济转型发展的金融需求。最后，要推动金融市场改革，提供更多有创新性的金融产品，促进融资便利化，并有效地降低融资成本。

四、"大创新时代"对乡村振兴影响深远

2020年5月，国际货币基金组织预测，全球将面临20世纪30年代大萧条以来最严重的经济衰退。与以往的经济危机相比，此次疫情冲击给人们造成的损失更为直观：生产生活被打断，衣食住行、就业都受到影响。在疫情防控和经济社会运行的双重压力下，世界经济前景似乎令人焦虑。然而，事实并非如此。展望未来，一个数字化的地球可能会出现在人们面前。从第三次工业革命到第四次工业革命的转折点，人们正化危为机，形成新的创新创造大潮。

国际货币基金组织的预测是对的。新冠肺炎疫情得到有效控制后，世界进入了一个"大创新"的时代，特别是中国，许多与"新"有关的词汇见诸各大媒体，"新经济""新基建""新动能""新业态""新产业"等涵盖各行各业、各个领域。

2020年5月11日至12日，习近平总书记先后来到山西省大同、太原等地，深入农业产业基地、移民新村、文物保护单位、改革示范区和企业等，就统筹推进常态化疫情防控和经济社会发展工作、巩固脱贫攻坚成果进行调研。习近平总书记指出，持续推动产业结构调整优化，实施一批变革性、牵引性、标志性举措，大力加强科技创新，在新基建、新技术、新材料、新装备、新产品、新业态上不断取得突破，持续在

国企国资、财税金融、营商环境、民营经济、扩大内需、城乡融合等重点改革领域攻坚克难，健全对外开放体制机制，奋发有为推进高质量发展迈进。

"新基建、新技术、新材料、新装备、新产品、新业态"，这一连串"新"的背后，是乡村振兴和普惠金融的努力方向。

"无接触""全自动"背后，是5G网络、人工智能等新型基础设施的坚实支撑。新基建加速推进，拉动新投资、升级新消费、活跃产业链，为经济社会发展注入新动能。新基建是新机遇，抓住这个新的发力点，高质量发展后劲十足。

（一）"大创新时代"的政策背景

中共中央、国务院印发的《关于构建更加完善的要素市场化配置体制机制的意见》（以下简称《意见》）和国家发改委印发的《2020年新型城镇化建设和城乡融合发展重点任务》（以下简称《任务》）两份重要文件在世界经济风云变幻，我国新型城镇化深入推进的大背景下，具有深远的战略意义。其政策导向是通过深化改革，引导和推动劳动力、土地、资本合理有序流动，完善要素市场化配置，加快提升全要素生产率，推动新型城镇化建设加快步伐向高质量发展。

《意见》提出了深化要素市场化改革、促进区域协调发展、推动经济发展向高质量转变的要求。明确了"五大要素"即土地、劳动力、资本、技术和数据对经济增长的重要性，响应十九届四中全会所提及的经济发展新理念。

而"重大要素"市场化改革的深化，将有助于推进要素的市场化配置，加快提升全要素生产率，推动新型城镇化高质量发展。《意见》首次提及数据要素。从2019年年底中央经济工作会议上提出"大力发展数字经济"到如今"加快培育数据要素市场"，可以看出数字经济发展已经上升到国家战略层面，对资源的优化配置将起到关键作用，也是推动经济向高质量发展的重要组成部分。

数据要素市场的培育必将促进新型基建发展，涉及5G、数据中心、云计算、工业互联网、物联网、人工智能、传统基础设施数字化改造七大领域，是新型城镇化高质量发展不可或缺的核心内容和重要基础。

（二）"大创新时代"开启

"大创新时代"对新型基础设施建设有广阔需求，经济增速趋缓，经济发展将从投资驱动转向创新驱动。

波特在《国家竞争优势》一书中指出，一个国家的发展将经历生产要素驱动、投资驱动、创新驱动和财富驱动等4个发展阶段。1981至2017年，中国主要是由地产、传统基建为代表的投资驱动发展。

然而，近年来国内生产总值增速呈下行趋势，呈现出明显的"L"形。2019年，国内生产总值达到99.09万亿元，同比增速为6.10%，同比下降0.6个百分点。在经济增长趋缓的背景下，我国经济发展将踏上由投资驱动转向创新驱动的转型之路。基于《突破性创新与经济增长》报告给出的分析框架，创新可以通过资本深化、推动人力资本增长、提高企业生产效率与促进经济结构转型四大途径来促进经济增长，中国将迈入"大创新时代"。

"大创新时代"来临，有望开展大规模的新型基础设施建设。

一是对传统产业的改造提升要求开展大规模新型基础设施建设。2019 年《政府工作报告》提及，要"支持企业加快技术改造和设备更新，将固定资产加速折旧优惠政策扩大至全部制造业领域，打造工业互联网平台，拓展'智能＋'，为制造业转型升级赋能"。这意味着以 5G、物联网、云计算等为代表的万物互联互通、为创新发展筑基的科技基建将有望得到大规模建设。以 5G 基站建设为例，截至 2019 年年底，5G 基站建设数额已超 13 万个，用户规模增速百万每月，用户规模与网络覆盖范围同步扩大。

二是新兴产业发展需要成熟的基础设施的支持。2019 年《政府工作报告》提到要"深化大数据、人工智能等研发应用，培育新一代信息技术、高端装备、生物医药、新能源汽车、新材料等新兴产业集群，壮大数字经济"，万物智能化、互联化所需的大规模信息基础设施建设可能更快更早地到来。

（三）新基建对我国经济的作用

基础设施是经济社会发展的重要支撑，基础设施状况反映一国经济实力和发展水平。与生产力发展需求相适应的基础设施建设对提高生产效率、改善人民生活质量具有重要促进作用，反之则会成为制约经济社会发展的瓶颈。

优先发展基础设施是我国取得巨大发展成就的重要经验之一。改革开放以来，我国基础设施建设突飞猛进，部分领域的基础设施处于世界领先水平，有力支持了我国经济社会持续健康发展。

2018 年 12 月召开的中央经济工作会议赋予基础设施新的内涵，把人工智能、工业互联网、物联网等作为"新型基础设施建设"的重要内容，这为抓住新科技革命机遇、加快发展数字经济提供了重要抓手。

2020 年 3 月 4 日，中共中央政治局常务委员会召开会议，研究当前新冠肺炎疫情防控和稳定经济社会运行重点工作，强调"加快 5G 网络、数据中心等新型基础设施建设进度"。加快推进新型基础设施建设，不仅能促进短期经济增长、提振社会信心，而且能有力推动经济转型升级、促进高质量发展。

1. 发展数字经济的重要支撑

在新一轮科技革命推动下，人类社会正在由工业社会迈向数字社会，对新型基础设施的需求迅猛增长。新型基础设施既包括服务数字经济与数字社会的数字基础设施，如 5G 网络和物联网等，也包括传统基础设施为适应数字经济发展而进行的数字化、智能化改造，如智能电网、智能交通等。新型基础设施可分为硬件和软件两个部分，硬件包括服务器、密钥存储设备等，软件包括底层开发平台、开发者工具等。

我国正处于数字经济发展起步阶段，新型基础设施是经济发展的短板。一方面，

与新型基础设施相关的硬件产品制造能力和产品质量与需求之间仍有差距，另一方面，体现科技创新能力的软件设计也存在短板。

还应看到，我国信息技术与实体经济融合不够深入，数字经济发展受到制约，主要原因就在于新型基础设施配置不到位、数据采集难度大、缺乏自主可控的数据互联共享平台等。实践表明，要更好支撑数字经济发展，抓住新科技革命的历史机遇培育竞争新优势，推动新旧动能转换，促进经济转型升级，必须加快新型基础设施建设。

虽然新型基础设施建设成本较高，但应看到，能够获得回报的投资才是有效投资。新型基础设施建设投入虽大，但产出效益高、产业带动性强，对我国经济发展具有长远积极影响。还应看到，我国是人口大国、制造大国和互联网大国，具有其他国家无可比拟的发展数字经济的市场规模条件，新型基础设施具有丰富的应用场景和广阔的市场空间。加快新型基础设施建设，是实现我国经济由大向强转变的加速器。

2. 新型基础设施的特点和作用

与传统基础设施相比，新型基础设施最突出的功能是支撑数据收集、存储、加工与运用，满足数字经济发展需要。具体来说，它具有以下特点和作用。

为数据成为新生产要素提供基础。信息技术的快速发展和深度应用，推动面向个人用户的互联网科技服务逐步转为面向各行业生产领域，特别是向制造业渗透，构建以工业物联为基础、以工业大数据为要素的工业互联网，推动形成新的工业生产制造和服务体系。这会改变人与人、人与物、物与物之间的联系互动方式和规则，形成数字经济。

数字技术的发展，使得表达人类活动的数据规模爆炸式增长，数据成为影响经济发展的新要素。然而在现实经济活动中，数据能否真正成为生产要素，取决于数据收集、存储、计算、分析、开发利用及智能化的能力。数据只有经过大数据技术处理转换并进入生产过程，才能成为有价值的数据。

所以，数据要素不能独立存在，而是存在于支撑实体经济运行的各种数字化基础设施之中，云计算、人工智能、大数据、物联网、区块链技术共同组成数字经济基础，为数字经济发展提供技术保障和实现手段，营造数字产业的生态环境。数字经济下产品的生产、运输、销售和服务都离不开新型基础设施的支持，新型基础设施的数量、质量等决定了数字经济发展的速度和高度。

构建以数字为基础、网络为支撑的数字经济资源开发服务平台，为经济转型发展注入大量新生产要素，是我国推进新型基础设施建设的重要目标。

广泛拉动新经济发展。传统基础设施建设的投入多以自然资源为主，并且往往只关联某些部门和行业，例如，与铁路、公路等基础设施建设直接相关的主要是交通运输部门。新型基础设施建设的投入则以信息技术为主，兼有公共产品和新兴产业的特性，是一种新型业态。新型基础设施作为公共产品，把涉及数字收集、存储、分析、运用的相关产业联成网络，使世界各地的消费者、生产者信息可即时对接，聚合物流、支付、信用管理等配套服务，极大突破沟通和协作的时空约束，大幅减少中间环节、降低交易成本、提高交易效率，推动平台经济、共享经济等新经济模式快速发展。

新型基础设施的普及带来全球数据量爆炸式增长，为数据挖掘、大数据分析及其运用创造条件。同时，新型基础设施服务的产业越多、集聚的数字资源越多，其外部效应就越大。数字基础设施的正外部效应和用户效率提升的示范效应，会吸引更多用户使用和参与，最终带动国家经济体系数字化和智能化水平全面提升，引发生产力和生产方式的重大变革。如果说传统基础设施落后或存在某些短板会影响某些部门发展，那么在未来，新型基础设施落后会导致国民经济整体发展水平滞后。

支撑新业态成长。按照传统工业化理论和工业化水平衡量标准，我国总体上已进入工业化后期阶段，服务业成本提高导致的生产率降低和结构性减速规律业已显现。在这一关键阶段，新科技革命催生的数字经济为"再工业化"明确了发展方向。数字经济沿着产业数字化和数字产业化两条路径引领产业变革，促进制造业和服务业融合发展，不断催生新产业。

新产业不仅指互联网、人工智能等，还包括应用数字技术使传统产业向数字化、智能化方向发展带来的改变，如智能制造、智慧城市、智能交通等。建立在新型基础设施之上的智能制造，通过数字化和智能化方式，能够发现客户的潜在需求，为客户创造新需求，并在一定程度上解决企业生产经营中的信息不充分、不对称问题。新型基础设施建设既有利于突破产业结构服务化造成的发展减速，又可为经济增长培育新动力、开辟新空间，并为新产业、新业态发展提供驱动力。

3. 加快新型基础设施建设

加快新型基础设施建设，是促进当前经济增长、打牢长远发展基础的重要举措，其出发点和落脚点在于加快发展数字经济，推动我国经济转型升级、实现高质量发展。为了更好地推动新型基础设施建设，需要注意解决好以下几个问题。

完善新型基础设施建设的总体规划。新型基础设施承载海量数据，而且数据类型和来源多样化，需要在数据交换、数据接口、开放模式、数据安全、网络安全、数据归属等不同环节以统一标准和规范推进工作。这就需要加强总体规划设计，围绕解决数据融合、数据共享、数据安全等重点问题，强化标准体系建设和发展路线研究，发挥标准的规范引领作用。

实现新型基础设施的合理利用。基础设施建设周期长，只有先行一步，才能有效满足未来快速增长的市场需求。当前数字经济发展处于起步阶段，市场需求仍在培育之中，因而新型基础设施与市场需求之间存在供大于求的现象是正常的，不能因此而放慢建设步伐。

新型基础设施建设是一项推动经济社会转型发展的系统工程，应避免照搬传统基础设施建设方式，注意其作为新业态的特点，在进行硬件建设的同时大力开发应用软件，加大技术研发投入，加快传统产业的数字化和智能化改造，实现技术供给、新型基础设施硬件建设与市场应用协调发展。应避免新型基础设施建设因技术供给不足而增加对进口的依赖，防止因市场需求不足导致新型基础设施过度闲置。

加强成本管控，明确产权归属。新型基础设施建设投资巨大，成本核算缺乏历史对比资料，尤须严格规范成本核算与管理。应明确政府与社会资本合作形成的公共基础设施的产权归属，其资产确认和计量都应遵照国家相关会计准则要求，保障不同投资主体的合理合法权益。

形成多元化投融资体系。虽然新型基础设施具有较强的公共产品特性，但其建设和发展的核心问题是技术创新。鼓励引导技术水平处于领先地位的民营科技企业参与新型基础设施建设，可以有效提升我国新型基础设施的技术水平和竞争力。因此，新型基础设施建设不能完全依靠政府投资，应进一步深化投资领域改革，大力吸收民间资本尤其是民间科技资本参与，形成多元化投融资体系。此外，还应研究加强信息网络投资的法律保护，吸引更多投资者参与新型基础设施建设。

4. 新基建催生智能经济

《人民日报》2020年5月8日刊发李彦宏的文章《"新基建"加速智能经济到来》。"在危机中捕捉和创造机遇，有力应对新冠肺炎疫情对经济发展的冲击，新型基础设施建设正在加速。这不仅能在中短期内创造大量投资机会、提升发展动能，而且能加速智能经济的落地和智能社会的到来，提升人类应对类似不确定性风险的能力。同时，'新基建'还会降低创业的门槛，提升创新的速度，助推生产效率变得更高更有弹性，给人们带来更加丰富的生活。

"实际上，在抗疫过程中，新型基础设施的代表性技术表现亮眼。实践证明，过去数年中国科学技术特别是互联网技术的长足发展，为经济社会积累了巨大的应变弹性。比如人工智能领域，智能算法使新冠病毒 RNA 分析时间从 55 分钟缩短到 27 秒，智能外呼平台用语音机器人代替人工，多人体温快速检测解决方案在人流密集场所落地使用……疫情防控过程中的应用经验与方案将会延续下去，产业数字化、数字产业化赋予的发展新机遇更不容错过，需要每一家企业好好把握。……

"在新的红利期，人工智能将从人机交互、基础设施、行业应用三个层面对社会、经济和生活产生广泛而深远的影响。这些都将重塑人类的经济结构和生产关系，迎来更具创造力、生命力的时代。

"中国无疑是最有能力抓住这轮机会的国家之一。因为我们对技术有长期而持续的重视和投资，2019 年，我国研发投入达 2.2 万亿元，超过 OECD 国家平均水平，位居全球第二；截至去年［2019 年］10 月，我国人工智能专利申请量累计已达 44 万余件，全球排名第一。同时，我国政府高度重视技术发展，积极创造良好的创新激励空间，数据作为重要的生产要素也被写进了《中共中央　国务院关于构建更加完善的要素市场化配置体制机制的意见》，进一步引导市场主体向更先进的生产力聚集。除此之外，我们拥有全球最大规模的制造业和应用市场、最多的研发人员，这些都将为人工智能发展创造更多更好的应用场景，加速中国制造升级，实现新旧动能转换，推动中国人民率先享受智能经济和智慧社会的福利。

"由于人工智能降低了技术门槛、提升了治理效能，国内各地智慧城市建设加速推进。例如，长沙、保定、重庆等地利用'智能交通引擎'优化城市交通治理。与此同时，人工智能也让更多普通人可以享受到技术带来的便捷，有助于缩小数字鸿沟。比如，陕西汉中扶贫办工作人员通过人工智能的深度学习技术，能够从20万贫困家庭中准确识别出最急需帮助的2000个家庭。又如位于北京大栅栏社区的独居老人，家里装上了电动窗帘滑轨、智能插座、智能灯等，通过与智能音箱互动，就可以开关电灯窗帘、调节空调温度。随着智能设备的普及，无论是老人还是儿童，未来都将能更为平等便捷地享受人工智能带来的美好生活。

"当然，人工智能与人密切相关，应当就基本的伦理达成共识：我们必须时刻坚持人文关怀，将造福于人作为首要原则。作为人工智能基础设施平台的提供者，必须坚持开放共赢，才能扮演好智能经济赋能者角色。"

（四）数字化赋能普惠金融

数字人民币，顾名思义，就是数字形式的人民币，对应经济学中的"M0"，即流通中的现钞和硬币，具有无限法偿性。形象地讲，就是把人们钱包中的纸钞、硬币变成手机里的人民币，出门不用再拿着钞票、揣着硬币，只需一个手机或一张卡，就能轻松完成支付。

数字货币是数字经济发展的重要标志。与其他行业相比，数字货币的开发利用和建设，可以说是金融领域的一项"新基建"，因为法定数字货币在生产生活中的应用，对降低交易成本，提高金融运行效率，助推数字经济发展具有非常重要的意义。2014年，中国人民银行就成立专门团队，对数字货币发行框架、关键技术、发行流通环境及相关国际经验等问题进行专项研究。如今，数字人民币在多个城市试点，涵盖餐饮服务、生活缴费、购物消费、交通出行等多种消费场景。这些试点经验将为数字人民币的推广、落地提供有益借鉴。

《中共中央关于制定国民经济和社会发展第十四个五年规划和二〇三五年远景目标的建议》提出，稳妥推进数字货币研发，彰显了对数字人民币的积极审慎态度。我国庞大的消费市场、丰富的消费场景，将为数字人民币的推进提供重要支撑。

1. 数字货币——金融业的"新基建"

2020年4月14日晚间，一张农行数字货币（DC/EP）钱包截图在网络流传开，该图显示的数字货币的主要功能与银行电子账户日常支付与管理功能基本相似，如农行数字货币钱包首页中，有"扫码支付""汇款""收付款""碰一碰"四大常用功能。

4月17日，央行方面确认了数字货币内测的消息。央行数字货币研究所回应称，"当前网传DC/EP信息为技术研发过程中的测试内容，并不意味着数字人民币正式落地发行。数字人民币目前的封闭测试不会影响上市机构商业运行，也不会对测试环境之外的人民币发行流通体系、金融市场和社会经济带来影响。"

近年来，央行对数字货币进展的口径一直是"稳妥推进"，从2014年央行成立法定数字货币的专门研究小组，开始研究法定数字货币，到2017年年末央行组织市场机

构进行数字人民币体系（DC/EP）研发，6年多来央行数字货币本着循序渐进的原则稳步推进。

越来越多的迹象表明，央行推进数字货币研发落地正在提速。据报道，2019年9月，央行数字货币已经开始"闭环测试"，测试中会模拟某些支付方案并涉及一些商业和非政府机构。

其实早在2020年年初，数字货币联调测试等工作已经基本完成。1月10日，央行在其发布的文章《盘点央行的2019金融科技》中就指出，央行在坚持双层运营、M0替代、可匿名的前提下，基本完成法定数字货币顶层设计、标准制定、功能研发、联调测试等工作。

针对数字货币内测传闻，媒体向央行人士求证，得到的回复则是一直在内测，以央行官方口径为准。2020年4月17日，央行数字货币研究所回应称，数字人民币研发工作"遵循稳步、安全、可控、创新、实用原则，当前阶段先行在深圳、苏州、雄安、成都及未来的冬奥场景进行内部封闭试点测试，以不断优化和完善功能"。

据《证券时报》报道，央行数字货币（DC/EP）目前已在部分银行进行内部测试，各家银行对接负责央行数字货币项目的部门不尽相同，有的是在支付清算部，有的则是运营管理部、网络金融部等，但目前确实处在内部测试阶段，选择个别商业应用场景进行尝试。

以苏州来看，苏州城区各区级机关和企事业单位，通过工、农、中、建四大国有银行代发工资的工作人员，2020年在4月完成了央行数字货币（DC/EP）数字钱包的安装工作。5月，其工资中交通补贴的50%，将以数字货币的形式拿到手。

数位银行业内人士表示，数字货币由央行牵头进行，各家银行内部正在就落地场景等进行测试。疫情加速了全球数字化，外界关于加速推动央行数字货币的呼声渐强。2020年4月3日，央行2020年全国货币金银和安全保卫工作电视电话会议提出"加强顶层设计，坚定不移推进法定数字货币研发工作"。

2020年4月10日，一季度金融统计数据发布会上，央行方面透露，央行将按照计划有序推进数字货币。如果数字经济能成为一个新的经济发展亮点，对数字货币的研发要求也会越来越高。

"央行推出的数字货币，只有在技术满足市场需求时才会更具生命力。"2016年，有业内人士表示。央行数字货币是法定货币，具有法偿性，采取的是双层运营体系，先把数字货币兑换给银行或者是其他运营机构，再由这些机构兑换给公众。数字货币推出将是一次货币变革的里程碑，人们的支付习惯、支付工具将发生改变。

"现阶段的央行数字货币设计注重M0（纸钞和硬币）替代，而不是M1、M2的替代。"央行数字货币研究所负责人分析称，央行数字货币保持了现钞的属性和主要特征，也满足了便携和匿名的需求，是替代现钞的较好工具。

央行数字货币（DC/EP）一旦落地发行无疑将是中国金融发展史上划时代的事件。

2. 数字人民币将与电子支付并存

在 2021 年 3 月 25 日举行的 2021 国际清算银行（BIS）创新峰会上，中国人民银行数字货币研究所负责人表示，为了对零售支付系统提供另一种备份或候补，央行必须加快步伐，提供数字货币服务。在此次会议中，研究中央银行数字货币（CBDC）是本次会议的核心议题。

现任美联储主席鲍威尔对央行数字货币的态度并不热衷。他在国际清算银行（BIS）会议中表示："对央行数字货币我们不必操之过急，美联储也不需要成为第一个推出数字货币的央行。"

相比之下，中国的数字人民币进展飞速。2021 年 3 月 25 日，作为中国数字人民币第二批试点城市，长沙部分银行已开始着手推出数字人民币的相关业务。目前，长沙已实现多类场景支持数字人民币交易，包括燃气等公共缴费，以及部分涉及居民消费的商超、餐饮、长途客运、加油站等消费场景，还有邮政快递寄递、旅游等特色场景。

在全球各大央行中，中国央行数字货币的布局极具前瞻性，进展最为迅速。自 2014 年起，中国人民银行成立专门团队，开始对数字货币发行框架、关键技术、发行流通环境及相关国际经验等问题进行专项研究。截至 2020 年 8 月底，全国共落地试点场景 6700 多个，总交易额超 11 亿元，交易数逾 312 万笔。

随着一批批试点城市的不断开放，能感受到数字人民币正处于呼之欲出的节点，但目前数字人民币的正式推出时间并不明确。2020 年 5 月，中国人民银行行长易纲表示，数字人民币目前的试点测试，还只是研发过程中的常规性工作，并不意味着数字人民币正式落地发行，何时正式推出尚没有时间表。

数字人民币将与电子支付并存，但匿名性更强。关于数字人民币的技术特点，中国央行数字货币研究所所长穆长春在中国发展高层论坛上表示，在可预见的将来，纸钞、电子支付和数字人民币将同时共存。同时数字人民币与银行账户松耦合，可以在技术上实现小额匿名。数字人民币对用户隐私的保护，在现行支付工具中是等级最高的。

目前的支付工具，无论是银行卡还是微信、支付宝、华为支付，都是与银行账户体系绑定的，银行开户是实名制，无法满足匿名诉求。数字人民币与银行账户松耦合，可以在技术上实现小额匿名。

"可控匿名的第一层含义是匿名，要满足合理的匿名支付和隐私保护的需求。数字人民币钱包采用了分级分类设计，根据 KYC（充分了解你的客户）程度的不同开立不同级别的数字钱包，满足公众不同支付需求。其中 KYC 强度最弱的钱包为匿名钱包，仅用手机号就可以开立，这类钱包的余额和每日交易限额也最低，只能满足日常小额支付需求。如果要进行大额支付，就需要升级钱包，钱包余额和支付限额会随着 KYC 强度的增强而提高。这样设计的考虑是一方面满足公众合理隐私保护需求，另一方面要防范大额可疑交易风险。"中国人民银行货币研究所所长穆长春解释道。

3. 全球央行数字货币加速发展

2020 年是央行数字货币崛起的一年。截至 2020 年 7 月中旬，全球至少有 36 家央行发布了央行数字货币计划。其中，厄瓜多尔、乌克兰和乌拉圭等完成了零售型央行数字货币试点，中国、巴哈马、柬埔寨、东加勒比货币联盟、韩国和瑞典等正在进行试点。

进入 2021 年 8 月，全国各地出现不同程度的第二波新冠肺炎疫情，这加快了数字货币在生活中应用的速度。《人民日报》《中国证券报》等媒体陆续报道了数字人民币研发、推广的过程。

专家表示，数字人民币先行在深圳、苏州、河北雄安新区、成都及未来的冬奥会场景进行内部封闭试点测试，以检验理论可靠性、系统稳定性、功能可用性、流程便捷性、场景适用性和风险可控性。期待在不远的将来，数字人民币能真正走进百姓生活。

4. 数字人民币普惠性愈发显现

从 2019 年年底数字人民币相继在深圳、苏州、雄安新区、成都及北京冬奥场景启动试点测试，到 2020 年 10 月增加上海、海南、长沙、西安、青岛、大连 6 个试点测试地区，再到接入商业银行、应用程序等，数字人民币的研发工作有条不紊地进行，应用场景不断丰富。

2021 年 5 月 26 日《人民日报》刊发计磊的文章《数字人民币渐行渐近》。文章说，对普通人来说，数字货币意味着一种更便捷、高效、低成本的支付选择。从试点来看，数字人民币在使用时无须支付任何服务、手续费用，无须绑定银行卡，且在无网络的情况下，依然可以正常使用。通过手机、智能卡乃至可穿戴设备与 App 互连，数字人民币支持多样离线支付方式，并对线下消费、线上购物都适用。从"扫一扫"到"碰一碰"，数字人民币提高了支付的便捷程度，对于不擅长使用互联网的老年人尤为友好。此外，数字人民币作为一种纯公共品，还有助于增强金融服务的普惠性和包容性。比如，一些农村地区、偏远山区的群众即使没有银行账户，也可以通过数字钱包享受支付等金融服务。

除了使用更便捷，数字人民币在反洗钱、反恐怖融资等领域也具有重要意义。不同于完全匿名使用的现金，也不同于与实名银行账户绑定的传统移动支付，数字人民币实行可控匿名，即坚持"小额匿名、大额可溯"，在风险可控的基础上实行匿名。这既有利于保护用户隐私，也便于对电信诈骗、洗钱、恐怖融资、逃税等违法犯罪行为进行监测追踪，进而维护金融安全，更好地保障人民群众的合法权益。此外，数字人民币在跨境贸易、跨境结算方面也拥有巨大潜力，能够为提升人民币的国际地位、推动人民币国际化提供助力。

继国有大银行之后，城商行与农村金融机构也加入了数字人民币试点进程。2021 年 8 月 19 日，证券时报社记者王君晖撰写的《数字人民币试点扩围，普惠性愈发显现》一文，报道了我国数字人民币进程。

城商行、农商行等机构涉足数字人民币业务，扩大了数字人民币的试点范围，可以更好地调动市场力量，根据当地城市和农村的客户情况，搭建更适合当地推广的数字人民币应用场景，为将来数字人民币在全国的推广及广泛应用奠定了基础。

2021 年 8 月 16 日晚，根据中国人民银行数字货币研究所的统一安排，上海银行、江苏银行、长沙银行、泸州银行四家城商行通过城银清算一点接入数字人民币系统。四家城商行的客户可以在数字人民币 App 开通数字人民币钱包后绑定该行银行卡，并完成数字人民币的兑换（兑出和兑回）。四家城商行官方微信公众号已发布了详细的操作说明。

"作为全国首批、湖南首家数字人民币试点城商行，这是本行全面参与推进数字人民币生态建设的关键一步，也是湖南在深化创新数字人民币试点流通服务模式上的一大突破。"长沙银行相关负责人表示。

提升金融普惠水平是数字人民币的宗旨之一。当前，数字经济覆盖面不断拓展，欠发达地区、边远地区人民群众线上金融服务需求日益旺盛，数字人民币正是在这一背景下构建的安全普惠的新型零售支付基础设施。随着更多农商行接入，数字人民币的普惠性将更加显现。农信银中心按照央行统一部署，代理全国农村中小金融机构"一点接入"数字人民币系统，是践行乡村振兴战略，发挥聚合服务优势，稳步推进数字人民币在农村地区应用试点工作的全局性、战略性工作。

农信银中心表示，将按照数字货币研究所工作安排，继续推进第一批另外 6 家成员单位（江苏、四川农信，深圳农商行，苏州、成都农商银行和苏州银行）完成业务上线，并有序推进其他试点地区成员单位"一点接入"数字人民币系统，为稳步推进数字人民币在农村地区的应用试点工作，促进普惠金融、助力乡村振兴作出更大贡献。

有关人士表示，城商行、农商行涉足数字人民币业务，可以更好地调动市场力量，根据当地城市和农村的客户情况，搭建更适合当地推广的数字人民币应用场景。也体现了数字人民币推广中的公平公正，给更多金融机构参与数字人民币的机会。

（五）全球产业链重塑加速

疫情在全球的蔓延，加剧了本来就已经被有关国家提上日程的产业链重塑趋势，产业链安全成为各国制定产业政策时必会考虑的重要因素，全球产业竞争出现新的特点。面对全球产业链重塑挑战，我国应未雨绸缪，保持我国产业链、供应链的稳定性和竞争力。

疫情倒逼中国完善自己经济的全产业链，美国的贸易战要求我国必须强化产业链和供应链稳定性保障。我国工业体系完备，200 多种工业产品产量位居世界第一，是世界唯一拥有联合国产业分类中全部工业门类的国家；粮食安全也有充分保障。我国产业链和供应链的稳定性水平较高，这种优势在应对新冠肺炎疫情过程中表现明显，并将在经济发展中继续发挥不可估量的重要作用。因此，实施扩大内需战略既要在消费、投资等需求侧用力，也要在供给侧用力，推动产业链协同复工复产达产，夯实农业基

础地位，促进新兴产业和传统产业、制造业和服务业融合互动发展，加快建设实体经济、科技创新、现代金融、人力资源协同发展的现代产业体系。

1. 全球产业链重塑带来挑战

来自有关国家的直接投资相对减少。有关国家制造业回归的实质是产业资本的收缩，产业资本收缩的主要原因是其虚拟经济与实体经济严重脱节，经济风险高度积聚，综合国力特别是经济实力大幅下降。

在现有的全球分工格局下，如果贸易物流保持畅通，并且不存在人为导致的供应链安全问题，全球化是最能实现优势互补的产业分工格局。但有关国家以国家安全为由推行"逆全球化"举措，破坏全球供应链，以致全球产业链条上相关环节的调整和替补不可避免，无论是制造业回归还是转移，都意味着其对我国的直接投资相对减少。

损害我国良性发展的产业集群结构。我国成为"世界工厂"是国际分工发展与我国本就具有的产业基础相结合的产物，在付出"以衬衫换飞机"巨大代价的情况下，形成了工业门类齐全、综合配套能力较强、高中低端兼有的产业集群和产业结构。

近些年，我国土地、劳动力等要素成本有所上升，但产业综合配套能力十分强大，比较优势的结构发生了深刻变化。但如果有关国家一意孤行，采取各种措施迁回海外制造业，那么，由于外资企业在我国产业结构中一般处于产业链中高端，则可能对我国产业链、供应链的完整性造成一定程度的短期损害。

加大高技术产品的供应难度和成本。全球产业链重塑在短期内将使原先就近供应的高新技术产品转化为进口，无疑会增加供应的难度和成本。但这种违反市场交易规则和产业发展规律的做法是一把双刃剑，垄断阻挡不了技术进步，反而会导致有关国家技术产品被其他国家替代，从而使得其产品由于营收大幅减少，缺乏持续、大额的研发投入而逐渐丧失竞争力。另外，对于恶意断供行为，也将遭到对象国以各种措施反制，造成两败俱伤的结果。

增加我国技术创新转型升级的难度。产业培育和技术更新都需要一定的时间，过去我国主要采取引进、消化、吸收、再创新的技术发展路径，但越来越面临两个挑战：从国内看，基础创新、原始创新相对滞后，创新的科学基础和教育基础等软环境出现瓶颈；从国外看，有关国家推动制造业回归或转移，以及一直以来对我国采取技术封锁政策，客观上会加大引进、消化、吸收、再创新这条传统技术发展路径的难度，特别是关键核心技术是买不来的。如果对此重视不够、准备不足，就可能长期受制于人而难以实现制造业转型升级和经济高质量发展。

2. 产业链重塑中善于化危为机

加大西部地区投资力度实现区域经济均衡发展。以战略安全和战略发展的视野，在"市场失灵"的区域经济均衡发展中，更好地发挥政府作用，把全球产业链重塑挑战转化为西部大开发、中部崛起和东北振兴的契机，弘扬"三线建设""交大西迁"等精神，规划一批重大项目，发展一批产业集群，振兴一批中心城市，带动一批县域经济，引导西部地区人口回流、就业增加、收入增长、市场扩充，使我国区域经济发展更为均衡、内部需求大幅提升，为实现"两个一百年"奋斗目标奠定坚实基础。

增加劳动收入在初次分配中的比重以扩大内需。进一步优化分配机制，更大力度调节过高收入、规范无序收入、保护合法收入，提高劳动在初次分配中的比重，在劳动者收入稳定有序增长的前提下，重点加强对教育领军人才、科技创新人才、经营管理人才、技能专长人才等优秀劳动者的激励，大幅提高中等收入群体比重，有的放矢地拉动内需。

以国有和民营大型产业集团为龙头打造创新产业集群。发挥国有和民营大型产业集团在我国产业循环中的重要作用，以集成创新带动产业链上下游企业协同创新，以规模采购加强对国内高新技术产品的市场导入，带动产业链上的中小企业共同发展，逐步形成高新技术产业的内部循环，以内部循环参与全球产业链的外部循环，形成内外良性互动、内部自成体系的创新产业发展生态。

加快推进创新型国家建设。在更高层次上统筹科技创新与科技培养、科学教育与人文教育的发展规划，改革完善教育培养体制、科学研究体制，形成教育家和科学家大量涌现、专心立业、免于为生计奔波和报销奔走的干事创业环境，保障科技进步行稳致远、科技创新层出不穷。

"大创新时代"的开启，迎接百年之大变局。"智者虑事，虽处利地，必思所以害；虽处害地，必思所以利。"

五、电子商务促进乡村振兴建设

习近平总书记提出"推动实施国家大数据战略，加快建设数字中国"，为电子商务提供了发展契机。近年来，商务部、国务院扶贫办等部门累计支持了 1180 个示范县，实现了对全国 832 个国家级贫困县的全覆盖，有力促进了农村电子商务事业发展。农村网络零售额由 2014 年的 1800 亿元增长到 2019 年的 1.7 万亿元，规模总体扩大 8.4 倍。

（一）农村电子商务当前的特点

（1）带动了农民收入增加。电商拉近了农民与市场的距离，让农村各类产品卖得更远，卖得更好。

（2）促进了农业转型升级。农村电商带动农民更加注重产品的品质和品牌，生产的产品更加符合市场需求。

（3）推动了农民创业就业。农村电商吸引了一大批农民工、大学生、转业军人返乡创业。到 2019 年底，全国农村网商达到 1384 万家。

（4）丰富了农民生活。到目前为止，农村网民数量突破了 2.5 亿，网购已成为农民生活的常态，越来越多的服务和商品通过电商进入了农村，改变了农民的生活和消费习惯。在疫情防控期间，农村电商平台的作用进一步凸显。例如，2020 年上半年防

疫期间四川省 88 个示范县组织电商、快递企业为居民配送生活物资达 600 多万单，保障了城乡居民的"菜篮子"和"米袋子"。

农村电商的发展成效虽然显著，但产业供应链水平差、物流成本高、人才缺少。对于农村电商今后的发展，国家会重点做好四个方面的工作：一是进一步拓宽农产品进城渠道。围绕农村特色产业，打造县域电商产业集聚区，完善电商配套服务，培育区域公共品牌和网络产品，提升产业电商化水平，促进乡村振兴战略实施。二是进一步优化工业品下乡网络。引导农村商贸企业与电商深度融合，支持流通企业在农村地区开展第三方配送服务，建设线上线下融合的农村现代流通网络。三是健全县乡村三级物流共同配送体系。在整合农村电商快递的基础上，搭载消费品、农资下乡和农产品进城双向配送，降低物流成本。四是加强农村电商主体培育。加大对返乡农民工、大学生和转业军人等培训力度，打造一支农村电商队伍，提升国内农村电商内生动力。

（二）电子商务促消费升级

1. 乡村振兴呼唤农村电商

2020 年 4 月 25 日，国务院联防联控机制召开新闻发布会，介绍电子商务促进消费等情况。

商务部电子商务司有关负责人表示，疫情期间，电子商务发挥了独特而重要的作用。根据国家统计局数据，一季度网络零售规模和去年基本持平，实物商品网上零售额增加了 5.9%，这说明网络零售对消费的促进作用有进一步提升。在促进电子商务线上线下融合方面，商务部主要做了 4 方面工作，一是开展数字商务企业创建，培育一批能提供数字化服务的企业；二是开展电子商务示范基地、数字服务出口基地建设；三是引导电商平台加强与中小微企业的供需对接；四是提高数字化人才储备，加强产学研联动。

商务部、工信部、国家邮政局、中国消费者协会将举办"双品网购节"，4 月 28 日正式开幕，持续到 5 月 10 日。参加活动的平台及企业超过 109 家，综合电商、垂直电商、服务类电商都会积极参与，把质优、物美的商品和服务推送给广大消费者。

国家邮政局市场监管司负责人认为，电子商务与快递物流是互相促进、紧密联系的，目前快递业所支撑的实物商品网络零售额已经占到社会消费品零售总额的 1/5。现在，每天快递量已超过 2 亿件，基本恢复到正常水平。

农村快递物流方面，全国已有 96.6% 的乡镇设立了快递服务网点。今年一季度，农村地区收投的快件量超过 30 亿件，支撑工业品下乡和农产品进城超过 2000 亿元。国家邮政局近期还启动了"快递进村"工程，力争用 3 年时间推动符合条件的建制村基本实现村村通快递。

近年来，信息消费一直保持高速增长，拓展了人们的数字生活新空间。工信部信息技术发展司有关负责人介绍，新冠肺炎疫情期间，在线医疗、网络教育、生鲜配送、新零售等消费需求爆发式增长，越来越多人享受到信息消费的便利。一季度，我国移动互联网累计流量同比增长 39.3%，2020 年 3 月户均移动互联网接入流量达到 9.5GB，为近 12 月以来的最高点。

相比消费电子商务，工业电子商务是企业间的、数字化的供应链。近年来，我国工业电子商务加速成长。据负责人介绍，工信部持续推进工业电子商务创新发展，截至 2020 年 3 月底，我国重点行业骨干企业的工业电商普及率达 62.5%，在原材料、装备等领域培育了一批交易规模达到百亿级、千亿级的工业电子商务平台。疫情以来，工业电子商务企业在解决防疫复工难点、痛点、堵点方面，发挥了支撑和赋能作用。

2. 农村电商需要快递进村

2021 年 8 月 20 日《人民日报》刊登晓眷的文章《让"快递进村"更加便利惠农》，文章就提升"快递进村"供给能力和服务质量，让更多乡村"消费品进得来，农产品运得出"提出了自己的观点。

如今，不少农村居民在家就能方便地收包裹、寄包裹，这背后是越来越方便的农村物流体系支撑。数据显示，目前全国每天的快递包裹量超过 3 亿件，其中农村地区包裹量超 1 亿件。2021 年上半年，我国农村地区快递收投量超过 200 亿件，同比增长 30% 以上。

"快递进村"给乡村带来的变化显而易见。网购商品及时送到家门口，特色农产品通过快递及时发出，实现"今天在树上、明天在路上、后天在餐桌上"。快递一收一取之间，不仅让乡亲们体验到新的消费方式，也改变着他们的生活方式，让他们更加真切地体会到互联网带来的方便和快捷，腰包也越来越鼓了。可以说，农村快递物流已经成为农产品进城、消费品下乡的重要渠道之一，对提升农民生活品质、释放农村消费潜力、促进乡村振兴都发挥着重要作用。

……近年来，受益于党的各项强农惠农富农政策，农村的面貌焕然一新。全国具备条件的建制村实现 100% 通硬化路、通客车、通邮路，行政村光纤和 4G 网络覆盖率超过 98%……2021 年中央一号文件提出，继续把公共基础设施建设的重点放在农村，着力推进往村覆盖、往户延伸。水电路网等基础设施在城乡间"无缝连接"，为乡村发展注入新活力，也为"快递进村"夯实了发展基础。

但是，当前农村的快递物流发展还存在一些短板，比如物流设施网点不足、资源整合不够、配送成本高等，这些与广大农民的需求和期盼还存在一定的差距，其供给能力和服务质量都有待进一步提升。从现实情况看，各地区经济社会发展水平、人口密度、自然条件和资源禀赋等方面都存在差异，发展农村快递物流的条件也各不相同。因此，提升"快递进村"供给能力和服务质量，普惠金融要因地制宜地给予帮扶支持。

3. 快递进村畅通城乡双向循环

2021 年 8 月 31 日，《人民日报》记者李心萍采写的《快递进村　畅通城乡双向循环》认为，"快递进村"工程继续推进，带动效果持续显现。不断延伸的快递网络，进一步满足了农村居民生产生活需求，农村地区的消费潜力被激活，成为快递行业发展新的增长极。同时，"快递进村"也有效衔接起农户与市场，促进了农产品供需两旺，

对推动乡村振兴具有重要意义。

2021年前7个月，全国快递服务企业业务量累计完成583.3亿件，其中农村地区超200亿件，这是中国快递业最近交出的成绩单。这是一个全新的纪录——快递业务量突破500亿件用时仅为185天。而实现这个数据在2020年是200多天，在2018年是360天。国家邮政局发展研究中心业务研究三部副主任王岳含说："上半年农村快递业务量增速比城市高10个百分点以上，农村地区已成为行业发展新的增长极。"

文章说，2021年以来，"快递进村"工程持续推进。截至目前，主要快递品牌在98%的乡镇实现了网点覆盖。下沉的快递网络，在激活农村地区消费潜力的同时，也为快递业赢得了新的发展机遇。快递市场规模不断扩大，一方面得益于中国消费市场加快线上线下融合发展。作为线上消费最主要的交付渠道，电商蓬勃发展成为快递业务增长的主要来源。另一方面，三、四线城市及农村等市场的潜力得到激发，也使快递业获得规模扩大的机会。国家邮政局数据显示，2021年1—7月，农村地区包裹和快递的收投量超过200亿件，带动农产品进城和工业品下乡近万亿元。全国共形成业务量超百万件的快递服务现代农业"一地一品"项目249个，已接近2020年全年水平，其中业务量超千万件的金牌项目有45个。

作为生鲜产品，农产品对时效、运输条件等要求较高。经过多年探索，目前，快递企业普遍通过加大驻点揽收力度，提高高峰期产地直发比例，合理统筹冷链车辆、无人机、货机、高铁等运力资源，创新"直播—打包—发货"一体化操作等，打造自身的生鲜服务方案，确保农产品卖得出、供得上、运得好。

文章说，邮快合作也是国家邮政局着力推广的方式之一。所谓邮快合作，即利用邮政完整的县、乡、村三级网络，做好农村下乡进村快件的承接。据介绍，国家邮政局已经在黑龙江、四川、西藏、甘肃和青海开展了试点，下一步，将在全国范围内逐步推广。

国务院办公厅发布的《关于加快农村寄递物流体系建设的意见》提出健全县、乡、村寄递服务体系，补齐农村寄递物流基础设施短板，推动农村地区流通体系建设。农村寄递物流是消费品下乡的重要渠道之一，对满足农民生产生活需要、释放农村消费潜力、促进乡村振兴具有重要意义。国家邮政局将持续推进"快递进村"工程，力争到2022年底符合条件的建制村基本实现"村村通快递"。

（三）乡村振兴的新产业链——农业生产性服务

什么是农业生产性服务？通俗地说，就是贯穿农业生产作业链条，为农业生产经营提供服务，让农民省钱、省心、省力气的产业。"关键是要集中解决小农户办不了、办不好，或者办起来不经济、办起来很麻烦的事。"

从世界范围看，发展农业生产性服务业是现代农业发展的基本规律。农业经营规模不单指土地规模，也可以是服务规模。目前，全国有37万个提供农业生产托管服务的服务组织，涌现出全程托管、代耕代种、联耕联种等多种服务方式，对于更好地将普通农户引入现代农业发展轨道，发挥了越来越重要的作用。

目前，全国有50多万农业科技人员，拥有近10亿千瓦农业动力机械，300多万个农民合作社、家庭农场等新型经营主体。加快推进农业生产性服务业的基础条件已经具备。虽然我国农业生产性服务业市场规模已超过2000亿元，但从总体上看，我国农业生产性服务业仍处于初级阶段，没有表现出它应有的规模和态势。有专家分析，目前的农业生产性服务，主要还是集中在大宗作物的耕种收环节，对于小农户、小产品、特色产业需要的多元化服务供给不足。从业人员的知识水平、技术能力等也不能适应产业发展要求。

长远看，农业生产性服务业应当贯穿产前、产中、产后全链条，既有助于推进适度规模经营，也有助于实现质量兴农、绿色兴农。具体包括：为生产者提供耕种收等中间服务；为适应新的经营模式提供科技推广；为促进产品交换或价值实现，提供市场营销、品牌塑造；为保障现代农业产业体系高效运转，提供信息、物流、金融、保险等服务。

满足农业、农村、农民多元化需求。解决千家万户农业生产经营中的难题，要把生产性服务业作为战略性产业来抓。专家表示，要构建"主体多元、功能完备、融合规范、共享共生"的农业生产性服务体系，打通关键环节"最后一公里"问题，不断拓展服务内涵外延。

农业生产性服务涵盖的领域、服务功能，应最大限度地满足农业、农村和农民多元化发展需求，涵盖生产、生活、生态领域。其中，政府部门提供的公益性服务，合作社提供的托管、半托管服务，农业龙头企业提供的定制服务都有巨大空间。

促进农业生产性服务业发展，离不开政策扶持。业内人士建议，一方面，要克服"重生产，轻服务"的观念。另一方面，要强化农业基础设施建设，推进土地规模经营发展，加大对服务业从业人才的培养。在用地政策上，加快落实服务主体建设仓储、烘干、农机库棚，生产辅助和配套设施用地。在金融政策上，积极支持开展厂房、生产大棚、大型农机具等抵押，农业保险抵押融资。在财税政策上，鼓励各地通过政府购买服务、以奖代补、先服务后补贴方式，落实各类服务主体的优惠政策。

人多地少的基本国情，决定了今后相当长时间我国农业生产主要靠普通农户。加快发展农业生产性服务业，不能脱离我国大国小农的基本国情，不能脱离农业转型升级的阶段要求。坚持家庭经营主体地位，通过全程社会化服务，一家一户也可以迈向农业现代化。

（四）乡村振兴需要在普惠金融的包容性中成长

经过多年快速发展，数字普惠金融已成为当前普惠金融发展的主流。过去5年，在国家普惠金融战略推动下，几乎所有正规金融机构，包括大型银行都进入普惠金融发展的大军中，更不用说非银行金融机构及大型互联网平台了，普惠金融已经形成比较完整且特色鲜明的生态系统。

然而，数字普惠金融发展本身就意味着创新，关键是需要关注消费者保护与赋能，适时出台合适的监管框架。无论是作为监管者还是从业者，都要坚持系统的观念。在探索实践中，既要拥抱客户，也要拥抱监管。同时，平衡好风险和创新的关系。

1. 普惠金融不仅仅是"金融"

2021年2月1日，《金融时报》刊发了刘澄清的《以普惠金融促进乡村振兴与包容性增长》一文。文章认为，经过20多年探索与实践，尤其是近5年来国家普惠金融战略的实施，普惠金融已服务千千万万小微企业、中低收入及弱势群体。普惠金融的终极目标是促进包容性增长，实现在金融面前人人平等。它是在传统信贷理念、方法与监管框架下，为有金融服务需求的社会各阶层和群体提供适当、有效的金融服务。小微企业、农民、城镇低收入人群、贫困人群和残疾人、老年人等特殊群体是当前我国普惠金融重点服务对象。面向这类特殊企业和群体，金融"大水漫灌"反而达不到预期效果，需要通过完全竞争与技术进步，尤其是数字技术，让金融服务不再"难"和"贵"。

普惠金融是从微型信贷与微型金融演化而来的，在联合国2005年国际微信贷年上倡导推动，英文直接翻译就是"包容性金融"，目标是要促进包容性增长。无论是诺贝尔和平奖得主尤努斯教授创立的格莱珉银行"小组贷款"模式，或是安信永以个人能力为基础的"个人贷款"模式，还是当今数字金融的探索实践，过去半个多世纪，面对这一群体的金融服务，都遵循财务绩效与社会绩效的双重目标。

2. 普惠金融的客户保护与赋能

在数字经济时代，普惠金融也是由支付、储蓄、信贷、保险与理财五个要素组成的，但由于普惠金融重点服务对象，主要是中小微企业主及中低收入与弱势群体，因此，除提供产品服务外，还需要做到"客户保护与赋能"。

我国数字支付虽然发展迅猛，数字普惠金融的探索和实践喜忧参半：喜的是各路"大军"纷纷参与竞争，促进了技术进步。数字技术让那些采用传统信贷方法无法覆盖的低收入与弱势群体，尤其是偏远地区的农户获得信贷服务；忧的是过去五年"现金贷"与"网贷"发展无序，由于客户保护与赋能没有到位，让普惠金融重点服务对象蒙受不少损失。2020年开始，国家对行业发展加强了监管。许多行业专家把这一年认定为数字金融的"监管元年"。

中国人民银行于2020年9月18日发布了《中国人民银行金融消费者权益保护实施办法》（以下简称《办法》）。《办法》与银保监会发布的《商业银行互联网贷款管理暂行办法》及《关于加强小额贷款公司监督管理的通知》一起，被行业认为是具有里程碑意义的监管框架，必将推动我国数字普惠金融健康可持续发展。当前金融消费者（客户）保护，主要是针对互联网贷款当中存在的信息披露不充分、数据保护不到位、清收管理不规范等问题。银保监会《商业银行互联网贷款管理办法》及人民银行的《办法》对此进行了比较充分的阐述和强化，体现了加强消费者权益保护的趋势。

就客户信息数据安全来说，第一个就是信息要素的最低要求，以成本最少原则获取客户信息，前提是还要有一些开展风险评估所必需的基本信息。第二个是间接获取信息的最低要求，如果银行需要从合作机构获取借款的风险数据，也即在间接获取客户数据信息场景下，银行应确认合作机构数据来源是合法合规真实有效的，并且同时符合另外一个条件，即已经获得了信息主体本人明确授权。第三个角度，就是从风险使用数据角度来讲，银行收集使用借款风险数据，应当遵循合法、必要、有效三原则，不得将风险数据用于从事与贷款业务没有关系的其他活动，不得向第三方提供借款人的风险数据。银行应当采取有效的技术手段，确保银行与借款人之间、合作机构之间传输数据、签订合同、记录交易等各个环节合法、必要、有效。在产品充分信息披露义务方面，要求强调保障客户的知情权和自主权。第四个是信息授权，即在向借款人获取风险数据授权的时候，页面的醒目位置应该提示客户详细阅读授权书的内容，授权书里的醒目位置应该披露授权风险数据内容和期限，同时对银行有一个兜底要求，就是应当确保借款人完成了授权书阅读，并且签署同意。

缩小数字鸿沟，重视客户保护，已成为政策制定者、监管者、行业实践者、研究者的共识及努力方向。因为从某种意义上来说，只要做好客户、消费者或投资者的权益保护，数字普惠金融的监管也就基本到位了，就能实现"无为而治"，避免监管与市场主体进入"一管就死，一放就乱"的恶性循环中。

除了客户保护这样基本的要求，还要做好客户教育与赋能，这样普惠金融才能走上行稳致远的可持续发展之路。这也是普惠金融助力扶贫攻坚的可靠路径。面向普惠金融的客户，关键是给客户赋能，贷款只是"临门一脚"。面对日益激烈的同业竞争，农村中小金融机构要找到自身与大型商业银行、全国性股份制银行的差异化优势，为自己培育出有"黏性"的客户，与客户一起成长，这正是普惠金融的魅力。

3. 乡村振兴需要包容性增长

我国广袤的农村地区是普惠金融主战场。政府要做的是提供公平的竞争环境和适当的监管，促进行业自律，推动客户保护与赋能。我国有 14 亿人口，农村人口占40%。如果通过普惠金融及乡村振兴，促进包容性增长，提高数亿农村人口的收入，中国的市场潜力将不可同日而语。

在双循环新发展格局中，乡村社会经济发展的关键是乡村治理，而不是对政府或社会的等靠要。受新冠肺炎疫情及经济新动能转换影响，有许多外出务工的农民回到家乡谋求新的生计。虽然，这是不得已的选择，但从另外一个视角看，这些农民工回到家乡，在一定程度上给乡村尤其是偏远的村庄带来了人气、资金及信息。更重要的是他们不再背井离乡，在家乡从事劳动的同时，还可以照顾老人和孩子。如何给这些群体的创新创业提供支持和帮助，成为当下政府与社会亟待解决的问题。

一是加快"数字乡村"建设，为数字普惠金融发展提供完善的硬件条件。协同金融机构及金融科技企业等主体，推进乡村信用体系建设，为数字普惠金融发展提供良好的软件环境。支持包括政府各部门在内的各相关主体建立涉农基础数据平台，在确保数据安全与隐私保护的前提下，促进基础数据共享，降低各类农村普惠金融供给主

体的数据获取难度和成本。

二是加强数字普惠金融宣教，提高农民的数字普惠金融素养。乡村治理与文化教育是乡村振兴的关键，注重发挥好德治作用，推动礼仪之邦、优秀传统文化和法治社会建设相辅相成。其实，发达国家在乡村建设中的成绩并不是一蹴而就的，也不是靠政府发动和带动的，而是村民自治的结果。首先，应提高农民的数字普惠金融素养，使农民掌握数字金融工具。其次，应当针对农民贫困户、农村大学生、返乡农民工等特殊群体开展专项普惠金融培训，增加"一对一"专项金融服务，提高农村人口对普惠金融的了解和应用水平。此外，应当将金融安全教育作为普惠金融的重要内容，在金融平台上发布普惠金融政策及新闻，宣传预防网络金融诈骗的各类知识，提高广大农民的金融安全意识和金融风险防范能力。

三是加强农村信息基础设施建设，改善农村普惠金融环境。数字普惠金融是"互联网＋普惠金融"的新产物，数字普惠金融的发展程度与农村地区的网络基础设施建设密切相关。应当加强农村网络基础设施建设，提高农村移动互联网发展程度，消除城市和农村之间的数字鸿沟。此外，金融机构应当加强农村普惠金融的技术研发，推动农村数字普惠金融发展。增加5G通信技术基站和无线通信技术设备，为偏远地区的农民提供数字金融服务，还可以利用政府优惠政策推动"数字下乡"，推动数字终端在农村地区的普及。

第六章　普惠金融助力乡村振兴战略的路径

2020年5月10日，中国人民银行发布的《2020年第一季度中国货币政策执行报告》指出，货币政策要在多重目标中寻求动态平衡，更加重视经济增长、就业等目标，以更大的政策力度对冲疫情影响。稳健的货币政策将更加灵活适度，强化逆周期调节，保持流动性合理充裕。加强对流动性供求和国内外市场的监测，增强调控前瞻性、精准性、主动性和有效性，为有效防控疫情、支持实体经济恢复发展营造适宜的货币金融环境。

第一节　满足乡村振兴对多样化金融的需求

中共中央、国务院《乡村振兴战略规划（2018—2022年）》明确提出，发展乡村普惠金融的目标和任务。深入推进银行业金融机构专业化体制机制建设，形成多样化农村金融服务主体。指导大型商业银行立足普惠金融事业部等专营机制建设，完善专业化的"三农"金融服务供给机制。完善中国农业银行、中国邮政储蓄银行"三农"金融事业部运营体系，明确国家开发银行、中国农业发展银行在乡村振兴中的职责定位，加大对乡村振兴信贷支持。支持中小型银行优化网点渠道建设，下沉服务重心。推动农村信用社省联社改革，保持农村信用社县域法人地位和数量总体稳定，完善村镇银行准入条件。引导农民合作金融健康有序发展。鼓励证券、保险、担保、基金、期货、租赁、信托等金融资源聚焦服务乡村振兴。

目前，农村金融排斥问题仍然存在，农村金融生态环境仍需改进，适应乡村振兴新需求的金融产品和服务仍然缺乏，影响了农村金融支持乡村振兴的质量和效率。因此，农村金融需在政策引导下，在风险可控的前提下，明确自身定位，回归金融本源，打好"五张牌"，更好地满足乡村振兴对多样化金融的需求。

（一）打好"政策牌"，增强服务乡村振兴的动力

2020年4月27日，《经济日报》刊登了杨伟坤的文章《以农村金融创新助推乡村

振兴》。该文认为，由于农业的弱质性、农业投资的长周期及高风险、农户等贷款主体的少抵押，加上金融的逐利性，使得"三农"领域融资难、融资贵问题相对突出。要从供给侧和需求侧共同引导农村金融服务乡村振兴，增强金融支持动力。

在供给侧，主要是增强农村金融机构服务乡村振兴的动力，并且降低风险。一是探索以财政贴息、担保机构提供信用担保等形式，加大对服务乡村振兴金融机构的财政支持力度。此外，可以对服务乡村振兴的农村金融机构进行评比，对作出突出贡献的金融机构给予奖励。二是探索对农村金融机构实行特定税种降低税率或者减免营业税等一系列税收激励政策，引导其服务乡村振兴。三是探索建立乡村振兴风险补偿资金，对金融机构在服务乡村振兴过程中产生的损失，按照基金建立时的规定比例给予补偿。

在需求侧，主要是通过政策支持，提高乡村振兴主体的自身竞争力，吸引金融机构支持乡村振兴主体发展。比如，对新型农业经营主体的政策支持，除了农机具购置补贴等政策向新型农业经营主体倾斜，还可以通过以下方式给予支持。一是建立新型农业经营主体发展专项资金，该资金主要用于支持其进行技术改造、扩大生产规模等。二是在贷款贴息、信贷担保、技术创新和品牌创建等方面，可对新型农业经营主体重点扶持。财政贴息贷款向新型农业经营主体重点倾斜，优先为新型农业经营主体提供担保，对获得全国驰名商标、省著名商标等各级品牌荣誉的新型农业经营主体，可考虑给予一次性物质奖励。三是对新型农业经营主体给予一定的税收优惠，如新型农业经营主体从事农、林、牧、渔项目符合条件的可以免征或减征企业所得税等。

（二）打好"治理牌"，夯实服务乡村振兴的基础

农村金融治理体系和治理能力的现代化，需要政府、监管机构、金融机构、社会等多方共同努力。一是建立严格的信息披露制度，打造科学高效的农村金融信息披露机制和风险预警体系。二是建立完善的、多维度的农村金融机构服务实体经济和服务乡村振兴等指标监测体系，建立支农支小导向的农村金融机构绩效考核机制，对不同规模的农村金融机构实行差异化监管。三是农村金融机构加强自身内控机制建设。不断建立和完善各种规章制度和业务流程，建立健全风险预警系统、风险报告机制及责任追究机制，构建符合农村金融机构特点、科学高效的制度执行体系，形成按制度办事、按制度管理的长效工作机制。四是加强社会监督。完善社会监督工作机制，建立村民监督网络，开拓村民监督渠道。

（三）打好"服务牌"，扩大乡村振兴的有效供给

一是在风险可控的前提下，构建相互竞争又相互配合的多层次、普惠性农村金融服务体系。该体系由政策性金融、开发性金融、商业性金融、合作金融、新型农村金融机构、保险、证券等多种金融机构构成。

二是各涉农金融机构要积极回归本源，找准服务乡村振兴战略的着力点和出发点，

适应新型农业经营主体、农民等需求升级新情况，培育新的增长点，提供个性化、差异化的金融产品和服务。

三是优化农村金融服务渠道建设。在没有人工网点的乡镇和行政村尤其一些偏远地区建立惠农综合金融服务站，并在农村大力推广网上银行、手机银行、微信银行等电子银行，提供数字化普惠金融服务。

四是以大数据为基础建立农村金融信息服务平台。该平台应包括乡村振兴主体板块、政策及信息服务板块、金融板块等。

（四）打好"产品牌"，对接乡村振兴战略的真需求

金融机构应根据各需求主体的特点，利用大数据、互联网等现代信息技术，有针对性地开发新的金融产品，适应乡村振兴实际需要。

一是针对产业兴旺的需求，积极推动一二三产业融合发展，支持特色优势产业发展，支持"互联网＋现代农业"，开发以新型农业经营主体、田园综合体、分享农场、共享农庄、创意农业等为授信主体的信贷产品，发展有韧性的产业链金融，还可以与保险公司、期货公司合作，推动形成"合作社＋银行＋保险公司＋期货公司"等共同参与的联动机制，以降低农业经营风险。

二是适应助力乡村生态宜居发展的需要，金融机构在坚持绿色发展理念的前提下，因地制宜推进农村垃圾、污水、厕所等人居环境的整治等。

三是满足乡风文明的需要，金融机构可以开发支持村民中心、综合文化服务中心、文化广场、农村大喇叭、村图书室等基层文化设施建设的金融产品，开发支持打造富有地方特色文化品牌的金融产品。

四是针对生活富裕的需求，力争乡村振兴和脱贫攻坚有机衔接、协同推进。针对贫困户开发特色产品，对缺乏抵押物的贫困户，扩大有效担保物范围，探索"干部集体担保＋农户分组互保"的双保险模式；支持农民创业，农业节本增效，促进推广订单农业、"保底收益＋按股分红"等形式，让农户分享产业链增值收益，增加农民收入；针对农村消费升级新趋势，开发新的信贷产品。

（五）打好"环境牌"，营造乡村振兴的良好金融环境

乡村振兴战略顺利实施，需要良好的金融环境。一是加快农村金融立法，使农村金融机构在法治化轨道上运行。二是全方位加强农村信用体系建设。制定科学有效的农村信用体系建设考核方案，推动农户信用档案电子化、网络化；建立失信惩罚和守信激励机制，加大对"逃废债"等失信行为的惩罚力度，对诚实守信的农户和企业在贷款时给予利率优惠。三是提高农村居民金融素养。将金融知识、诚信教育纳入国民教育体系；金融机构定期安排金融知识宣讲活动，用人民群众喜闻乐见的方式宣传金融知识，加强农户金融知识的学习，增强个人信用保护意识。

第二节　发展县域经济是夯实乡村振兴"底盘"的重要手段

县域连接着都市圈、城市群和乡村地区，县域高质量发展既是乡村振兴战略的依托，更是推动城乡区域协调发展的要求。县域不仅是推进国家治理体系和治理能力现代化的重要组成部分，更是推动高质量发展的重要空间载体，承载着全面建成小康社会和打赢脱贫攻坚战的重要使命。本节以农业大省河南省为例，谈一下县域经济对乡村振兴发展的重要性。

河南省农村人口占比49.84%，县域生产总值占全省生产总值的份额接近2/3。分散的农村，地域广阔，传统金融业服务"三农"，成本高、收益低，很多金融机构止步县城。国家应从不同层面加大对"三农"的支持力度。

从制度层面着力，围绕促进农业高质量发展和农民持续增收这条主线，提升紧急应变能力、健全危机应急机制。

从政策制定的角度来看，各项政策可以考虑适当向"三农"倾斜，比如在财政政策方面，重点支持农业保险，有效降低农业生产风险，激活县域经济发展活力；在金融政策方面，对受疫情影响严重、到期还款困难的经营主体予以适当延期。

从改革设计的角度而言，在政策范围内下放权力授权基层先行先试，推动城市和工业以及发达地区的资源要素，尤其是资金向乡村流动，激发乡村振兴内在动力。

（一）河南省县域经济的实践

1. 河南省县域经济新的发展机遇

2020年4月27日《河南日报》发文《县域经济：站在新的发展起点上》。文章报道了河南省县域经济的发展情况。文章认为，县级这一层次，一头连着城市，一头连着农村，是城乡经济的接合部，也是城市文明与乡村文明的对接点，在国家治理中居于重要地位，对于一个省的重要性来说，亦是如此。河南省有105个县、市，生活着全省近3/4的常住人口，占有85%的行政区域面积——县域人口之多、面积之大，决定了其分量之重。县域强，"基石"就厚；县域富，物阜民丰。

2014年春，习近平总书记调研指导兰考县党的群众路线教育实践活动时，提出"把强县和富民统一起来，把改革和发展结合起来，把城镇和乡村贯通起来"的重大要求。6年来，"三起来"在河南落地生根，开花结果，县域面貌为之一新。

然而，面对百年未有之大变局，面对全国乃至全球经济版图的重构和新一轮区域竞争的展开，河南县域经济怎样摆脱路径依赖，从新发展理念中找出路、想办法、破难题，走出一条符合新时代要求、富有地方特色的高质量发展新路，成为中原大省必须思考和解答的重大命题。

20 世纪 90 年代，一场被誉为"十八罗汉闹中原"（当时河南省有 18 个省辖市）的县域经济发展大戏曾经震动全国。迈入 2020 年，河南又将有怎样精彩的展现？

2019 年下半年开始，县域经济热度持续升温，一系列全省性重要会议屡屡提及。特别是 2020 年春节过后，新冠肺炎疫情对河南省经济社会产生不利影响，生产生活秩序加快恢复之际，中共河南省委十届十次全会指出，建设一批践行县域治理"三起来"（把强县和富民统一起来，把改革和发展结合起来，把城镇和乡村贯通起来）示范县，打造"中心带动、多点联动、县域支撑、全域开放"的区域发展新格局，奋力推进以人为核心的新型城镇化。

2020 年河南省两会上，政府工作报告中"坚持分类指导，支持各地探索符合自身实际的发展路子"等内容，成为热议焦点。

放眼全国，县域经济分量逐年攀升。发达地区经济总量和县域实力正向相关，江苏、浙江、山东等均是"县域强则省强"的鲜活样本，由此得出一个结论：县域经济能不能做大做强，事关区域发展稳不稳、水平高不高、后劲足不足。

学术界始终存在一种声音：有着浓郁中国特色的县域经济，是区域经济，但又绝非一个简单区域经济问题。就当下而言，县域必须肩负起消除贫困、振兴乡村的时代责任，可以说，它扛的是民之生、国之本。

如果把河南经济比作"九层之台"，县域经济便是"累土"和地基。作为功能完备的区域经济体，创新、协调、绿色、开放、共享，新发展理念的每一个深刻内涵，都能在这里落地见效。通过县域经济高质量发展，推动全省经济高质量发展，基础在县域，重点在县域，潜力在县域，突破口也在县域。

这是在新一轮区域竞争中胜出的关键所在。县域经济强弱，直接影响整体经济兴衰，乃至决定地区差距大小。投资者感慨城市"居大不易"的同时，县域便成为资源要素集聚热土。县域"筑巢引凤"，释放"洼地效应"，无疑是新一轮区域竞争胜出的有力加持。

这是治理体系和治理能力现代化的重要支撑。作为国家结构的基本单元，县域"上连天线，下接地气"，涵盖城镇与乡村，处在承上启下的关键环节，是沟通条块、联结城乡的枢纽。县域如同一张大网上的纽结，其松动还是牢靠，关乎国家政局动荡或是稳定。

这是实施乡村振兴战略、决战决胜全面建成小康社会的主要载体。脱贫攻坚、乡村振兴，非一时一域可谋，也不能就乡村说乡村，唯有放在县一级来抓，把连接城市与农村的渠道畅通了、桥梁夯实了，才能实现根本解决。由此可见，在实施国家重大战略、决胜全面建成小康社会目标任务的进程中，县域也必然站上新风口，迎来新一轮大发展。

"汉家中原一百州"，大河之南，中国缩影。对农业大省、人口大省河南来讲，让105 个县级经济体在 16.7 万平方千米的土地上大显身手、大展宏图，具有特殊重要的意义。县域经济，已经站在了新的发展起点上。

2. 河南省县域经济发展的现状与问题

2016 年年底，国务院批准在兰考县建设全国首个国家级普惠金融改革试验区，杜寨村很快享受到当地银行创新推出的"蜜瓜贷"。拿到贷款，蜜瓜大棚雨后春笋般从大田里"长"出来。

以此为依托，兰考县对蜜瓜产业通盘考虑，育种、种植、销售、推广，发力农业供给侧结构性改革，推进全产业链建设。"兰考蜜瓜"品牌越叫越响，成了明星产品。如今，品牌家居、绿色畜牧、循环经济、智能制造、文旅培训……一套特色产业体系眉目越发清晰，成为兰考县大步流星奔小康的"致富经"。

不单是兰考县，河南各地县域经济实力和发展活力得到明显提升。

把强县和富民统一起来。新乡市长垣县仅仅一个建筑防腐产业，2019 年行业总产值占新乡市第二产业的比重就达 43.1%；税收占新乡市总量的 32.4%；带动了 8 万人就业，相当于不到 10 个长垣人就有一个人"有两把刷子"。

把改革和发展结合起来。沁阳市曾经是"十八罗汉闹中原"的一员骁将。但随着国家产业结构调整、环保力度加大，沁阳市在全省排位持续下滑。沁阳人勇于创新，大胆改革，成功拿下蛮蛮云等"三新一高"项目，成为信息产业发展高地。

把城市和乡村贯通起来。按照统筹城乡的理念，巩义市加快构建以中心城区为龙头、特色小镇为节点、美丽乡村为基础的新型城镇化体系，城市功能不断完善，农村人居环境大幅改善。2019 年城镇化率达到了 59.61%，位居各县榜首。

把"三起来"重大要求落到实处，河南省县域经济发展呈现出令人振奋的显著变化。

根基作用更加明显。最新数据显示，县域经济总量已占河南省的 2/3，既是"压舱石"，又是"推动器"。河南省经济增长已经由靠"大个头"城市拉动，转变为全省城乡统筹、东西南北中协调推进、稳步发展。

集聚效应更加明显。河南省积极引导企业进入产业集聚区促进产业集聚式发展，目前已规划的 180 个产业集聚区，县域内的占 2/3，"长垣起重""民权制冷""新密纺织""鄢陵花木"等，已经成为享誉全国走向世界的品牌，在行业当中具有举足轻重的地位。

结构优化更加明显。2018 年，全省县域三次产业增加值比例为 11.9∶48.7∶39.4，与 2017 年相比，第一、第二产业均有所下降，而第三产业上升 2 个百分点，产业结构的优化调整呈现加速趋势。尤其是以新产业、新业态和新商业模式为特征的"三新"经济在县域蓬勃发展。

但同时，毋庸讳言的是，与沿海发达地区相比，河南省的县域经济发展仍有较大差距。2019 年全国县域百强榜单中，河南无论是上榜数量还是上榜位次，都与全国第五大经济体不相匹配。这充分证明，经济发展方式比较粗放，全要素生产效率不够高，城乡发展二元结构固化等问题，河南还没有从根本上破局。

2018 年，河南省县域常住人口 7012 万人，占全省常住人口的 73%，但县域生产总值占全省比重不到65%。第二、第三产业增加值，分别低于人口占比4.8个百分点、16.9个百分点；但第一产业增加值却高出13.2个百分点。

由于诸多原因，全省县域经济发展不平衡、不协调的矛盾比较突出，一方面分布不均，另一方面县与县之间差距甚大。新兴产业、新型业态培育不足，城乡差距依然不小，转型升级任务重，创新发展动力弱，生态环保压力大。河南省亟待以更开阔的视野、更创新的理念、更有力的举措，在新起点上打造县域经济"升级版"。

3. 河南省乡村振兴重头戏在县域

高质量发展基础在县域、潜力在县域，很多优势也在县域。河南省作为全国人口大省和农业大省，超过六成的生产总值、七成的人口以及近九成的国土面积都在县域，县域经济在全省发展大局中的地位和作用尤为重要。

县域经济"换挡提质"，要围绕黄河流域生态保护和高质量发展、推动中部地区崛起两大国家战略叠加发力，在具体工作中要突出"五个着力点"：一是坚持产业为基，把产业发展作为县域经济发展的核心支撑，培育壮大主导产业，实施智能化改造、绿色化改造和技术改造，推进高质量"二次创业"，培育具有竞争优势的产业链，在集聚发展上塑造优势。二是深化改革开放，聚焦影响县域经济高质量发展的突出障碍，以"放管服"改革为重点，全面深化各项改革，大力实施开放带动，不断释放改革红利和发展动力，在环境营造上增强动能。三是强化融合带动，强化中心城市对县域经济的引领，加快提升县城承载能力，吸引优质公共服务资源布局，引导融入中心城市的功能链、产业链和价值链，在功能配套上打造链条。四是聚焦农业农村，围绕产业振兴、人才振兴、文化振兴、生态振兴、组织振兴，加快农业转型升级，实施农村人居环境整治行动，推进农业农村改革，在乡村振兴上夯实底盘。五是加强民生保障，扎实推进基本公共服务补短板能力建设和非基本公共服务强弱项提质量试点示范行动，抓好重点民生实事，全力推进扶贫搬迁，推动一批惠民举措落地见效，在公共服务上提升水平。

（二）数字普惠金融促进县域经济转型

中国"三农"的现代化正在向"数字化""网络化""智能化"趋势发展，普惠金融尤其是数字普惠金融的作用边界也正在逐步随着"三农"的"数字化"和"网络化"得到拓展，数字普惠金融在推动县域经济数字化转型、助力县域产业发展方面可以发挥至关重要的作用。

1. 数字普惠金融促进县域经济数字化转型

数字经济在我国经济总量中的占比逐年增长，2018年占比已达34.8%，数字化转型正在成为地区和产业发展的重要方向。但数字经济发展面临结构性问题，即主要分布在较发达城市，三线以下城市以及县域以下农村仍处于欠发展状态。中国各县域数字经济发展需求尤为突出，84%的县市均已明确提出将发展数字经济作为未来转型的主要方向。

2020 年 8 月 17 日，中国人民大学中国普惠金融研究院完成中农办乡村振兴专家咨询委员会软科学课题研究报告——《数字普惠金融助力县域产业发展》。报告总结了数字普惠金融服务产业的若干模式。县域政务、电子商务、制造业、农业、物流、医疗等各个行业的数字化与信息化，将对县域产业发展的效率提升、新业态与新动能的培育、一二三产业融合发展、当地居民的收入增长起到重要作用。但是总体而言，目前县域产业的数字化程度较低，因此积极进行产业的数字化转型是县域缩小与发达地区"数字鸿沟"的不二之选。

2. 数字普惠金融助力县域产业发展

一是为农村电商提供交易担保和信贷资金。近年来，电商平台为地方特色农产品开拓了全国甚至全世界的销售渠道。课题组调研的陕西省宜君县、湖南省平江县、安徽省全椒县及金寨县，为了扶持农村电商的发展，县域电子商务示范园区均已建成并开始规范运行，为县域电商免费提供办公场地、部分办公用品及农产品上行等电商培训服务。

二是促进农业科技发展和农业现代化。金融科技与农业科技可以相互促进。金融科技需要采集农业信息，如农产品的生长情况、病虫害、定位信息等，从而预测农户收入，进而授信；农业科技机构可以通过技术为金融科技机构提供信息从而获得服务费收入，带动其成长。

此外，农户为获得更高额度的授信，必须保证农产品的质量安全、可溯源、标准化，这会提高物联网等其他农业技术的应用，从而推动农业产业的现代化。除与农业相关的产业外，移动支付、数字小贷等数字普惠金融业务在智慧城市、电子政务、交通物流、保险业、其他产业方面也发挥着重要作用。

3. 数字普惠金融助力县域金融业高效发展

一是推进县域信用体系建设。互联网银行的客户群体多是首次进行银行贷款，客户有了"首贷"后，根据其还贷行为就产生了金融信用记录，而这对于推进县域信用体系建设非常有益。

二是提升农村金融机构数字风控能力。县域农村金融机构的普惠金融能力较弱，信贷资产不良率较高，而领先数字金融机构的普惠金融业务能力最强，具有商业可持续性。因此，农村金融机构应当积极提升自身的数字风控能力，积极进行数字化转型。

三是促进形成良好的县域金融生态体系。互联网银行进入县域后，将促进县域良好的金融生态体系加快形成。第一，增加普惠金融服务供给；第二，与传统农村金融机构形成互补的同时，也带来一定程度的良性竞争，倒逼其提升自身的服务与数字风控能力。

4. 河南省普惠金融发力市场主体

截至 2020 年 9 月末，河南省地方法人金融机构累计办理普惠小微企业贷款本金延期 130.2 亿元，普惠小微企业累计贷款延期率达 25.9%，仅这一项金融政策，就惠及各类市场主体 9291 户。

贷款延期让企业渡过难关，加大信贷支持让企业重拾发展信心。2020 年 6 月初，中国人民银行推出普惠小微企业信用贷款支持计划和贷款延期支持工具，引导金融机构加大对就业岗位基本稳定的普惠小微企业支持力度。

畅通货币政策传导，搭建有效的银企对接平台，引导金融机构积极创新符合市场需求的首贷、信用贷、续贷、中长期贷款等信贷品种，对符合条件的市场主体做到应贷尽贷、应延尽延、应降尽降。为激励地方法人金融机构发放小微企业贷款，截至 9 月末，人民银行郑州中心支行累计向 186 家（次）地方法人金融机构发放激励资金 6.9 亿元。

在政策激励下，河南省金融机构通过再贷款再贴现发放优惠利率贷款 507.5 亿元，贷款加权平均利率低至 4%，让 10.7 万户市场主体享受到了低成本的资金支持。在各项货币政策工具的带动下，2020 年前三季度，河南省民营企业贷款和小微企业贷款较年初分别增加 1298.4 亿元、1145.1 亿元，同比分别增加 50.3 亿元、328.9 亿元。

第三节　吸纳社会资本助力乡村振兴

（一）乡村已成为投资兴业的热土

扩内需最大的潜力在农村。"三农"事业发展离不开有力的资金支持。解决"钱从哪里来"的问题，不仅需要各级财政加大投入，也离不开社会资本的参与。在过去的一段时间里，社会资本投资"三农"的意愿增强，数据显示，目前农业固定资产投资中社会资本的占比已超过八成。社会资本带来资金的同时，也将人才、技术、管理等现代生产要素注入农村，对于加快建成现代农业产业体系、生产体系、经营体系，改变乡村面貌起到了重要的促进作用。

值得关注的是，2019 年以来，农业投资出现一定幅度下滑。其背后既有宏观经济形势和产业自身因素影响，也与部分投资主体反映的下乡创业项目不好选、用地不好拿、资金不好筹、人才不好聘等因素有关。满足农业农村发展的资金需求，亟待稳住农业投资。就社会资本而言，提振投资信心，畅通投资渠道是关键。

近些年，农村发展好形势为社会资本投入"三农"提供了信心支撑。从条件看，农村交通、通信、信息等基础设施不断改善，物流运输更加便利，人工土地等成本相对较低，不断涌现的新型农民和新型经营主体成为新的人力资源优势。从潜力看，无论是种养、仓储物流等乡村产业，还是高标准农田、污水处理等基础设施建设，乡村旅游、电商消费等服务业，都为社会资本提供了广阔的投资空间。

畅通投资渠道，既需要进一步深化"放管服"改革，营造公平竞争的市场环境，稳定社会资本的投资预期，也要积极增加政策供给，为社会资本进入农业农村搭建桥

梁、提供服务。从政策支持方面看，农业农村部2020年4月13日印发的《社会资本投资农业农村指引（2020年）》已明确，今后社会资本进入农业农村，在用地用电、信贷服务、防范农业生产经营风险等方面都将获得更多支持。

农民是农业农村发展的重要力量，社会资本投资"三农"，要带动农民而非代替农民，多办农民"办不了、办不好、办了不合算"的产业，多办链条长、农民参与度高、受益面广的产业，多办扶贫带贫、帮农带农的产业，把农民能够胜任的生产环节尽量留给农民，为农民创造更多就近就地就业门路，创造更多的发展机会，切实带动农民增收致富。

随着乡村振兴战略的深入实施，城乡融合发展快速推进，乡村已成为投资兴业的热土，"三农"领域投资主体更加多元、投资模式更加多样、投资领域更加广泛的态势指日可待。

（二）坚定实施扩大内需战略

2020年4月17日召开的中共中央政治局会议强调，坚定实施扩大内需战略，维护经济发展和社会稳定大局。

1. 深刻认识实施扩大内需战略的紧迫性和重要性

2020年5月13日《人民日报》刊发中国宏观经济研究院毕吉耀、张哲人的文章《坚定实施扩大内需战略》。文章认为，扩大内需是应对当前新冠肺炎疫情冲击、促进经济回升向好的紧迫要求。突如其来的新冠肺炎疫情给我国经济社会发展带来前所未有的冲击。

随着疫情防控成效不断显现和复工复产加快推进，2020年3月以来主要经济指标出现回升态势，工业、服务业、投资、零售和进出口降幅都大幅收窄，就业和物价保持稳定并有所改善，防疫物资供应和生活必需品供应保障有力，基本社会民生保障保持稳定，统筹推进疫情防控和经济社会发展工作取得重大成效。

同时，应对经济下行压力和保持经济回升态势的任务依然艰巨。新冠肺炎疫情仍在全球蔓延，疫情防控措施带来的各国经济活动停摆仍在继续，主要经济体普遍陷入严重经济衰退，全球产业链供应链恢复正常运转仍需较长时间。这不可避免会影响我国外贸进出口，也会影响国内一些行业和企业供应链正常运转，从而加大经济下行压力。

经过多年艰苦努力，我国转变经济发展方式和调整优化经济结构已经取得重大进展，经济增长已由以往过度依赖外需转向内需主导，国内需求已经成为经济发展的基本动力。在世界经济滑向衰退、外需可能大幅萎缩和国内复工复产步伐加快、经济活动渐趋正常化的情况下，坚定实施扩大内需战略，加快释放被疫情抑制的居民消费潜力，增加促进产业转型升级、扩大新型基础设施建设和补短板等方面的有效投资，就能巩固经济回升向好势头。

扩大内需是应对外部风险挑战、保持我国经济长期向好发展趋势的战略基点。改革开放以来，我国主动参与经济全球化进程，在不断融入世界经济的同时，也不可避免地受到外部环境的冲击影响。

1997 年发生亚洲金融危机。面对相关国家和地区货币大幅贬值、金融市场剧烈动荡、经济严重衰退对我国外贸出口、货币稳定和经济增长造成的冲击，我国坚持人民币不贬值，采取增发国债扩大内需、深化国企和金融改革等一系列政策措施，不仅稳住了国内经济金融形势，为经济高速发展和扩大开放奠定了基础，而且有力促进了东亚地区金融形势稳定和经济复苏，展现了负责任大国形象。

2008 年始于美国的国际金融危机将世界经济拖入衰退的深渊，也给我国经济带来严重冲击。我国及时出台应对国际金融危机冲击的一揽子政策措施，牢牢把握扩大内需这一战略基点，加快转变经济发展方式、调整经济结构，在全球率先实现经济企稳回升。经验表明，扩大内需始终是我们应对外部风险挑战、牢牢把握发展主动权的重要战略。

党的十八大以来，面对国际金融危机后世界经济进入深度调整期和国内经济"三期叠加"的新形势，以习近平同志为核心的党中央准确把握我国经济发展阶段性变化特征，在不断提升对外开放水平和层次的同时，立足自主创新和扩大国内需求促进产业转型升级及供给体系优化，不断巩固我国经济长期向好发展趋势，推动我国经济走上高质量发展轨道。

坚定实施扩大内需战略，不仅是当前应对新冠肺炎疫情冲击、尽快恢复经济增长的重要举措，而且是保持我国经济长期平稳健康发展的战略部署。作为世界第二大经济体、第一大工业国和货物贸易国，我国经济的长期发展只能依靠不断扩大内需拉动，不可能主要靠外需。坚定实施扩大内需战略，也是培育发展国内市场、为各国创造更多互利共赢机会、应对一些国家单边主义和保护主义抬头的有效途径。

2. 深入理解和把握扩大内需战略的重要内涵

我国有 14 亿人口，中等收入群体超过 4 亿人，拥有全球最具成长性的消费市场。同时，我国有完备的产业体系和充足的要素供给，正处在新型工业化、信息化、城镇化、农业现代化快速发展阶段，无论是科技创新和产业升级，还是完善基础设施网络、推进新型基础设施建设，抑或促进城乡区域协调发展、加强生态文明建设、补齐社会事业短板，都蕴藏着巨大的投资潜力和需求。

只要坚定实施扩大内需战略，深入理解和把握扩大内需战略的重要内涵，把我国超大规模市场优势和旺盛需求潜力充分激发出来，就能实现经济持续健康发展。

紧紧围绕供给侧结构性改革这条主线。在应对新冠肺炎疫情冲击的背景下实施扩大内需战略，必须坚持以供给侧结构性改革为主线，把深化供给侧结构性改革和扩大内需战略有效结合起来，即通过必要的政策支持扩大国内消费和有效投资需求，为企业复工复产达产创造市场需求；又引导企业创新产品、服务和供给模式，更好满足多样化和不断升级的市场需求。

全面提高产品和服务质量是提高供给体系质量的中心任务，也是激活消费市场和

促进消费结构升级的重要牵引；进一步提高实体经济特别是制造业发展水平是提高供给体系质量的主战场，也是满足居民日益多样化消费需求的有力支撑；提高基础设施网络化智能化水平是提高供给体系质量的基本保障，也是扩大有效投资的重点领域。因此，扩大内需战略既是需求调控举措，更是引导供给体系质量跃升的"力量倍增器"。

善于使用改革的办法。越是经济下行压力大，越是要不失时机推动改革，善于用改革的办法解决发展中的问题。坚定实施扩大内需战略，既要加大财政货币政策力度，统筹运用投资、消费等政策手段，扩大国内需求、稳定经济形势；又要更多使用改革的办法，通过完善要素市场化配置体制机制等举措，激发民间投资、中小企业、新兴产业的发展活力。同时，坚持房子是用来住的、不是用来炒的定位。因此，扩大内需战略不是以往政策的简单复制，而是内生于全面深化改革的综合性举措，是既利当前、又利长远的治本之策。

以增进人民福祉为根本目的。我国拥有 14 亿人口，人均国内生产总值已突破 1 万美元，消费潜力巨大。只有不断增加居民收入、改善消费环境，才能有效扩大国内需求；只有通过扩大国内需求稳定经济增长、做大经济蛋糕，才能使发展成果更多更公平惠及全体人民。因此，实施扩大内需战略既是为了稳增长、转方式，更是为了不断保障和改善民生、增进人民福祉。

3. 有效扩大内需需要综合施策

坚定实施扩大内需战略，要求我们做好"六稳"工作、落实"六保"任务，推动供给和需求有机衔接、消费和投资共同发力、宏观调控政策和改革举措协同联动，培育壮大新的增长点增长极，牢牢把握发展主动权。

以更大的宏观政策力度对冲疫情影响。充分估计困难、风险和不确定性，及时有效实施更大力度的财政货币政策，努力稳定经济增长。财政政策要更加积极有为，通过提高赤字率、发行抗疫特别国债、增加地方政府专项债券、适当增加公共消费等措施，积极发挥财政资金的作用，为扩内需、稳增长提供直接而有力的支持。稳健的货币政策要更加灵活适度，通过降准、降息、再贷款等措施，保持流动性合理充裕，引导贷款市场利率下行，为实体经济提供更多支持。

增强消费对扩大内需的基础性作用。做好复工复产、复商复市，加快恢复正常经济社会秩序。持续保障和改善民生，坚持扶贫力度不减，决战决胜脱贫攻坚。全面强化稳就业举措，实施好就业优先政策，抓好高校毕业生等重点人群和重点行业就业。织密社会保障网，做好低保工作，及时发放价格临时补贴。培育发展绿色消费、信息消费、智能消费等新产品新业态新模式，大力推动线上线下消费融合，积极扩大养老、健康、家政等服务消费，促进消费提档升级。提升消费品质量，优化消费环境。

发挥投资对扩大内需的关键性作用。围绕"补短板"积极扩大有效投资，加快老旧小区改造，推动传统产业改造升级，加强交通、能源、水利、市政等基础设施投资，增加生态保护、环境治理以及相关体系和能力建设方面的投资，继续打好污染防治攻坚战。围绕培育经济发展新动能挖掘投资新热点，加强 5G、数据中心等新型基础设施建设，扩大战略性新兴产业投资，梳理实施一批原始创新和重大关键技术攻关项目。

不失时机推动重点专项领域深化改革。深化要素市场化配置改革，通过提高要素配置效率促进经济发展质量提升。围绕增加低收入群体收入、扩大中等收入群体，完善有利于扩大消费的收入分配制度。深化"放管服"改革，优化管理机制，调动民间投资积极性。健全物资储备制度，有力保障我国粮食安全、能源安全。完善支持"三农"发展的体制机制，抓好农业生产和重要副食品保供稳价，夯实农业基础地位。

第四节　快速融入"双循环"新发展格局

2020 年 11 月 25 日，《人民日报》刊发刘鹤的署名文章《加快构建以国内大循环为主、国内国际双循环相互促进的新发展格局》。文章认为，推动形成以国内大循环为主体、国内国际双循环相互促进的新发展格局，是以习近平同志为核心的党中央根据我国新发展阶段、新历史任务、新环境条件作出的重大战略决策，是事关全局的系统性、深层次变革，是全面建成小康社会后迈向第二个百年奋斗目标的战略之举和长远之策，为我们在新的历史起点上继续前进提供了根本遵循和行动指南。

"双循环"新发展格局，昭示发展战略的重大调整，预示中国经济新里程的恢宏开启。中国国际经济交流中心副理事长黄奇帆说，"双循环"新发展格局，是强国战略，是更深层次改革、更高层次开放的必然路径。

回顾我国改革开放 40 多年波澜壮阔的历史，20 世纪 80 年代实施的"两头在外，大进大出"的出口导向战略，有效地推动中国经济实现了以积极参与国际大循环为特征的持续高速增长。

21 世纪初加入 WTO 后，我国与世界的经贸关系，从以"卖全球"为主要特征的外循环为主导，逐渐向"买全球"与"卖全球"并行演变。2008 年国际金融危机以来，我国经济持续向扩大内需为主导的增长模式转型，国内需求对经济增长的贡献率有 7 个年份超过 100%。

党的十八大以来，党中央审时度势，及时提出坚持以供给侧结构性改革为主线，经济内生增长动力持续释放，以国内大循环为主体的态势加快形成，为推动中国经济实现高质量发展打下了坚实基础。

近年来，随着外部环境和我国发展所具有的要素禀赋的变化，市场和资源两头在外的国际大循环动能明显减弱，而我国内需潜力不断释放，国内大循环活力日益强劲，客观上有着此消彼长的态势。加快形成以国内大循环为主体、国内国际双循环相互促进的新发展格局，并不是权宜之计，而是基于客观发展实际，洞察国内国际发展大势，统筹两个市场、两种资源的战略布局，是高瞻远瞩、深谋远虑的中长期战略方向。这

是一个以我为主、积极进取的战略，既能使国内大循环活力日益强劲，也能重塑我国国际合作和竞争新优势。

有观点指出，"双循环"或将成为"十四五"规划的重要底层逻辑。也有学者分析，新发展理念将渗透"十四五"时期发展全过程、各领域，成为中国经济中长期发展主线。

"双循环"新发展格局，意味着供需更加匹配，资源配置上政府市场结合更加到位，金融支持实体经济上虚实对接更加直接，两个市场两种资源利用上内外更加协调，传统经济与新经济发展上新旧更加融合。

以国内大循环为主体，国内新老产业都会受益，"老字号"的传统产业会占有更多国内份额，继续雄霸天下，风起云涌的新产业会在更加成熟的中国应用中横扫千军。内陆中心城市将会受益更多，资源、市场两头都在国内的新兴行业将拥有更大优势。

按照中国区域经济学会副会长陈耀的分析，在以内循环为主的经济模式下，能够有较好表现的地区，集中在内陆省份，重点区域主要是郑州、武汉、成都、重庆、西安等城市围起来的这一块区域。这几个城市都是国家中心城市，是重要的节点，发展势头都比较好。诸多利好，为提升河南省在全国大局中的地位和作用，提供了新的可能，打开了新的空间。

在"双循环"新发展格局中，河南省有以下优势。

枢纽优势得天独厚。以郑州为中心的2小时高铁圈覆盖4亿人口和市场，2小时航空圈覆盖全国90%的人口和市场，6小时高铁圈可覆盖全国主要经济区域。随着"空陆网海"四条丝绸之路的快速推进，枢纽经济能级和开放通道优势持续提升，作为内陆开放高地，在畅通国际大通道与连接国内大动脉的结合中，在开拓国际市场和深耕国内市场的统一中，河南可以更好发挥"循环泵"作用。

消费需求和市场空间巨大。河南是典型的内需主导型经济省份，当前有1亿多人口、超过6500万劳动年龄人口、2000多万中等收入群体、760多万户市场主体，每年还有150多万农村人口转移到城市，新型城镇化正处于加速发展阶段。乡村振兴如火如荼，农业基础设施的完善、农村公共服务短板的补齐，也造就巨大的内需空间。

要素资源独特丰厚。河南省人口规模和经济总量分别占全国的7%和5.33%，市场主体规模居全国第5位，拥有航空港经济综合实验区、自主创新示范区、自贸试验区、大数据综合试验区、跨境电子商务综合试验区等国家级产业载体，LYC高铁轴承、盾构机等世界一流科技成果，"河南制造"广泛应用于神舟、蛟龙、高铁、航母、港珠澳大桥等大国重器，劳动力、创新、产业载体等资源要素优势突出。新基建与各地站在同一起跑线上，抓准、抓紧，就能为经济数字化转型筑牢根基、为新经济发展插上双翼。再加上中部地区崛起、黄河流域生态保护和高质量发展国家战略的叠加效应，河南省有望争取到国家更多的支持。

产业体系完备、集聚优势突出。河南省粮食产量稳居全国第2位，工业经济总量居全国第5位，拥有40个工业行业大类、182个中类，是我国很多产业循环的发起点和联结点。近年来，随着制造业强省建设步伐的加快，河南省先后实施了"百千万"亿级优势产业集群培育、工业强基等重大工程，制造业总量稳居全国第5位、中西部地区第1位，综合实力和产业竞争力显著增强。洛阳动力谷、中原电气谷、民权冷谷、长垣起重机、郑州速冻食品等产业集群国内知名，基本形成省市联动、区域协同、产业链接发展的块状经济模式。无论是供给体系还是消费市场，都能够满足规模经济、集聚经济的要求，具备依靠国内大循环为主的经济效率基础。

高新精尖产业项目加快布局。招精引尖，白沙科学谷、龙湖金融岛、郑东新区智慧岛大数据产业园、鲲鹏产业生态基地、人机智能创新研究院等一批影响未来的新科技、新产业落地布局，成为稳定产业链供应链运行的压舱石、稳定器。郑州与上汽集团合作打造具有世界产业地位的中国汽车郑州品牌等。人工智能、大数据等新技术快速发展应用，为新业态新模式增势赋能。从购物到服务，从生产到销售，各行各业加速"上线""上云"，推动传统生产组织模式重构、焕发新的生机活力。

构建新发展格局，是一个大命题，也是一张大考卷。面对一系列系统性深层次变革，启动内需动力，提升数字经济，加快产业重构，加速区域洗牌，凡此种种，都是对治理智慧与治理能力的考验，不仅需要自我调整和变革探索，而且需要完善区域宏观调控跨周期设计，保证稳增长和防风险长期均衡。

这就要求我们，必须把握危与机的辩证关系，发挥"双循环"中于我有利的优势，扬己所长、补己所短，既深入实施扩大内需战略，又深化供给侧结构性改革，供需两端共同发力，推动形成需求牵引供给、供给创造需求的更高水平动态平衡，实现更高质量、更有效率、更加公平、更可持续、更为安全的发展。

构建内循环产业体系。瞄准具有市场优势的产业链，通过重点打造坚强的日用消费品供应链、自主可控的优势产业供应链、拥有核心竞争力的新兴产业供应链，以及5G、区块链、人工智能、虚拟现实等未来产业供应链，向更加强大、智慧、安全的产业链体系迈进。

打造创新型企业体系。围绕"556"产业体系，着力培育一批具有较强国际竞争力、在行业具有重要影响和控制力的创新龙头企业。依托郑洛新国家自主创新示范区等，培育一批瞪羚企业和"独角兽"企业。

转动内循环动力引擎。抓住河南省超级消费市场优势，通过增加高端化、个性化、定制化、功能化的优质商品和服务供给，以新供给引领新消费，并推动制造业服务化，发展新型消费模式和业态，以河南创造、河南质量、河南品牌激发潜在消费活力，构建供需平衡、产销一体化的生态闭环和新消费体系。

打造优势产业集群。立足现有产业基础和创新资源，培育一批"百千万"亿级优势产业集群，打造万亿级装备制造、食品、电子信息产业基地，5000亿级汽车制造、新型材料产业基地。

发展新型基础设施。通过建设全球信息通信枢纽、先进产业创新基地，建设智能化终端设施，打造郑汴同城"智慧大脑"等，前瞻性布局新网络、新设施、新平台和

新终端等新基建，构筑稳定生产与供应的强劲支撑。

根据新发展阶段的新要求，坚持问题导向，更加深入地贯彻落实新发展理念，有利于解决好发展不平衡不充分问题。坚持农业科技自立自强，加快推进农业关键核心技术攻关；以县域为重要切入点，推动城乡融合发展见实效；加强农村生态文明建设，推进农业面源污染防治，加强土壤污染、地下水超采、水土流失等治理和修复；推动乡村产业发展壮大，优化产业布局，让农民更多分享产业增值收益；加快推进农村发展体制机制改革，不断加大农业对外开放力度。

附录

中共中央　国务院
关于实施乡村振兴战略的意见

（2018 年 1 月 2 日）

实施乡村振兴战略，是党的十九大作出的重大决策部署，是决胜全面建成小康社会、全面建设社会主义现代化国家的重大历史任务，是新时代"三农"工作的总抓手。现就实施乡村振兴战略提出如下意见。

一、新时代实施乡村振兴战略的重大意义

党的十八大以来，在以习近平同志为核心的党中央坚强领导下，我们坚持把解决好"三农"问题作为全党工作重中之重，持续加大强农惠农富农政策力度，扎实推进农业现代化和新农村建设，全面深化农村改革，农业农村发展取得了历史性成就，为党和国家事业全面开创新局面提供了重要支撑。5 年来，粮食生产能力跨上新台阶，农业供给侧结构性改革迈出新步伐，农民收入持续增长，农村民生全面改善，脱贫攻坚战取得决定性进展，农村生态文明建设显著加强，农民获得感显著提升，农村社会稳定和谐。农业农村发展取得的重大成就和"三农"工作积累的丰富经验，为实施乡村振兴战略奠定了良好基础。

农业农村农民问题是关系国计民生的根本性问题。没有农业农村的现代化，就没有国家的现代化。当前，我国发展不平衡不充分问题在乡村最为突出，主要表现在：农产品阶段性供过于求和供给不足并存，农业供给质量亟待提高；农民适应生产力发展和市场竞争的能力不足，新型职业农民队伍建设亟须加强；农村基础设施和民生领域欠账较多，农村环境和生态问题比较突出，乡村发展整体水平亟待提升；国家支农体系相对薄弱，农村金融改革任务繁重，城乡之间要素合理流动机制亟待健全；农村基层党建存在薄弱环节，乡村治理体系和治理能力亟待强化。实施乡村振兴战略，是

解决人民日益增长的美好生活需要和不平衡不充分的发展之间矛盾的必然要求，是实现"两个一百年"奋斗目标的必然要求，是实现全体人民共同富裕的必然要求。

在中国特色社会主义新时代，乡村是一个可以大有作为的广阔天地，迎来了难得的发展机遇。我们有党的领导的政治优势，有社会主义的制度优势，有亿万农民的创造精神，有强大的经济实力支撑，有历史悠久的农耕文明，有旺盛的市场需求，完全有条件有能力实施乡村振兴战略。必须立足国情农情，顺势而为，切实增强责任感使命感紧迫感，举全党全国全社会之力，以更大的决心、更明确的目标、更有力的举措，推动农业全面升级、农村全面进步、农民全面发展，谱写新时代乡村全面振兴新篇章。

二、实施乡村振兴战略的总体要求

（一）指导思想。全面贯彻党的十九大精神，以习近平新时代中国特色社会主义思想为指导，加强党对"三农"工作的领导，坚持稳中求进工作总基调，牢固树立新发展理念，落实高质量发展的要求，紧紧围绕统筹推进"五位一体"总体布局和协调推进"四个全面"战略布局，坚持把解决好"三农"问题作为全党工作重中之重，坚持农业农村优先发展，按照产业兴旺、生态宜居、乡风文明、治理有效、生活富裕的总要求，建立健全城乡融合发展体制机制和政策体系，统筹推进农村经济建设、政治建设、文化建设、社会建设、生态文明建设和党的建设，加快推进乡村治理体系和治理能力现代化，加快推进农业农村现代化，走中国特色社会主义乡村振兴道路，让农业成为有奔头的产业，让农民成为有吸引力的职业，让农村成为安居乐业的美丽家园。

（二）目标任务。按照党的十九大提出的决胜全面建成小康社会、分两个阶段实现第二个百年奋斗目标的战略安排，实施乡村振兴战略的目标任务是：

到 2020 年，乡村振兴取得重要进展，制度框架和政策体系基本形成。农业综合生产能力稳步提升，农业供给体系质量明显提高，农村一二三产业融合发展水平进一步提升；农民增收渠道进一步拓宽，城乡居民生活水平差距持续缩小；现行标准下农村贫困人口实现脱贫，贫困县全部摘帽，解决区域性整体贫困；农村基础设施建设深入推进，农村人居环境明显改善，美丽宜居乡村建设扎实推进；城乡基本公共服务均等化水平进一步提高，城乡融合发展体制机制初步建立；农村对人才吸引力逐步增强；农村生态环境明显好转，农业生态服务能力进一步提高；以党组织为核心的农村基层组织建设进一步加强，乡村治理体系进一步完善；党的农村工作领导体制机制进一步健全；各地区各部门推进乡村振兴的思路举措得以确立。

到 2035 年，乡村振兴取得决定性进展，农业农村现代化基本实现。农业结构得到根本性改善，农民就业质量显著提高，相对贫困进一步缓解，共同富裕迈出坚实步伐；城乡基本公共服务均等化基本实现，城乡融合发展体制机制更加完善；乡风文明达到新高度，乡村治理体系更加完善；农村生态环境根本好转，美丽宜居乡村基本实现。

到 2050 年，乡村全面振兴，农业强、农村美、农民富全面实现。

（三）基本原则。

——坚持党管农村工作。毫不动摇地坚持和加强党对农村工作的领导，健全党管农村工作领导体制机制和党内法规，确保党在农村工作中始终总揽全局、协调各方，为乡村振兴提供坚强有力的政治保障。

——坚持农业农村优先发展。把实现乡村振兴作为全党的共同意志、共同行动，做到认识统一、步调一致，在干部配备上优先考虑，在要素配置上优先满足，在资金投入上优先保障，在公共服务上优先安排，加快补齐农业农村短板。

——坚持农民主体地位。充分尊重农民意愿，切实发挥农民在乡村振兴中的主体作用，调动亿万农民的积极性、主动性、创造性，把维护农民群众根本利益、促进农民共同富裕作为出发点和落脚点，促进农民持续增收，不断提升农民的获得感、幸福感、安全感。

——坚持乡村全面振兴。准确把握乡村振兴的科学内涵，挖掘乡村多种功能和价值，统筹谋划农村经济建设、政治建设、文化建设、社会建设、生态文明建设和党的建设，注重协同性、关联性，整体部署，协调推进。

——坚持城乡融合发展。坚决破除体制机制弊端，使市场在资源配置中起决定性作用，更好发挥政府作用，推动城乡要素自由流动、平等交换，推动新型工业化、信息化、城镇化、农业现代化同步发展，加快形成工农互促、城乡互补、全面融合、共同繁荣的新型工农城乡关系。

——坚持人与自然和谐共生。牢固树立和践行绿水青山就是金山银山的理念，落实节约优先、保护优先、自然恢复为主的方针，统筹山水林田湖草系统治理，严守生态保护红线，以绿色发展引领乡村振兴。

——坚持因地制宜、循序渐进。科学把握乡村的差异性和发展走势分化特征，做好顶层设计，注重规划先行、突出重点、分类施策、典型引路。既尽力而为，又量力而行，不搞层层加码，不搞一刀切，不搞形式主义，久久为功，扎实推进。

三、提升农业发展质量，培育乡村发展新动能

乡村振兴，产业兴旺是重点。必须坚持质量兴农、绿色兴农，以农业供给侧结构性改革为主线，加快构建现代农业产业体系、生产体系、经营体系，提高农业创新力、竞争力和全要素生产率，加快实现由农业大国向农业强国转变。

（一）夯实农业生产能力基础。深入实施藏粮于地、藏粮于技战略，严守耕地红线，确保国家粮食安全，把中国人的饭碗牢牢端在自己手中。全面落实永久基本农田特殊保护制度，加快划定和建设粮食生产功能区、重要农产品生产保护区，完善支持政策。大规模推进农村土地整治和高标准农田建设，稳步提升耕地质量，强化监督考核和地方政府责任。加强农田水利建设，提高抗旱防洪除涝能力。实施国家农业节水行动，加快灌区续建配套与现代化改造，推进小型农田水利设施达标提质，建设一批

重大高效节水灌溉工程。加快建设国家农业科技创新体系，加强面向全行业的科技创新基地建设。深化农业科技成果转化和推广应用改革。加快发展现代农作物、畜禽、水产、林木种业，提升自主创新能力。高标准建设国家南繁育种基地。推进我国农机装备产业转型升级，加强科研机构、设备制造企业联合攻关，进一步提高大宗农作物机械国产化水平，加快研发经济作物、养殖业、丘陵山区农林机械，发展高端农机装备制造。优化农业从业者结构，加快建设知识型、技能型、创新型农业经营者队伍。大力发展数字农业，实施智慧农业林业水利工程，推进物联网试验示范和遥感技术应用。

（二）实施质量兴农战略。制定和实施国家质量兴农战略规划，建立健全质量兴农评价体系、政策体系、工作体系和考核体系。深入推进农业绿色化、优质化、特色化、品牌化，调整优化农业生产力布局，推动农业由增产导向转向提质导向。推进特色农产品优势区创建，建设现代农业产业园、农业科技园。实施产业兴村强县行动，推行标准化生产，培育农产品品牌，保护地理标志农产品，打造一村一品、一县一业发展新格局。加快发展现代高效林业，实施兴林富民行动，推进森林生态标志产品建设工程。加强植物病虫害、动物疫病防控体系建设。优化养殖业空间布局，大力发展绿色生态健康养殖，做大做强民族奶业。统筹海洋渔业资源开发，科学布局近远海养殖和远洋渔业，建设现代化海洋牧场。建立产学研融合的农业科技创新联盟，加强农业绿色生态、提质增效技术研发应用。切实发挥农垦在质量兴农中的带动引领作用。实施食品安全战略，完善农产品质量和食品安全标准体系，加强农业投入品和农产品质量安全追溯体系建设，健全农产品质量和食品安全监管体制，重点提高基层监管能力。

（三）构建农村一二三产业融合发展体系。大力开发农业多种功能，延长产业链、提升价值链、完善利益链，通过保底分红、股份合作、利润返还等多种形式，让农民合理分享全产业链增值收益。实施农产品加工业提升行动，鼓励企业兼并重组，淘汰落后产能，支持主产区农产品就地加工转化增值。重点解决农产品销售中的突出问题，加强农产品产后分级、包装、营销，建设现代化农产品冷链仓储物流体系，打造农产品销售公共服务平台，支持供销、邮政及各类企业把服务网点延伸到乡村，健全农产品产销稳定衔接机制，大力建设具有广泛性的促进农村电子商务发展的基础设施，鼓励支持各类市场主体创新发展基于互联网的新型农业产业模式，深入实施电子商务进农村综合示范，加快推进农村流通现代化。实施休闲农业和乡村旅游精品工程，建设一批设施完备、功能多样的休闲观光园区、森林人家、康养基地、乡村民宿、特色小镇。对利用闲置农房发展民宿、养老等项目，研究出台消防、特种行业经营等领域便利市场准入、加强事中事后监管的管理办法。发展乡村共享经济、创意农业、特色文化产业。

（四）构建农业对外开放新格局。优化资源配置，着力节本增效，提高我国农产品国际竞争力。实施特色优势农产品出口提升行动，扩大高附加值农产品出口。建立健全我国农业贸易政策体系。深化与"一带一路"沿线国家和地区农产品贸易关系。积极支持农业走出去，培育具有国际竞争力的大粮商和农业企业集团。积极参与全球粮食安全治理和农业贸易规则制定，促进形成更加公平合理的农业国际贸易秩序。进一步加大农产品反走私综合治理力度。

（五）促进小农户和现代农业发展有机衔接。统筹兼顾培育新型农业经营主体和扶持小农户，采取有针对性的措施，把小农生产引入现代农业发展轨道。培育各类专业化市场化服务组织，推进农业生产全程社会化服务，帮助小农户节本增效。发展多样化的联合与合作，提升小农户组织化程度。注重发挥新型农业经营主体带动作用，打造区域公用品牌，开展农超对接、农社对接，帮助小农户对接市场。扶持小农户发展生态农业、设施农业、体验农业、定制农业，提高产品档次和附加值，拓展增收空间。改善小农户生产设施条件，提升小农户抗风险能力。研究制定扶持小农生产的政策意见。

四、推进乡村绿色发展，打造人与自然和谐共生发展新格局

乡村振兴，生态宜居是关键。良好生态环境是农村最大优势和宝贵财富。必须尊重自然、顺应自然、保护自然，推动乡村自然资本加快增值，实现百姓富、生态美的统一。

（一）统筹山水林田湖草系统治理。把山水林田湖草作为一个生命共同体，进行统一保护、统一修复。实施重要生态系统保护和修复工程。健全耕地草原森林河流湖泊休养生息制度，分类有序退出超载的边际产能。扩大耕地轮作休耕制度试点。科学划定江河湖海限捕、禁捕区域，健全水生生态保护修复制度。实行水资源消耗总量和强度双控行动。开展河湖水系连通和农村河塘清淤整治，全面推行河长制、湖长制。加大农业水价综合改革工作力度。开展国土绿化行动，推进荒漠化、石漠化、水土流失综合治理。强化湿地保护和恢复，继续开展退耕还湿。完善天然林保护制度，把所有天然林都纳入保护范围。扩大退耕还林还草、退牧还草，建立成果巩固长效机制。继续实施三北防护林体系建设等林业重点工程，实施森林质量精准提升工程。继续实施草原生态保护补助奖励政策。实施生物多样性保护重大工程，有效防范外来生物入侵。

（二）加强农村突出环境问题综合治理。加强农业面源污染防治，开展农业绿色发展行动，实现投入品减量化、生产清洁化、废弃物资源化、产业模式生态化。推进有机肥替代化肥、畜禽粪污处理、农作物秸秆综合利用、废弃农膜回收、病虫害绿色防控。加强农村水环境治理和农村饮用水水源保护，实施农村生态清洁小流域建设。扩大华北地下水超采区综合治理范围。推进重金属污染耕地防控和修复，开展土壤污染治理与修复技术应用试点，加大东北黑土地保护力度。实施流域环境和近岸海域综合治理。严禁工业和城镇污染向农业农村转移。加强农村环境监管能力建设，落实县乡两级农村环境保护主体责任。

（三）建立市场化多元化生态补偿机制。落实农业功能区制度，加大重点生态功能

区转移支付力度，完善生态保护成效与资金分配挂钩的激励约束机制。鼓励地方在重点生态区位推行商品林赎买制度。健全地区间、流域上下游之间横向生态保护补偿机制，探索建立生态产品购买、森林碳汇等市场化补偿制度。建立长江流域重点水域禁捕补偿制度。推行生态建设和保护以工代赈做法，提供更多生态公益岗位。

（四）增加农业生态产品和服务供给。正确处理开发与保护的关系，运用现代科技和管理手段，将乡村生态优势转化为发展生态经济的优势，提供更多更好的绿色生态产品和服务，促进生态和经济良性循环。加快发展森林草原旅游、河湖湿地观光、冰雪海上运动、野生动物驯养观赏等产业，积极开发观光农业、游憩休闲、健康养生、生态教育等服务。创建一批特色生态旅游示范村镇和精品线路，打造绿色生态环保的乡村生态旅游产业链。

五、繁荣兴盛农村文化，焕发乡风文明新气象

乡村振兴，乡风文明是保障。必须坚持物质文明和精神文明一起抓，提升农民精神风貌，培育文明乡风、良好家风、淳朴民风，不断提高乡村社会文明程度。

（一）加强农村思想道德建设。以社会主义核心价值观为引领，坚持教育引导、实践养成、制度保障三管齐下，采取符合农村特点的有效方式，深化中国特色社会主义和中国梦宣传教育，大力弘扬民族精神和时代精神。加强爱国主义、集体主义、社会主义教育，深化民族团结进步教育，加强农村思想文化阵地建设。深入实施公民道德建设工程，挖掘农村传统道德教育资源，推进社会公德、职业道德、家庭美德、个人品德建设。推进诚信建设，强化农民的社会责任意识、规则意识、集体意识、主人翁意识。

（二）传承发展提升农村优秀传统文化。立足乡村文明，吸取城市文明及外来文化优秀成果，在保护传承的基础上，创造性转化、创新性发展，不断赋予时代内涵、丰富表现形式。切实保护好优秀农耕文化遗产，推动优秀农耕文化遗产合理适度利用。深入挖掘农耕文化蕴含的优秀思想观念、人文精神、道德规范，充分发挥其在凝聚人心、教化群众、淳化民风中的重要作用。划定乡村建设的历史文化保护线，保护好文物古迹、传统村落、民族村寨、传统建筑、农业遗迹、灌溉工程遗产。支持农村地区优秀戏曲曲艺、少数民族文化、民间文化等传承发展。

（三）加强农村公共文化建设。按照有标准、有网络、有内容、有人才的要求，健全乡村公共文化服务体系。发挥县级公共文化机构辐射作用，推进基层综合性文化服务中心建设，实现乡村两级公共文化服务全覆盖，提升服务效能。深入推进文化惠民，公共文化资源要重点向乡村倾斜，提供更多更好的农村公共文化产品和服务。支持"三农"题材文艺创作生产，鼓励文艺工作者不断推出反映农民生产生活尤其是乡村振兴实践的优秀文艺作品，充分展示新时代农村农民的精神面貌。培育挖掘乡土文化本土人才，开展文化结对帮扶，引导社会各界人士投身乡村文化建设。活跃繁荣农村文

化市场，丰富农村文化业态，加强农村文化市场监管。

（四）开展移风易俗行动。广泛开展文明村镇、星级文明户、文明家庭等群众性精神文明创建活动。遏制大操大办、厚葬薄养、人情攀比等陈规陋习。加强无神论宣传教育，丰富农民群众精神文化生活，抵制封建迷信活动。深化农村殡葬改革。加强农村科普工作，提高农民科学文化素养。

六、加强农村基层基础工作，构建乡村治理新体系

乡村振兴，治理有效是基础。必须把夯实基层基础作为固本之策，建立健全党委领导、政府负责、社会协同、公众参与、法治保障的现代乡村社会治理体制，坚持自治、法治、德治相结合，确保乡村社会充满活力、和谐有序。

（一）加强农村基层党组织建设。扎实推进抓党建促乡村振兴，突出政治功能，提升组织力，抓乡促村，把农村基层党组织建成坚强战斗堡垒。强化农村基层党组织领导核心地位，创新组织设置和活动方式，持续整顿软弱涣散村党组织，稳妥有序开展不合格党员处置工作，着力引导农村党员发挥先锋模范作用。建立选派第一书记工作长效机制，全面向贫困村、软弱涣散村和集体经济薄弱村党组织派出第一书记。实施农村带头人队伍整体优化提升行动，注重吸引高校毕业生、农民工、机关企事业单位优秀党员干部到村任职，选优配强村党组织书记。健全从优秀村党组织书记中选拔乡镇领导干部、考录乡镇机关公务员、招聘乡镇事业编制人员制度。加大在优秀青年农民中发展党员力度。建立农村党员定期培训制度。全面落实村级组织运转经费保障政策。推行村级小微权力清单制度，加大基层小微权力腐败惩处力度。严厉整治惠农补贴、集体资产管理、土地征收等领域侵害农民利益的不正之风和腐败问题。

（二）深化村民自治实践。坚持自治为基，加强农村群众性自治组织建设，健全和创新村党组织领导的充满活力的村民自治机制。推动村党组织书记通过选举担任村委会主任。发挥自治章程、村规民约的积极作用。全面建立健全村务监督委员会，推行村级事务阳光工程。依托村民会议、村民代表会议、村民议事会、村民理事会、村民监事会等，形成民事民议、民事民办、民事民管的多层次基层协商格局。积极发挥新乡贤作用。推动乡村治理重心下移，尽可能把资源、服务、管理下放到基层。继续开展以村民小组或自然村为基本单元的村民自治试点工作。加强农村社区治理创新。创新基层管理体制机制，整合优化公共服务和行政审批职责，打造"一门式办理"、"一站式服务"的综合服务平台。在村庄普遍建立网上服务站点，逐步形成完善的乡村便民服务体系。大力培育服务性、公益性、互助性农村社会组织，积极发展农村社会工作和志愿服务。集中清理上级对村级组织考核评比多、创建达标多、检查督查多等突出问题。维护村民委员会、农村集体经济组织、农村合作经济组织的特别法人地位和权利。

（三）建设法治乡村。坚持法治为本，树立依法治理理念，强化法律在维护农民权

益、规范市场运行、农业支持保护、生态环境治理、化解农村社会矛盾等方面的权威地位。增强基层干部法治观念、法治为民意识，将政府涉农各项工作纳入法治化轨道。深入推进综合行政执法改革向基层延伸，创新监管方式，推动执法队伍整合、执法力量下沉，提高执法能力和水平。建立健全乡村调解、县市仲裁、司法保障的农村土地承包经营纠纷调处机制。加大农村普法力度，提高农民法治素养，引导广大农民增强尊法学法守法用法意识。健全农村公共法律服务体系，加强对农民的法律援助和司法救助。

（四）提升乡村德治水平。深入挖掘乡村熟人社会蕴含的道德规范，结合时代要求进行创新，强化道德教化作用，引导农民向上向善、孝老爱亲、重义守信、勤俭持家。建立道德激励约束机制，引导农民自我管理、自我教育、自我服务、自我提高，实现家庭和睦、邻里和谐、干群融洽。广泛开展好媳妇、好儿女、好公婆等评选表彰活动，开展寻找最美乡村教师、医生、村官、家庭等活动。深入宣传道德模范、身边好人的典型事迹，弘扬真善美，传播正能量。

（五）建设平安乡村。健全落实社会治安综合治理领导责任制，大力推进农村社会治安防控体系建设，推动社会治安防控力量下沉。深入开展扫黑除恶专项斗争，严厉打击农村黑恶势力、宗族恶势力，严厉打击黄赌毒盗拐骗等违法犯罪。依法加大对农村非法宗教活动和境外渗透活动打击力度，依法制止利用宗教干预农村公共事务，继续整治农村乱建庙宇、滥塑宗教造像。完善县乡村三级综治中心功能和运行机制。健全农村公共安全体系，持续开展农村安全隐患治理。加强农村警务、消防、安全生产工作，坚决遏制重特大安全事故。探索以网格化管理为抓手、以现代信息技术为支撑，实现基层服务和管理精细化精准化。推进农村"雪亮工程"建设。

七、提高农村民生保障水平，塑造美丽乡村新风貌

乡村振兴，生活富裕是根本。要坚持人人尽责、人人享有，按照抓重点、补短板、强弱项的要求，围绕农民群众最关心最直接最现实的利益问题，一件事情接着一件事情办，一年接着一年干，把乡村建设成为幸福美丽新家园。

（一）优先发展农村教育事业。高度重视发展农村义务教育，推动建立以城带乡、整体推进、城乡一体、均衡发展的义务教育发展机制。全面改善薄弱学校基本办学条件，加强寄宿制学校建设。实施农村义务教育学生营养改善计划。发展农村学前教育。推进农村普及高中阶段教育，支持教育基础薄弱县普通高中建设，加强职业教育，逐步分类推进中等职业教育免除学杂费。健全学生资助制度，使绝大多数农村新增劳动力接受高中阶段教育、更多接受高等教育。把农村需要的人群纳入特殊教育体系。以市县为单位，推动优质学校辐射农村薄弱学校常态化。统筹配置城乡师资，并向乡村倾斜，建好建强乡村教师队伍。

（二）促进农村劳动力转移就业和农民增收。健全覆盖城乡的公共就业服务体系，

大规模开展职业技能培训，促进农民工多渠道转移就业，提高就业质量。深化户籍制度改革，促进有条件、有意愿、在城镇有稳定就业和住所的农业转移人口在城镇有序落户，依法平等享受城镇公共服务。加强扶持引导服务，实施乡村就业创业促进行动，大力发展文化、科技、旅游、生态等乡村特色产业，振兴传统工艺。培育一批家庭工场、手工作坊、乡村车间，鼓励在乡村地区兴办环境友好型企业，实现乡村经济多元化，提供更多就业岗位。拓宽农民增收渠道，鼓励农民勤劳守法致富，增加农村低收入者收入，扩大农村中等收入群体，保持农村居民收入增速快于城镇居民。

（三）推动农村基础设施提档升级。继续把基础设施建设重点放在农村，加快农村公路、供水、供气、环保、电网、物流、信息、广播电视等基础设施建设，推动城乡基础设施互联互通。以示范县为载体全面推进"四好农村路"建设，加快实施通村组硬化路建设。加大成品油消费税转移支付资金用于农村公路养护力度。推进节水供水重大水利工程，实施农村饮水安全巩固提升工程。加快新一轮农村电网改造升级，制定农村通动力电规划，推进农村可再生能源开发利用。实施数字乡村战略，做好整体规划设计，加快农村地区宽带网络和第四代移动通信网络覆盖步伐，开发适应"三农"特点的信息技术、产品、应用和服务，推动远程医疗、远程教育等应用普及，弥合城乡数字鸿沟。提升气象为农服务能力。加强农村防灾减灾救灾能力建设。抓紧研究提出深化农村公共基础设施管护体制改革指导意见。

（四）加强农村社会保障体系建设。完善统一的城乡居民基本医疗保险制度和大病保险制度，做好农民重特大疾病救助工作。巩固城乡居民医保全国异地就医联网直接结算。完善城乡居民基本养老保险制度，建立城乡居民基本养老保险待遇确定和基础养老金标准正常调整机制。统筹城乡社会救助体系，完善最低生活保障制度，做好农村社会救助兜底工作。将进城落户农业转移人口全部纳入城镇住房保障体系。构建多层次农村养老保障体系，创新多元化照料服务模式。健全农村留守儿童和妇女、老年人以及困境儿童关爱服务体系。加强和改善农村残疾人服务。

（五）推进健康乡村建设。强化农村公共卫生服务，加强慢性病综合防控，大力推进农村地区精神卫生、职业病和重大传染病防治。完善基本公共卫生服务项目补助政策，加强基层医疗卫生服务体系建设，支持乡镇卫生院和村卫生室改善条件。加强乡村中医药服务。开展和规范家庭医生签约服务，加强妇幼、老人、残疾人等重点人群健康服务。倡导优生优育。深入开展乡村爱国卫生运动。

（六）持续改善农村人居环境。实施农村人居环境整治三年行动计划，以农村垃圾、污水治理和村容村貌提升为主攻方向，整合各种资源，强化各种举措，稳步有序推进农村人居环境突出问题治理。坚持不懈推进农村"厕所革命"，大力开展农村户用卫生厕所建设和改造，同步实施粪污治理，加快实现农村无害化卫生厕所全覆盖，努力补齐影响农民群众生活品质的短板。总结推广适用不同地区的农村污水治理模式，加强技术支撑和指导。深入推进农村环境综合整治。推进北方地区农村散煤替代，有条件的地方有序推进煤改气、煤改电和新能源利用。逐步建立农村低收入群体安全住

房保障机制。强化新建农房规划管控，加强"空心村"服务管理和改造。保护保留乡村风貌，开展田园建筑示范，培养乡村传统建筑名匠。实施乡村绿化行动，全面保护古树名木。持续推进宜居宜业的美丽乡村建设。

八、打好精准脱贫攻坚战，增强贫困群众获得感

乡村振兴，摆脱贫困是前提。必须坚持精准扶贫、精准脱贫，把提高脱贫质量放在首位，既不降低扶贫标准，也不吊高胃口，采取更加有力的举措、更加集中的支持、更加精细的工作，坚决打好精准脱贫这场对全面建成小康社会具有决定性意义的攻坚战。

（一）瞄准贫困人口精准帮扶。对有劳动能力的贫困人口，强化产业和就业扶持，着力做好产销衔接、劳务对接，实现稳定脱贫。有序推进易地扶贫搬迁，让搬迁群众搬得出、稳得住、能致富。对完全或部分丧失劳动能力的特殊贫困人口，综合实施保障性扶贫政策，确保病有所医、残有所助、生活有兜底。做好农村最低生活保障工作的动态化精细化管理，把符合条件的贫困人口全部纳入保障范围。

（二）聚焦深度贫困地区集中发力。全面改善贫困地区生产生活条件，确保实现贫困地区基本公共服务主要指标接近全国平均水平。以解决突出制约问题为重点，以重大扶贫工程和到村到户帮扶为抓手，加大政策倾斜和扶贫资金整合力度，着力改善深度贫困地区发展条件，增强贫困农户发展能力，重点攻克深度贫困地区脱贫任务。新增脱贫攻坚资金项目主要投向深度贫困地区，增加金融投入对深度贫困地区的支持，新增建设用地指标优先保障深度贫困地区发展用地需要。

（三）激发贫困人口内生动力。把扶贫同扶志、扶智结合起来，把救急纾困和内生脱贫结合起来，提升贫困群众发展生产和务工经商的基本技能，实现可持续稳固脱贫。引导贫困群众克服等靠要思想，逐步消除精神贫困。要打破贫困均衡，促进形成自强自立、争先脱贫的精神风貌。改进帮扶方式方法，更多采用生产奖补、劳务补助、以工代赈等机制，推动贫困群众通过自己的辛勤劳动脱贫致富。

（四）强化脱贫攻坚责任和监督。坚持中央统筹省负总责市县抓落实的工作机制，强化党政一把手负总责的责任制。强化县级党委作为全县脱贫攻坚总指挥部的关键作用，脱贫攻坚期内贫困县县级党政正职要保持稳定。开展扶贫领域腐败和作风问题专项治理，切实加强扶贫资金管理，对挪用和贪污扶贫款项的行为严惩不贷。将2018年作为脱贫攻坚作风建设年，集中力量解决突出作风问题。科学确定脱贫摘帽时间，对弄虚作假、搞数字脱贫的严肃查处。完善扶贫督查巡查、考核评估办法，除党中央、国务院统一部署外，各部门一律不准再组织其他检查考评。严格控制各地开展增加一线扶贫干部负担的各类检查考评，切实给基层减轻工作负担。关心爱护战斗在扶贫第一线的基层干部，制定激励政策，为他们工作生活排忧解难，保护和调动他们的工作积极性。做好实施乡村振兴战略与打好精准脱贫攻坚战的有机衔接。制定坚决打好精

准脱贫攻坚战三年行动指导意见。研究提出持续减贫的意见。

九、推进体制机制创新，强化乡村振兴制度性供给

实施乡村振兴战略，必须把制度建设贯穿其中。要以完善产权制度和要素市场化配置为重点，激活主体、激活要素、激活市场，着力增强改革的系统性、整体性、协同性。

（一）巩固和完善农村基本经营制度。落实农村土地承包关系稳定并长久不变政策，衔接落实好第二轮土地承包到期后再延长30年的政策，让农民吃上长效"定心丸"。全面完成土地承包经营权确权登记颁证工作，实现承包土地信息联通共享。完善农村承包地"三权分置"制度，在依法保护集体土地所有权和农户承包权前提下，平等保护土地经营权。农村承包土地经营权可以依法向金融机构融资担保、入股从事农业产业化经营。实施新型农业经营主体培育工程，培育发展家庭农场、合作社、龙头企业、社会化服务组织和农业产业化联合体，发展多种形式适度规模经营。

（二）深化农村土地制度改革。系统总结农村土地征收、集体经营性建设用地入市、宅基地制度改革试点经验，逐步扩大试点，加快土地管理法修改，完善农村土地利用管理政策体系。扎实推进房地一体的农村集体建设用地和宅基地使用权确权登记颁证。完善农民闲置宅基地和闲置农房政策，探索宅基地所有权、资格权、使用权"三权分置"，落实宅基地集体所有权，保障宅基地农户资格权和农民房屋财产权，适度放活宅基地和农民房屋使用权，不得违规违法买卖宅基地，严格实行土地用途管制，严格禁止下乡利用农村宅基地建设别墅大院和私人会馆。在符合土地利用总体规划前提下，允许县级政府通过村土地利用规划，调整优化村庄用地布局，有效利用农村零星分散的存量建设用地；预留部分规划建设用地指标用于单独选址的农业设施和休闲旅游设施等建设。对利用收储农村闲置建设用地发展农村新产业新业态的，给予新增建设用地指标奖励。进一步完善设施农用地政策。

（三）深入推进农村集体产权制度改革。全面开展农村集体资产清产核资、集体成员身份确认，加快推进集体经营性资产股份合作制改革。推动资源变资产、资金变股金、农民变股东，探索农村集体经济新的实现形式和运行机制。坚持农村集体产权制度改革正确方向，发挥村党组织对集体经济组织的领导核心作用，防止内部少数人控制和外部资本侵占集体资产。维护进城落户农民土地承包权、宅基地使用权、集体收益分配权，引导进城落户农民依法自愿有偿转让上述权益。研究制定农村集体经济组织法，充实农村集体产权权能。全面深化供销合作社综合改革，深入推进集体林权、水利设施产权等领域改革，做好农村综合改革、农村改革试验区等工作。

（四）完善农业支持保护制度。以提升农业质量效益和竞争力为目标，强化绿色生态导向，创新完善政策工具和手段，扩大"绿箱"政策的实施范围和规模，加快建立新型农业支持保护政策体系。深化农产品收储制度和价格形成机制改革，加快培育多

元市场购销主体，改革完善中央储备粮管理体制。通过完善拍卖机制、定向销售、包干销售等，加快消化政策性粮食库存。落实和完善对农民直接补贴制度，提高补贴效能。健全粮食主产区利益补偿机制。探索开展稻谷、小麦、玉米三大粮食作物完全成本保险和收入保险试点，加快建立多层次农业保险体系。

十、汇聚全社会力量，强化乡村振兴人才支撑

实施乡村振兴战略，必须破解人才瓶颈制约。要把人力资本开发放在首要位置，畅通智力、技术、管理下乡通道，造就更多乡土人才，聚天下人才而用之。

（一）大力培育新型职业农民。全面建立职业农民制度，完善配套政策体系。实施新型职业农民培育工程。支持新型职业农民通过弹性学制参加中高等农业职业教育。创新培训机制，支持农民专业合作社、专业技术协会、龙头企业等主体承担培训。引导符合条件的新型职业农民参加城镇职工养老、医疗等社会保障制度。鼓励各地开展职业农民职称评定试点。

（二）加强农村专业人才队伍建设。建立县域专业人才统筹使用制度，提高农村专业人才服务保障能力。推动人才管理职能部门简政放权，保障和落实基层用人主体自主权。推行乡村教师"县管校聘"。实施好边远贫困地区、边疆民族地区和革命老区人才支持计划，继续实施"三支一扶"、特岗教师计划等，组织实施高校毕业生基层成长计划。支持地方高等学校、职业院校综合利用教育培训资源，灵活设置专业（方向），创新人才培养模式，为乡村振兴培养专业化人才。扶持培养一批农业职业经理人、经纪人、乡村工匠、文化能人、非遗传承人等。

（三）发挥科技人才支撑作用。全面建立高等院校、科研院所等事业单位专业技术人员到乡村和企业挂职、兼职和离岗创新创业制度，保障其在职称评定、工资福利、社会保障等方面的权益。深入实施农业科研杰出人才计划和杰出青年农业科学家项目。健全种业等领域科研人员以知识产权明晰为基础、以知识价值为导向的分配政策。探索公益性和经营性农技推广融合发展机制，允许农技人员通过提供增值服务合理取酬。全面实施农技推广服务特聘计划。

（四）鼓励社会各界投身乡村建设。建立有效激励机制，以乡情乡愁为纽带，吸引支持企业家、党政干部、专家学者、医生教师、规划师、建筑师、律师、技能人才等，通过下乡担任志愿者、投资兴业、包村包项目、行医办学、捐资捐物、法律服务等方式服务乡村振兴事业。研究制定管理办法，允许符合要求的公职人员回乡任职。吸引更多人才投身现代农业，培养造就新农民。加快制定鼓励引导工商资本参与乡村振兴的指导意见，落实和完善融资贷款、配套设施建设补助、税费减免、用地等扶持政策，明确政策边界，保护好农民利益。发挥工会、共青团、妇联、科协、残联等群团组织的优势和力量，发挥各民主党派、工商联、无党派人士等积极作用，支持农村产业发展、生态环境保护、乡风文明建设、农村弱势群体关爱等。实施乡村振兴"巾帼行

动"。加强对下乡组织和人员的管理服务，使之成为乡村振兴的建设性力量。

（五）创新乡村人才培育引进使用机制。建立自主培养与人才引进相结合，学历教育、技能培训、实践锻炼等多种方式并举的人力资源开发机制。建立城乡、区域、校地之间人才培养合作与交流机制。全面建立城市医生教师、科技文化人员等定期服务乡村机制。研究制定鼓励城市专业人才参与乡村振兴的政策。

十一、开拓投融资渠道，强化乡村振兴投入保障

实施乡村振兴战略，必须解决钱从哪里来的问题。要健全投入保障制度，创新投融资机制，加快形成财政优先保障、金融重点倾斜、社会积极参与的多元投入格局，确保投入力度不断增强、总量持续增加。

（一）确保财政投入持续增长。建立健全实施乡村振兴战略财政投入保障制度，公共财政更大力度向"三农"倾斜，确保财政投入与乡村振兴目标任务相适应。优化财政供给结构，推进行业内资金整合与行业间资金统筹相互衔接配合，增加地方自主统筹空间，加快建立涉农资金统筹整合长效机制。充分发挥财政资金的引导作用，撬动金融和社会资本更多投向乡村振兴。切实发挥全国农业信贷担保体系作用，通过财政担保费率补助和以奖代补等，加大对新型农业经营主体支持力度。加快设立国家融资担保基金，强化担保融资增信功能，引导更多金融资源支持乡村振兴。支持地方政府发行一般债券用于支持乡村振兴、脱贫攻坚领域的公益性项目。稳步推进地方政府专项债券管理改革，鼓励地方政府试点发行项目融资和收益自平衡的专项债券，支持符合条件、有一定收益的乡村公益性项目建设。规范地方政府举债融资行为，不得借乡村振兴之名违法违规变相举债。

（二）拓宽资金筹集渠道。调整完善土地出让收入使用范围，进一步提高农业农村投入比例。严格控制未利用地开垦，集中力量推进高标准农田建设。改进耕地占补平衡管理办法，建立高标准农田建设等新增耕地指标和城乡建设用地增减挂钩节余指标跨省域调剂机制，将所得收益通过支出预算全部用于巩固脱贫攻坚成果和支持实施乡村振兴战略。推广一事一议、以奖代补等方式，鼓励农民对直接受益的乡村基础设施建设投工投劳，让农民更多参与建设管护。

（三）提高金融服务水平。坚持农村金融改革发展的正确方向，健全适合农业农村特点的农村金融体系，推动农村金融机构回归本源，把更多金融资源配置到农村经济社会发展的重点领域和薄弱环节，更好满足乡村振兴多样化金融需求。要强化金融服务方式创新，防止脱实向虚倾向，严格管控风险，提高金融服务乡村振兴能力和水平。抓紧出台金融服务乡村振兴的指导意见。加大中国农业银行、中国邮政储蓄银行"三农"金融事业部对乡村振兴支持力度。明确国家开发银行、中国农业发展银行在乡村振兴中的职责定位，强化金融服务方式创新，加大对乡村振兴中长期信贷支持。推动农村信用社省联社改革，保持农村信用社县域法人地位和数量总体稳定，完善村镇银

行准入条件，地方法人金融机构要服务好乡村振兴。普惠金融重点要放在乡村。推动出台非存款类放贷组织条例。制定金融机构服务乡村振兴考核评估办法。支持符合条件的涉农企业发行上市、新三板挂牌和融资、并购重组，深入推进农产品期货期权市场建设，稳步扩大"保险＋期货"试点，探索"订单农业＋保险＋期货（权）"试点。改进农村金融差异化监管体系，强化地方政府金融风险防范处置责任。

十二、坚持和完善党对"三农"工作的领导

实施乡村振兴战略是党和国家的重大决策部署，各级党委和政府要提高对实施乡村振兴战略重大意义的认识，真正把实施乡村振兴战略摆在优先位置，把党管农村工作的要求落到实处。

（一）完善党的农村工作领导体制机制。各级党委和政府要坚持工业农业一起抓、城市农村一起抓，把农业农村优先发展原则体现到各个方面。健全党委统一领导、政府负责、党委农村工作部门统筹协调的农村工作领导体制。建立实施乡村振兴战略领导责任制，实行中央统筹省负总责市县抓落实的工作机制。党政一把手是第一责任人，五级书记抓乡村振兴。县委书记要下大气力抓好"三农"工作，当好乡村振兴"一线总指挥"。各部门要按照职责，加强工作指导，强化资源要素支持和制度供给，做好协同配合，形成乡村振兴工作合力。切实加强各级党委农村工作部门建设，按照《中国共产党工作机关条例（试行）》有关规定，做好党的农村工作机构设置和人员配置工作，充分发挥决策参谋、统筹协调、政策指导、推动落实、督导检查等职能。各省（自治区、直辖市）党委和政府每年要向党中央、国务院报告推进实施乡村振兴战略进展情况。建立市县党政领导班子和领导干部推进乡村振兴战略的实绩考核制度，将考核结果作为选拔任用领导干部的重要依据。

（二）研究制定中国共产党农村工作条例。根据坚持党对一切工作的领导的要求和新时代"三农"工作新形势新任务新要求，研究制定中国共产党农村工作条例，把党领导农村工作的传统、要求、政策等以党内法规形式确定下来，明确加强对农村工作领导的指导思想、原则要求、工作范围和对象、主要任务、机构职责、队伍建设等，完善领导体制和工作机制，确保乡村振兴战略有效实施。

（三）加强"三农"工作队伍建设。把懂农业、爱农村、爱农民作为基本要求，加强"三农"工作干部队伍培养、配备、管理、使用。各级党委和政府主要领导干部要懂"三农"工作、会抓"三农"工作，分管领导要真正成为"三农"工作行家里手。制定并实施培训计划，全面提升"三农"干部队伍能力和水平。拓宽县级"三农"工作部门和乡镇干部来源渠道。把到农村一线工作锻炼作为培养干部的重要途径，注重提拔使用实绩优秀的干部，形成人才向农村基层一线流动的用人导向。

（四）强化乡村振兴规划引领。制定国家乡村振兴战略规划（2018—2022 年），分别明确至2020 年全面建成小康社会和2022 年召开党的二十大时的目标任务，细化实化

工作重点和政策措施，部署若干重大工程、重大计划、重大行动。各地区各部门要编制乡村振兴地方规划和专项规划或方案。加强各类规划的统筹管理和系统衔接，形成城乡融合、区域一体、多规合一的规划体系。根据发展现状和需要分类有序推进乡村振兴，对具备条件的村庄，要加快推进城镇基础设施和公共服务向农村延伸；对自然历史文化资源丰富的村庄，要统筹兼顾保护与发展；对生存条件恶劣、生态环境脆弱的村庄，要加大力度实施生态移民搬迁。

（五）强化乡村振兴法治保障。抓紧研究制定乡村振兴法的有关工作，把行之有效的乡村振兴政策法定化，充分发挥立法在乡村振兴中的保障和推动作用。及时修改和废止不适应的法律法规。推进粮食安全保障立法。各地可以从本地乡村发展实际需要出发，制定促进乡村振兴的地方性法规、地方政府规章。加强乡村统计工作和数据开发应用。

（六）营造乡村振兴良好氛围。凝聚全党全国全社会振兴乡村强大合力，宣传党的乡村振兴方针政策和各地丰富实践，振奋基层干部群众精神。建立乡村振兴专家决策咨询制度，组织智库加强理论研究。促进乡村振兴国际交流合作，讲好乡村振兴中国故事，为世界贡献中国智慧和中国方案。

让我们更加紧密地团结在以习近平同志为核心的党中央周围，高举中国特色社会主义伟大旗帜，以习近平新时代中国特色社会主义思想为指导，迎难而上、埋头苦干、开拓进取，为决胜全面建成小康社会、夺取新时代中国特色社会主义伟大胜利作出新的贡献！